中南民族大学民族学文库

城镇化进程中黎族生活方式变迁研究

基于海南乐东邢村的田野调查

王 敏 著

中国社会科学出版社

图书在版编目(CIP)数据

城镇化进程中黎族生活方式变迁研究：基于海南乐东邢村的田野调查 / 王敏著. —北京：中国社会科学出版社，2020.7

（中南民族大学民族学文库）

ISBN 978-7-5203-6309-9

Ⅰ.①城… Ⅱ.①王… Ⅲ.①黎族—农村—居民—生活方式—研究—海南 Ⅳ.①D422.7

中国版本图书馆 CIP 数据核字（2020）第 065059 号

出 版 人	赵剑英
责任编辑	宫京蕾
特约编辑	李晓丽
责任校对	秦　婵
责任印制	郝美娜

出　　版	中国社会科学出版社
社　　址	北京鼓楼西大街甲 158 号
邮　　编	100720
网　　址	http://www.csspw.cn
发 行 部	010-84083685
门 市 部	010-84029450
经　　销	新华书店及其他书店
印刷装订	北京君升印刷有限公司
版　　次	2020 年 7 月第 1 版
印　　次	2020 年 7 月第 1 次印刷
开　　本	710×1000　1/16
印　　张	16
插　　页	2
字　　数	252 千字
定　　价	88.00 元

凡购买中国社会科学出版社图书，如有质量问题请与本社营销中心联系调换
电话：010-84083683
版权所有　侵权必究

《中南民族大学民族学文库》
编委会

编委会主任 段 超

编委会成员 段 超 李俊杰 田 敏 许宪隆
　　　　　　 李吉和 柏贵喜 康翠萍 向柏松
　　　　　　 潘弘祥

主　　编 田 敏

总　序

　　民族学是中南民族大学的特色学科、优势学科，曾先后被评为国家民委重点学科、湖北省重点学科、湖北省优势学科。中南民族大学民族学学科形成了从预科、本科到硕士、博士、博士后完整的人才培养链条。民族学本科专业是教育部特色品牌专业、湖北省特色优势专业，马克思主义民族理论与政策是国家级精品课程、国家精品资源共享课程。拥有民族学一级学科博士点、一级学科硕士点。其中，一级学科博士点下设民族学、马克思主义民族理论与政策、中国少数民族史、中国少数民族经济、中国少数民族艺术、民族教育、民族法学和少数民族语言文学8个二级学科博士点，一级学科硕士点下设民族学等5个二级学科硕士点，还设有民族学专业博士后科研流动站。在2013年教育部公布的学科评估中，中南民族大学民族学在全国同类学科中排名第四，保持了在该学科中的领先水平。

　　中南民族大学民族学历史悠久，底蕴深厚。早在1951年，由我国著名民族学家岑家梧教授领衔，学校创建了民族研究室。20世纪五六十年代，以岑家梧、严学宭、容观琼、刘孝瑜等先生为代表的一批学者，积极开展民族研究工作，参与了新中国成立初期的全国民族大调查，并为京族、毛南族、土家族、黎族等中南、东南地区的民族识别做出了突出贡献。1983年，著名民族学家、社会学家吴泽霖先生在中南民族学院创建了国家民委直属重点研究机构——民族研究所，由此民族学学科发展迅速。20世纪八九十年代，在吴泽霖先生的带领下，涌现了彭英明、吴永章、吴永明、答振益、李干、张雄、刘美崧、杨清震等一批具有全国影响的专家，在南方少数民族历史与文化、马克思主义民族理论与政策、少数民族经济等研究领域取得了一大批突出的成果。

　　近十余年来，中南民族大学大力开展民族学学科群建设，在进一步突出民族学传统学科方向和研究领域的同时，以民族学一级学科为平台，形成了民族教育、民族法学、民族语言文学、民族艺术、民族药学等多个特色交叉学科，学科覆盖面日益扩大。学科发展支撑条件优势明显，现有湖北省南方少数民族研究中心、国家民委南方少数民族非物质文化遗产研究中心、国家民委中国城市民族与宗教事务治理研究中心、国家民委少数民族教育发展研究基地、国家民委民族团结进步创建活动研究中心、湖北省中国少数民族审美文化研究中心、湖北省民族地区经济社会发展研究中心、湖北少数民族非物质文化遗产保护基地、湖北省民族立法研究中心、湖北区域历史文化研究基地和中国人类学民族学研究会散杂居民族问题研究专业委员会等十余个省部级研究中心和研究基地。2016年，获批国家民委"武陵山片区减贫与发展协同创新中心"，同时，中国武陵山减贫与发展研究院、中南民族大学与湖北恩施州共建的"恩施发展研究院"也依托该一级学科。

该学科条件优良，设施完备，团队实力雄厚。建有藏书十万余册的"民族学人类学文献资料中心"、设施完备的"民族学人类学田野调查实验室"，拥有国内第一家民族学博物馆，馆藏民族文物2万余件。学科还打造了国家民委创新团队"民族文化传承与发展创新团队"，以及南方少数民族历史文化研究、散杂居民族研究、南方少数民族非物质文化遗产、民族社会发展研究、中国边疆民族与宗教问题研究、民族地区减贫与发展等校级资助的研究团队。

学科现有专职研究人员79人，其中教授33人，副教授38人，博士生导师20余人。学科团队结构合理，具有雄厚的教学科研实力。学科带头人雷振扬、段超、许宪隆、田敏、柏贵喜、李吉和、李俊杰、李忠斌、康翠萍、哈正利、闫天灵等学者表现突出，在中国特色民族理论与民族政策、南方民族历史文化、散杂居民族问题、城市民族问题、少数民族非物质文化遗产保护、民族地区社会发展、民族地区减贫与区域发展、民族教育与管理等研究领域取得一大批最新成果，形成新的研究特色和学科优势。高层次学科专家发挥重要影响，有国务院学位委员会学科评议组专家1人、国家"万人计划"1人、国家社科基金评委2人、国家出版基金评委2人、"新世纪百千万人才工程"人才3人、享受国务院津贴专家5人、国家民委领军人才1人、国家民委突出贡献专家4人、教育部新世纪优秀人才计划支持人选4人，另有湖北省突出贡献专家、国家民委民族问题优秀青年专家、国家民委中青年英才等多人。近20余人次担任国家级学会及省部级学会的会长、副会长、秘书长和常务理事。

中南民族大学民族学学术研究成果丰硕，近5年就累计主持完成国家级和省部级科研课题140余项，承担国家社科基金重大项目、教育部哲学社科重大攻关项目5项，主持国家社科基金63项；发表核心期刊论文和出版专著230篇（部），40余项成果获教育部及省部级奖，其中教育部人文社科优秀成果奖5项，省部级一、二等奖20余项。部分成果为国家级及省部级领导批示或地方政府采纳，在服务民族地区经济社会发展方面做出了突出贡献。

当前，国家正在统筹推进以建设一流大学和一流学科为主旨的"双一流"建设，我们将以此为契机，以建设一流师资队伍、培养拔尖创新人才、取得标志性科研成果、传承创新优秀文化、切实服务民族社会为抓手，不懈努力，开拓创新，争创一流民族学学科。为及时推出中南民族大学民族学学科建设的最新成果，特编辑出版《中南民族大学民族学文库》，以期为中国民族学学科发展做出新的贡献。

序　言

从知网检索，可以得知，有关黎族与城镇化相关的主题的学术论文有9篇，博士硕士毕业论文有7篇，在这些较少篇幅的研究当中，王敏博士的《城镇化进程中黎族生活方式变迁研究——基于海南乐东邢村的田野调查》，就是一篇具有独到见解的相关研究。

这本著作通过在海南乐东邢村田野调查获取的第一手资料，重点选取梳理和探究了城镇化进程中海南黎族村寨发生的社会变迁，特别是蕴藏有丰富的现代性意义和思想史意义的生活方式变迁。重点探讨了黎族村民的经济生活方式、婚姻家庭生活方式、闲暇交往生活方式、政治宗教生活方式等变迁，通过分析其生活方式变迁的过程、原因及特点，进而总结和探讨黎族村民生活方式变迁的规律和趋势，通过这种深入地个案式分析把握少数民族生活方式变迁的实践规律，进而推进对民族关系和民族问题的进一步研究，同时为其他民族地区民族生活方式变迁的研究提供借鉴样本。

在我国，城镇化是少数民族实现现代化的必由之路，是各民族经济发展的根本途径。城镇化与产业结构转变是民族经济发展过程中相互伴随的两种现象。总体上来讲，城镇化是一个包括城市数量增加、城市规模扩大、人口向城市集中、区域产业结构转变、城市文明扩散的过程。马克思主义认为，城市化产生与发展的决定性因素是社会分工和社会生产力，动力性因素是农业现代化工业化。工业、商业同农业的分离促使了城市的产生。马克思主义系统地阐述了城乡对立的发展和人类社会演进之间的关系。马克思指出："一民族内部的分工，首先引起工商业劳动和农业劳动的分离，从而也引起城乡的分离和城乡利益的对立。"① 正是由于城镇进程的推进，少数民族文化要素的变迁较为容易，且存在于民族社会的日常生活中。民族文化要素渐变的量的积累达到一定的程度，便会产生质变，民族社会的文化结构就会随之发生变化。而这本书抓住了城镇化进程中黎族文化变迁的问题，探讨了黎族村民的文化变迁，作者在书中指出，步入城镇化的黎族村民对精神文化的需求变得愈发强烈，精神文明生活方面也有了极大的改善，村民的文化生活越来越多姿多彩。实际上，黎族村民文化的发展就表现在有意识的文化变迁方面，村民有计划、有目的地干预、参与和发动文化变迁。这是十分可喜的飞跃。

海南黎族村寨从传统走向现代，从封闭走向开放，从发展不足到走向发展进步，经济社会发生了翻天覆地的变化。随着现代化特别是城镇化浪潮的冲击与影响，黎族村民传统生活方式在逐步发生变迁，关注海南黎族村寨在新中国成立70年来经济社会的变迁，探寻黎寨迈向现代与继承传统的结合点，对海南黎族村寨进行追踪调查有着重要的学术价值。

该书呈现的邢村生活方式变迁的丰富内容和生动场景，对黎族村民民族文化资源进行的充分调研，生动地展示了城镇化带来的影响。王敏在探讨城镇化进程推动黎族村民生活方式变迁的问题当中，观察到城镇化是黎族村民生活方式变迁的推进器，并且在城镇化的影响下，黎族村民生活方式变迁呈现明显的现代化发展趋势，尤其是城镇化对黎族村民社会文化变迁的影响具有"渐进式、广泛而深刻和隐蔽性"的特点。充分说明城镇化是民族地区可持续发展的重要内容和前提条件之一。

该书田野调查工作扎实，研究综述较为全面，对调查点情况把握比较清楚，结构清晰，论述逻辑性强。使用大量图标直观呈现邢村的社会结构和变迁，增强了说服力。

当然，学习无止境，研究更无止境。由于主客观原因，该书也存在一些不足，如较多着力于大背景的影响因素，对人的理性选择和能动性关注不够。此外，理论研究的基础在实践，中国共产党所领导的中国特色社会主义建设事业正在健康有序推进，全面建成小康社会的伟大目标

---

① 《马克思恩格斯选集》第1卷，人民出版社1995年版，第68页。

即将成为现实,包括新时代民族区域自治政策的实践、民族地区乡村振兴战略等正在不断实践中,我们的理论研究应该随着这种实践探索而不断深化、不断发展。从某种意义上说,今天的一些研究实践只能算作是阶段性的成果。我相信,王敏一定会以这本书的出版为未来研究的新起点,再接再厉,在民族研究领域产出更多具有高水平的研究成果!

高永久于南开大学

2019年9月25日

目 录

绪论 …………………………………………………………… (1)
 一 研究背景与意义 ………………………………………… (1)
 二 国内外研究综述 ………………………………………… (4)
 三 研究的主要内容及可能的创新点 ……………………… (14)
 四 借鉴的理论与研究方法 ………………………………… (16)
 五 相关概念的界定与说明 ………………………………… (21)
 六 关于"变迁时间"的考量 ……………………………… (26)

第一章 邢村概述 ……………………………………………… (27)
 第一节 海南黎族概况 ……………………………………… (27)
  一 黎族族源 ………………………………………………… (27)
  二 建制沿革 ………………………………………………… (28)
  三 黎族支系分布 …………………………………………… (29)
  四 哈黎 ……………………………………………………… (30)
  五 黎族社会发展轨迹 ……………………………………… (31)
 第二节 调查点概况 ………………………………………… (33)
  一 选定邢村 ………………………………………………… (33)
  二 生态环境 ………………………………………………… (34)
  三 历史沿革 ………………………………………………… (37)
  四 生计方式 ………………………………………………… (42)
  五 语言与文字 ……………………………………………… (43)
  六 乐东发展概况 …………………………………………… (44)

第二章 经济生活方式的变迁 …………………………………… (46)
 第一节 生产方式的变迁 …………………………………… (46)

一　农业生产方式的变迁 ………………………………………（46）
　　二　农业生产管理 ……………………………………………（52）
　　三　副业生产方式 ……………………………………………（59）
第二节　消费生活方式的变迁 ………………………………………（62）
　　一　经济收入与开支 …………………………………………（62）
　　二　商业贸易 …………………………………………………（69）
第三节　城镇化对经济生活方式变迁的影响 ………………………（74）
　　一　生产与消费关系的改变 …………………………………（74）
　　二　现代工业生产方式的态度与困境 ………………………（76）
　　三　消费能力增强与消费结构多元化 ………………………（77）

第三章　婚姻家庭生活方式的变迁 ………………………………（82）
第一节　婚姻生活方式的变迁 ………………………………………（82）
　　一　恋爱方式的变迁 …………………………………………（82）
　　二　订婚方式的变迁 …………………………………………（86）
　　三　婚姻择偶范围及观念的变迁 ……………………………（88）
　　四　婚姻仪式内容的变迁 ……………………………………（90）
　　五　离婚数量的减少 …………………………………………（96）
第二节　家庭生活方式的变迁 ………………………………………（98）
　　一　家庭生育观的变化 ………………………………………（99）
　　二　"大家族"与"小家庭" …………………………………（101）
　　三　家庭分工方式 ……………………………………………（103）
第三节　城镇化对婚姻家庭生活方式变迁的影响 …………………（107）
　　一　基于城镇化的性别与婚姻选择困境 ……………………（107）
　　二　婚姻观念的开放性趋势 …………………………………（110）
　　三　家庭结构的合理化 ………………………………………（113）

第四章　闲暇交往生活方式的变迁 ………………………………（116）
第一节　闲暇生活方式的变迁 ………………………………………（116）
　　一　闲暇时间的增多 …………………………………………（116）
　　二　闲暇方式与内容的变化 …………………………………（120）
　　三　节庆型的闲暇活动 ………………………………………（122）
第二节　交往生活方式的变迁 ………………………………………（127）

一　人际传播主导下的传统交往方式……………………（127）
　　二　交往途径的拓宽………………………………………（130）
　　三　"奥雅"角色的转换…………………………………（132）
第三节　城镇化对闲暇交往生活方式变迁的影响……………（134）
　　一　大众传媒与黎族村民闲暇方式与观念的变化………（135）
　　二　大众媒介影响下的新型交往方式……………………（138）

第五章　政治和宗教生活方式的变迁……………………………（142）
　第一节　政治生活方式的变迁…………………………………（142）
　　一　政治组织的沿革与结构变迁…………………………（142）
　　二　乡村治理的冲突与调适………………………………（153）
　　三　基于习惯法的乡村治理结构变迁……………………（157）
　第二节　宗教生活方式的变迁…………………………………（161）
　　一　黎族村民的信仰与崇拜………………………………（161）
　　二　原始宗教与道教结合体的变迁………………………（163）
　　三　宗教的新代言人——道公……………………………（164）
　第三节　城镇化对政治和宗教生活方式变迁的影响…………（165）
　　一　村民政治参与途径的拓展……………………………（166）
　　二　宗教生活的理性化趋势………………………………（171）

第六章　城镇化进程中黎族生活方式变迁的动因分析…………（177）
　第一节　内部动因………………………………………………（178）
　　一　生产力发展的内部动力因素…………………………（178）
　　二　城镇化进程的内部催化因素…………………………（182）
　　三　城镇化异质文化传播的内部加速因素………………（183）
　第二节　外部动因………………………………………………（184）
　　一　农村土地制度…………………………………………（184）
　　二　城镇化政策的推动……………………………………（186）
　　三　农村劳动力的释放和流动的影响……………………（187）
　　四　民族政策的带动………………………………………（187）
　　五　组织资源、经济资源和文化资源的有机协同作用…（188）

第七章　生活方式变迁中存在的问题及其对策…………………（191）
　第一节　生活方式变迁中存在的突出问题……………………（191）

一　老龄少子化与发展空洞化 …………………………… （192）
　　二　贫富分化与变迁程度不平衡 ………………………… （193）
　　三　产业结构单一与农村合作削弱化 …………………… （195）
　　四　传统文化传承面临挑战 ……………………………… （195）
　第二节　黎族村民新型生活方式目标构建 ………………… （198）
　第三节　黎族生活方式变迁的对策建议 …………………… （200）
　　一　发挥政府主导力量，增强黎族村民生活方式
　　　　主动变迁的能力 ……………………………………… （200）
　　二　发展农村教育，提高黎族村民生活方式变迁的
　　　　竞争力 ………………………………………………… （202）
　　三　坚持黎族文化为本，丰富黎族村民生活方式
　　　　变迁的承载力 ………………………………………… （203）
　　四　坚持精神共同体建设，打造黎族生活方式变迁的
　　　　核心力 ………………………………………………… （204）

结语 ……………………………………………………………… （206）
附录　调查问卷（节选） ……………………………………… （219）
参考文献 ………………………………………………………… （225）
后记 ……………………………………………………………… （239）

绪　论

一　研究背景与意义

（一）问题的提出与研究背景

全面建成小康社会，重点在农村，难点也在农村。党的十八大报告指出："坚持走中国特色新型工业化、信息化、城镇化、农业现代化道路，推动信息化和工业化深度融合、工业化和城镇化良性互动、城镇化和农业现代化相互协调，促进工业化、信息化、城镇化、农业现代化同步发展。"① 同时还指出，解决好农业、农村、农民问题是全党工作的重中之重。我国的城镇化进程基本特征是"城乡统筹、城乡一体、产城互动、节约集约、生态宜居、和谐发展"，要求做到大中小城市、小城镇和新型农村社区相互促进和相互协调发展。2012年12月在北京召开的中央经济工作会议，特别将"积极稳妥推进城镇化、着力提高城镇化质量"② 作为2013年经济工作六大主要任务之一，并指出，城镇化既是现代化建设的重要任务，也是我国扩大内需的必然要求，我们要围绕提高城镇化建设的质量，趋利避害、因势利导，引导城镇化积极健康发展。

2012年11月，李克强再次推动中国城镇化进程并指出："我国城镇化率刚刚超过50%，如果按户籍人口计算，城镇化率仅35%左右，远远低于世界发达国家接近80%的平均水平，差距是巨大的，但也是动

---

① 胡锦涛：《坚定不移沿着中国特色社会主义道路前进　为全面建成小康社会而奋斗——在中国共产党第十八次全国代表大会上的报告》，人民出版社2012年版。

② 人民网：《解读中央经济工作会议关键词》，http：//theory.people.com.cn/n/2012/1218/c40555-19930931.html。

力所在。"① 城镇化是扩大内需的最大潜力，被期待为下一轮中国经济的重要驱动力。2015年政府工作报告特别提出"加强资金和政策支持，扩大新型城镇化综合试点"，预计到2020年我国的城镇化率会达到58%。推进城镇化是解决农业、农村、农民问题的重要途径，是推动区域协调发展的重要支撑，是扩大内需和促进产业升级的重要抓手，因此，我们必须要加大统筹城乡发展力度，增强农村发展活力，逐步缩小城乡差距，促进城乡共同繁荣，这对于我国全面建成小康社会、加快推进社会主义现代化具有深远的历史意义和重大的现实意义。

改革开放以来，我国城镇化进程速度明显加快，并取得了显著进展。2012年，我国城镇人口已达到7.1亿，城镇化率接近世界平均水平。在城镇化的进程中，海南黎族村民的生活方式发生着深刻的变迁。城镇化进程对黎族村寨的经济、消费、婚姻、闲暇生活方式等各个方面的影响与日俱增。

生活方式是民族学、人类学、社会学等学科研究的重要内容。从民族学的视野看，各民族不断通过交流、对话与互动是各民族生活方式变革的重要途径，每个民族在与其他民族的交往过程中，自觉或不自觉都在发生着或多或少的变革。特别是当今社会，随着全球化的日益兴起，社会变迁的速度和广度都在产生裂变式变化，在世界现代化和城镇化进程中，生活方式与社会变迁紧紧连在一起，而少数民族生活方式的多样性更能反映社会变迁的具体和真实情况。各民族间的交往、交流和互动日渐趋于多样，生活方式随之发生着急剧的变迁，所呈现的民族关系也呈现复杂多变的特点。随着我国全面建成小康社会宏伟目标的提出以及社会主义新农村建设事业的不断推进，构建民族地区少数民族新型生活方式已经成为城镇化进程中的重要内容。

在前人研究的基础上，笔者以"城镇化进程中黎族生活方式变迁"作为研究课题，并选择海南乐东邢村作为个案，试图以黎族村民居住地区为切入点，从生活方式变迁的视角，分析民族生活方式变迁的过程、内容、特点及发展趋势。本人所在的中南民族大学前身——中南民族学

---

① 李克强：《认真学习深刻领会全面贯彻党的十八大精神促进经济持续健康发展和社会全面进步》，《人民日报》2012年12月21日。

院在20世纪50年代组织一批专家学者深入海南，对包括杞黎、哈黎、润黎、美孚黎、加茂黎五大方言区的22个黎寨进行了深入调查，最后形成了120万字的《海南岛黎族情况调查》（后改名为《海南岛黎族社会调查》），1992年整理并正式出版。《海南岛黎族社会调查》一书作为"黎学"研究的一个基础性著作，它以调查点（海南黎族22个自然村）为对象，点面结合，对村寨的人口情况、社会组织、经济结构、物质文化和精神文化等方面进行了细致的介绍和深入的分析，通过保存大量黎族生活的珍贵历史资料较为详尽地记录了20世纪50年代中期黎族的社会风貌的真实状态，总结出了各地黎族社会经济发展程度不同的型态和根源，还具体探讨了各方言文化的差异特征，因此，该书是学术界从事"黎学"研究的一本经典著作。而本书的调查点——海南省乐东县邢村就是这22个村寨之一。

（二）研究意义

近几年来，城镇化进程中黎族村民生活方式变迁的问题受到了普遍的关注和重视，深入了解城镇化进程中黎族村民生活方式的历程及其对社会经济发展的意义，剖析目前我国城镇化建设中存在的问题，对于把握农村城镇化建设的未来发展趋势和方向具有极为重要的意义。

1. 理论意义

近30年来，中国经历了飞速发展的城镇化进程。在城镇化的进程中，海南黎族村民的生活方式发生着深刻的变迁。城镇化进程对黎族村寨的经济、消费、婚姻、闲暇生活方式等各个方面的影响与日俱增。在全球化、现代化和城镇化进程中，各民族间的交往、交流与互动内容及方式趋于多样，生活方式发生着急剧的变迁。

当今中国，城镇化运动如火如荼在全国各地展开，其影响力无所不在，城镇化本身所具有的现代性对黎族村寨传统生活方式产生极大冲击，不仅改变了黎族村民长期以来沿袭下来的行为方式、沟通方式和非正式制度，也改变了黎族村寨的社会秩序基础。在现代性信息的冲击和潜移默化地影响中，黎族村寨闭塞、与世隔绝的自封区域被突破，在与全国乃至世界的普遍交流中，黎族村寨变成了整个信息社会的一个节点和单元。黎族在与其他民族的交流中，其村民能够在黎族村寨所特有的传统农业生产以及与此相关的地方性知识之外，去认识和了解外部世界和工业化、城镇化带给人类的巨大变化，从而自觉地卷入这种现代性进程，由此带来了生活方式层面的变迁。这种变迁体现在黎族村民对传统世界观、价值观和生活理念的转变，实质是一种生活理想的转变。在此背景下，构建民族地区少数民族新型生活方式已经成为黎族村寨社会变迁的重要内容。对于探讨城镇化进程中少数民族生活方式变迁的机制和构建新型生活方式的模式等问题，具有独特的学术意义上的理论价值。

2. 实践意义

笔者选择的田野调查点——海南乐东邢村本身就是一个具有典型意义的哈方言黎族区域。新中国成立70年以来，随着近年来城镇化进程的加快，黎族村民的生活方式也发生了巨大而明显的变化。在前人研究的基础上，本书力求通过历时和共时的比较研究方法，对黎族村民生活方式变迁的内容、特点和规律进行了深入研究，分析生活方式变迁过程中存在的老问题新情况、新情况新问题，探讨构建民族地区少数民族新型生活方式模式，力图制定积极、有效和可行的对策，找寻构建民族地区少数民族新型生活方式的现实路径，有助于我们深刻把握少数民族生活方式变迁的内涵，进一步推进对民族关系和民族问题的研究。

本书为其他民族地区民族生活方式特点的研究以及民族关系的处理提供借鉴和参照，对实现各民族共同团结奋斗、共同繁荣发展的民族工作主题，都有十分重要的现实意义。

二　国内外研究综述

(一) 民族文化变迁的相关研究

20世纪30年代，受英国功能学派理论影响，在著名学者吴文藻等人的倡导下，民族学、社会学理论与方法开始进入中国，其中最重要的就是实地调查方法。国内的研究者们也积极将此方法运用到中国文化田野中，并先后涌现了一大批以实地调查方法为基础的研究成果。按照时间顺序，这一时期出现的经典著作有：《云南民族考察报告》（杨成志于1930年在云南调查后所完成）、《松花江下游的赫哲族》（凌纯声1934年所著）、《花篮瑶社会组织》（费孝通和王同惠于1936在大瑶山调查后所著）、《江村经济》（费孝通于1939在江苏吴江开弦弓村调查后所著）、《山东台头：一个中国村庄》（杨懋春1944年所著）和《金翼》(林耀华1948年所著)。

20世纪50年代，原中南民族学院许多民族学专家学者深入海南黎族社会，以海南黎族22个自然村为调查对象，对其进行了深入而细致的田野调查，收集了大量关于各村人口情况、经济结构、社会组织、物质文化和精神文化方面的资料，并于1992年出版了《海南岛黎族社会调查》(上、下册)一书。该书作为"黎学"研究的一个基础性著作，是现今学术界从事"黎学"研究的必读书。

20世纪50年代后期到70年代末期，由于取消了社会学人类学学科，"在理论范式上出现了与西方对话的困难"，中国的文化变迁研究在这一时期基本处于停滞状态，以致这个时期没有留下什么可以借鉴的著作。

改革开放以后，由于国内社会政治环境的改善，关于民族学、社会学的研究又开始逐渐兴起，因此以文化变迁为主要内容的论著陆续出现。其中比较有代表性的学者及论著有：胡起望、范宏贵所著的《盘村瑶族：从游耕到定居的研究》(1983)，可以视作对早期文化变迁研究的延续，该书论述了大瑶山盘瑶一支系从游耕到定居、从封闭到开放的文化变迁过程；龚佩华、黄淑聘有关文化变迁理论以及他们对黔东南少数民族文化变迁的研究，进一步深化了文化变迁理论。这一时期，国内也逐渐翻译国外有关文化变迁研究的经典著作，出版相关的中译本，代表作有恩伯夫妇的《文化的变异——现代文化人类学通论》(1988)、伍兹的《文化变迁》(1989)和奥格本的《社会变迁——关于文化和先天的本质》(1989)。

20世纪90年代以后，随着中国经济进入快速发展阶段，文化变迁研究也成了民族学和人类学家重点关注的研究课题。很多学者开始把文化变迁理论与实际研究契合，来分析中国少数民族文化的变迁，涌现了一批代表性著作。如徐杰舜等人所著的《南乡春色——一个壮族乡社会文化的变迁》(1990)、张有隽的《瑶族传统文化变迁论》(1992)，颜恩泉的《云南苗族传统文化的变迁》(1993)，徐平的《羌族社会：一个古老民族的文化和变迁》(1993)，包智明的《科尔沁蒙古族农民的生活》(1999)、云南大学的《云南民族村寨调查》系列丛书(2001)和翁乃群等人所著的《南昆八村》系列丛书(2001)等。这些著作是西方理论本土化的发展，既应用了西方文化变迁理论，又切合了中国本土民族的实际。此外，有的学者开始拓宽文化变迁动因研究的范围，除了经济发展因素外，还有外来文化的影响。如钱宁主编的《基督教与少数民族社会文化变迁》（1998）就分析了由于宗教的传播等引起的文化变迁。

这一时期，关于中国社会和文化变迁的著作也不断推出。这些研究成果从新的不同分析视角入手，关注农村社区不同的主题，系统而全面地分析中国农村社会变迁的本质及规律。比较有代表性的著作有：陆学艺的《改革中的农村与农民：对大寨、刘庄、华西等13个村庄的实证研究》（1992）、王铭铭的《社区的历程——溪村汉人家族的个案研究》（1996）、庄孔韶的《银翅：中国的地方社会与文化变迁》（1996）、折晓叶的《村庄的再造——一个超级村庄的社会变迁》（1997）、阎云翔的《礼物的流动：一个中国村庄中的互惠原则与社会网络》（2000）、黄树民的《林村的故事：1949年后的中国农村变革》（2002）以及吴毅的《村治变迁中的权威与秩序——20世纪川东双村的表达》（2002）等。

现在，文化变迁理论的应用和发展已经成为专家和学者们研究的重要内容。除了学者们，许多博士乃至硕士研究生也加入了文化变迁研究的行列。随着文化变迁研究群体的范围越来越大，区域文化变迁研究及文化变迁过程中引起的对文化保护和传承的问题开始成为学者们关注的重点。

（二）生活方式的相关研究

1. 国外研究综述

二战结束以来，对于生活方式的研究，一直都是学术界和传播媒介的热门话题。虽然从西方到苏联和东欧，继而到改革开放的中国，它们在社会制度、意识形态和文化传统等方面都有很大的不同，因此存在的生活方式以及生活方式与整个社会的关系也有很大的区别，从而导致学界对于生活方式的研究取向自然也不一样。但是从学术史来看，它们有一个共同的渊源，即马克思主义有关生活方式的论述。尽管马克思、恩格斯没有专门研究过生活方式理论，但他们在多篇著作中，抑或研究范畴涉及生活方式，抑或对生活方式的理解发表过看法和见解，比如提出用生活方式来辨别阶级的有效指标。主要代表作有马克思、恩格斯合著的《德意志意识形态》、马克思的《〈政治经济学批判〉序》和马克思的《路易·波拿巴的雾月十八日》等。

韦伯和凡勃伦是国外最早研究生活方式的代表人物。他们的研究把生活方式作为社会分层与尊荣的标志，认为地位较低的社会阶层总会把地位较高阶层的生活方式作为自己效仿的对象。韦伯指出："一个人得到某种收入其原因归于他的阶级地位。这样的收入使人们有可能以某种生活方式生活。"[①] 在韦伯看来，阶级是按照它们与商品生产和商品获取的关系而划分的，而"地位群体"是按照它们特殊的生活方式中表现出来的消费商品的规律来划分的。[②]

另一代表人物凡勃伦，把生活方式作为阶级地位与尊荣的社会标志来研究，他在《有闲阶级论》中指出："生活方式可以概括地把它说成是一种流行的精神态度或生活理论"，"当炫耀性的消费构成整个生活方式的时候，社会经济地位较低的阶级总是或多或少地模仿这种消费"。可见，凡勃伦对生活方式的认识主要是从消费的角度切入的，他观察的也是以消费为主要表现形式的生活方式与阶层的关系。[③]

西方学者把消费方式研究作为生活方式研究的代表人物是布迪厄和鲍德里。布迪厄把生活方式放到"惯习"和"场域"作用下去认识，通过"惯习""品味""文化资本"和"生活风格"等范畴，对不同社会阶层的文化消费进行社会学分析。而鲍德里亚则是从符号学的角度去研究和剖析消费或消费文化，引导人们把生活方式放入社会文化的大背景中去透视，从中揭示后现代"消费文化"的性质，从而大大加深了人们对消费现象的理解。

原苏联及东欧社会主义国家的学术界，继承了马克思主义的思想，即认为生活方式是人的生命活动方式的总和，是全部生活活动的总和。他们于20世纪60年代初，把生活方式作为社会科学的研究对象，并在60年代末至80年代中期的这段时期特别重视对这一领域的研究，且出

[①] ［美］丹尼斯·吉尔伯特、约瑟夫·A. 卡尔：《美国阶级结构》，彭华民等译，中国社会科学出版社1992年版，第13页。
[②] Weber, Max. Essays in Sociology ［M］. New York: Oxford University Press, 1946: 191.
[③] 高丙中：《西方生活方式研究的理论发展叙略》，《社会学研究》1998年第3期。

版了大量著作，成绩显著。

2. 国内研究综述

我国学术界对生活方式问题的研究起步较晚，始于20世纪80年代初。于光远撰写的论文《社会主义建设与生活方式、价值观和人的成长》（《中国社会科学》1981年第4期）和杜任之的《谈谈生活方式》（《社会》1982年第1期）两篇文章的发表，被学术界普遍认为是我国生活方式问题研究的发轫标志。尤为重要的是，杜任之在文中提出了"生活方式是社会学研究的一个课题"这一论点，从而导致生活方式问题开始被社会学界所关注。

1984—1987年，有关生活方式的研究达到了一个高潮。生活方式问题也被纳入了政府视线。党的十二届三中全会《关于经济体制改革的决定》中指出："在创立充满生机和活力的社会主义市场经济体制的同时，要努力在全社会形成适应现代生产力发展和社会进步要求的，文明的、健康的、科学的生活方式。"从此，一系列与经济体制改革、精神文明建设紧密相连的生活方式问题成为热点。《社会学研究》杂志也开始设置生活方式研究专栏，发表了一系列代表性文章。如王雅林的《变革中的生活方式：继承和借鉴问题》（1986）、冒君刚的《试论生活方式》（1986）、李超元的《论经济体制改革对生活方式变革的影响》（1986）、时运生的《生活方式变迁初探》（1986）等。这一时期还出版了刘崇顺的《新时代与生活方式》（1986）、王玉波等的《生活方式》（1986）和王思斌翻译的苏联学者克里托斯等著的《社会主义生活方式》（1986）等著作。

1988年以后，虽然生活方式研究热开始降温，但是生活方式被纳入到制度研究层面（"我国城乡居民生活方式研究"被纳入国家哲学社会科学"七五"规划课题）的内容，有关生活方式理论的专著开始逐渐出版。代表著作有王伟光主编的《社会生活方式论》（1988）、王玉波等合著的《生活方式论》（1989）、王雅林等主编的《生活方式概论》（1989）、《闲暇社会学——对我国城镇居民闲暇生活方式的研究》（1992）和《中国城镇居民的消费生活方式》（1992）等。代表性论文主要是涉及对少数民族生活方式的研究，有吴寒光的《生活水平、生活质量和生活方式的定量分析研究》（1988）、王雅林的《城镇居民时间分配的社会问题透视》(1991)、孙秋云的《湘南瑶族青年劳动和消费生活方式》(1991)等。

1993年以后，我国确立了以建立社会主义市场经济为目标的经济体制改革模式。面对市场经济的发展为生活方式的建构提出新问题的实际，学术界大量有影响的著作和论文。如：瞿明安的《中国民族的生活方式》(1993)、彭华民的《消费社会学》(1993)、王雅林的《人类生活方式的前景》(1997)、高丙中的《现代化与民族生活方式的变迁》(1997)、罗子明的《消费者心理行为》(1998)、王琪延的《中国人生活时间研究》(1998)、杨士杰的《云南山地民族生活方式的传承与选择》(1998)、《中国人的生活时间分配》(2000)、欧阳志远的《最后的消费：明天自毁与补救》(2000)、王晓华等编著的《百年生活变迁》(2000)、王宁的《消费社会学：一个分析的视角》(2001)、《城市休闲》(2002)、《构生活美——中外城市生活方式比较》(2003)、宋涛等著的《传统裂变与现代超越——西部大开发与西南少数民族生活方式变革问题研究》(2006)、方心清等撰写的《现代生活方式前沿报告》(2006)、李长莉的《中国人的生活方式：从传统到近代》(2007)、赵定东的《政策推力、乡愁抑或城市性缺场：村改居居民生活方式变革影响因素分析》(2017)，等等。

综上所述，从20世纪80年代初我国学界开始对人们的生活方式进行研究以来，在理论和应用诸多领域都取得了丰硕的成果。理论研究方面，初步形成了关于生活方式的理论范畴体系，生活方式作为一门社会学分支学科的地位也得到了确认；应用研究方面，有的学者描述、分析、预测了中国社会生活方式的变革趋势；有的学者对城市或农村生活方式的现状及问题进行了探讨；有的学者对不同社会阶层的生活方式进行了研究；也有学者探讨了社会主义市场经济条件下文明健康生活方式的建构问题，对我国社会生活方式的发展模式问题进行了研究等。[①] 其中对不同社会群体生活方式的研究中包含了对蒙古、藏、土家、傣、哈尼、苗、瑶、鄂温克等少数民族的研究。[②]

但以上成果也有一定的局限性：一是没有特别注重于对某一少数民

---

① 王雅林：《生活方式研究评述》，《社会学研究》1995年第4期。
② 黄润柏：《当代壮族劳动生活方式的变迁》，《广西民族研究》1993年第3期。

族生活方式的研究；二是近些年来虽然一些学者逐渐把注意力转移到民族关系与民族问题的研究上来，但对城镇化进程中民族文化多样性与民族生活方式的对应规律，多民族生活方式共时性、历时性和差异性的比较，生活方式现代化对构建民族区域自治地区和谐社会的重要意义等探讨较少，所以城镇化进程中民族生活方式变迁的研究一直比较薄弱，这就为本研究的开展预留了十分广阔的空间。

（三）城镇化与生活方式变迁关系研究

1. 城镇化是人类历史发展的客观规律

城镇化，是伴随着工业化进程出现的一种经济现象，是由农业人口占很大比重的传统农业社会，向非农业人口占多数的现代文明社会转变的历史过程。伴随着工业化进程的推进，城镇化已经成为必然出现的社会发展趋势。

对于城镇化与生活方式变迁，学者基本上达成了共识，普遍认为，城镇化是人类历史发展的客观规律，是工业发展进程中必然出现的社会发展趋势。高佩义认为城镇化是人类社会文明进化程度的综合标准，积极推进城镇化是历史发展的潮流。中国的城镇化已汇入世界城市化的大潮，成为当代中国经济和社会发展的必然趋势，这是中国由传统的乡村社会转变为现代先进城市社会的必由之路，是任何力量也阻挡不了的历史潮流。[①] 康松、刘和平认为工业化、城镇化是经济社会发展的必然趋势，也是实现现代化的唯一途径。[②] 马驰、张荣认为城镇化是人类生产和生活活动随着社会生产力的发展由农村向城市不断转移以及城市空间不断扩大的过程。土地非农化、农民市民化就成为城镇化进程中的必然产物。[③]

2. 城镇化的实质即是农民生活方式的转型和变迁

不同学科对城镇化含义的界定方式不同，我们分别看看人口学、地理学、经济学以及社会学视角对城镇化含义的界定方式。

人口学侧重于从人口变化的角度来理解城镇化，即关注分散的大量

[①] 高佩义：《中外城市化比较研究》，南开大学出版社2004年版，第6页。
[②] 康松、刘和平：《城市化过程中失地农民权益损失及其保障对策》，《农村经济》2005年第8期。
[③] 马驰、张荣：《城市化进程与农民失地》，《农村金融研究》2004年第1期。

农村人口向城市集中并逐步成为城市人的过程。城市人口在此过程中剧增，城市人口占总人口的比例持续上涨，由此，逐渐形成了城市，并且逐步繁荣起来。关于城市化水平，人口学上采用城市人口的自然增长与机械增长两项指标来予以度量。

地理学主要是从地域空间的变动过程来研究城镇化，尤其关注地域景观的变化。在地理学看来，地域空间或者景观转化的规模和速度是体现城市化水平高低的重要标准，社会生产力的发展要求是地域空间或者景观转化的根本原因。也即随着传统农业生产方式不能适应当今社会生产力的发展，乡村产业发生转变，乡村人口发生转移，来自乡村的人口和产业在具备特定地理条件的地域空间里聚集，并逐步形成消费地域，进而产生城市性，由于人口聚集使得空间区位实现了再分布。

经济学主要从产业的角度来研究城镇化。它认为城镇化就是农业逐渐减少或者退出，而工业和服务业逐渐成为经济中主导的过程，简单地说，城镇化就是产业形式由农业向非农业转化的过程和结果。

社会学主要从生活方式的变革趋势来研究城镇化。它认为城镇化是一个较为松散守望相助的农村生活方式向较为集中以个体生活方式为主的城市社区形态转化的过程，其中，随着人际交往方式从熟人社会转变为陌生人社会，消费方式和交往方式的城市性观念和行为逐渐产生，随之出现的城市生活方式也在不断强化。

综合考量以上各学科对城镇化内涵的理解和界定，可以看出，城镇化既是一个人口向城市的聚集、城市景观不断兴起的过程，也是经济生产方式和社会生活方式不断转变的过程，它在多个层面发生，是一种复杂的社会现象。由于城镇化过程的复杂性，和其研究的多学科性，直到今天，城镇化概念的内涵与外延也不统一。第一个内涵是人口的城镇化：农村人口逐步减少，城市人口逐步增加的过程。第二个内涵是就业结构的非农化：第一产业的比重在国民经济结构中占比不断下降，劳动力就业结构非农化，逐步转化为市民。第三个内涵是生活空间和生活方式城镇化：农民从农村迁入城镇，要完成生活空间和生活方式的转换。第四个内涵是价值观念的城镇化：进城农民在城市思想、城市观念和城市意识同化的过程（即由农村农民观念转向现代城市市民观念的过程）。

本书在研究内容上更重视人的城镇化，特别是人的生活方式的转变，而不去过多的关注城镇化的表征，因为从某种程度上甚至可以说，城镇化的实质即是农民生活方式的转型。

（四）海南黎族的相关研究

一般认为，海南黎族研究开端于20世纪初。从国内的研究看，20世纪20—30年代黄强、罗香林、江应梁、岑家梧等国内学者对海南黎族的研究掀起了对海南黎族研究的热潮，对黎族"志"和族源的探讨成为当时的热门话题。

在20世纪40年代，日本为了便于加强对黎族的统治，集中了一批学者对黎族展开了多层次研究，在一定意义上说是黎学研究重要成果形成的时期。日军当局动用了来自日本国内和我国台湾地区高等学府、研究机构的力量，对包括黎族的社会组织、经济组织、人体特征、文化形态等多方面内容进行颇为详细的研究，留下不少研究著述。如海南海军特务部政务局第一调查室《海南岛黎族的社会组织和经济组织》（1944）、金关丈夫的《关于海南岛汉族和黎族体力比较的调查报告》及《海南岛黎族的人类学调查》（1940）等，这些成果虽然带有明显的殖民特色，且有很强的功利性需求，但从黎族研究的资料价值判断，给后人留下了丰富的史料。

海外学者的研究成果中，以德国人类学家史图博（H. Stubel）的《海南岛民族志》（1937）和日本学者小叶田淳的《海南岛史》影响最大。

新中国成立后，特别是1953年后，中国政府大力开展了民族识别和少数民族社会历史调查。这个时期的研究与前期研究不同的是为了推进民族区域的发展，为了更好地了解中国各民族特别是少数民族的经济、政治、文化、社会特征。当时一大批社会学、民族学、人类学专家学者投入到这场规模巨大的社会调查活动中，黎族研究也取得了丰硕成果。如广东省少数民族社会历史调查组编写的《黎族简史简志合编》（1963）、《海南黎族苗族自治州什玲等五个乡黎族社会经济调查》（1963）、《海南黎族苗族自治州黎族合亩制调查综合资料》（1963）；华南师范学院中文系编《黎族民间故事选》（1962）、杜桐等《海南岛黎族民间传说叙事诗》（1960）等著作成为当时的经典成果。这期间特别值得一提的是由中南民族学院编辑组编写的《海南岛黎族情况调查》（后改名为《海南岛黎族社会调查》1992年由广西民族出版社公开出版）约120万字，以22个调查点为中心，按照合亩制、杞黎、哈黎、润黎、美孚黎、加茂黎的顺序，点面结合，通过对调查点的微型调查研究，整理收录了关于黎族人口情况、历史来源、经济结构、社会组织、物质文化、精神文化等社会各个侧面的材料，系统客观地反映了20世纪50年代中期海南黎族的社会风貌，保存了大量处于重大历史变革时期，转瞬即逝的珍贵历史资料，具有浓郁的民族特色和时代特色。

20世纪80年代，新中国成立初期民族识别与民族历史调查材料得以整理出版，形成了丰富的研究成果。与黎族有关的有广东省编辑组编的《黎族社会历史调查》（民族出版社1986）、黎族简史编写组编的《黎族简史》（广东人民出版社1982）、刑关英等编写的《海南黎族、苗族自治州概况》（广东人民出版社1986）、欧阳觉亚和郑贻青的《黎语调查研究》（1983）等丛书。另一方面的成果是有关黎族史志资料的辑录整理，刘耀荃编的《黎族历史纪年辑要》（1982）、符震和苏海鸥编的《黎族民间故事集》（1982）等是其代表。

在20世纪90年代，史志研究依然是黎族研究的热点和亮点。研究成果代表作有：吴永章的专著《黎族史》（1997）、程昭星的《黎族人民斗争史》（1998）和王学萍的《五指山五十年》（1999）、邢植朝的《黎族文化溯源》（1997）等至今依然是研究黎族文化的重要参考文献。另外，90年代兴起的海南地方史志研究及黎族口头文学搜集整理工作也取得了很大成绩，成果有东方、白沙、保亭县志，《海南文史资料》，祝发清等编的《中华民族故事大系第七卷：黎族民间故事傈僳族民间故事佤族民间故事》（1995），王月圣著的《黎族创世纪歌》（1994），孙有康、李和弟搜集整理的《黎族创史诗：五指山传》（1990），卓其德编著的《美满的歌：黎族歌谣集》（1993）等著作。

进入21世纪以来，黎族研究的领域和视角进一步得以延伸，研究成果日益丰富，多个领域的专题研究成果相继问世。潘先锷的《黎族辟邪文化》（2006）、高泽强的《祭祀与避邪：黎族民间信仰文化初探》（2007）、詹贤武的《海南民间禁忌文化》（2008）、张太教的博士论文《巫与巫术——海南黎族洪水村巫术考察与研究》（2009）、陈思莲《海南黎族原始自然崇拜的哲学分析》（《中央民族大学学报》2010年5期）等黎族宗教哲学研究的代表作。王海、江冰的《从远古走向现代：黎族文化与黎族文学》（2004）与陈立浩等著的《黎族文学概览》（2008）和亚根的《黎族舞蹈概论》（2008）等是黎族文学艺术研究的代表。王学萍主编的《黎族传统文化》（2001），全方位、多层次地反映了黎族灿烂而独特的物质文化和精神文化；《中国黎族》（2004）则图文并茂地介绍黎族的历史、地理、语言、社会制度、哲学、宗教、风习、道德、服饰、民居、文身、文学、艺术等方面的内容，以反映黎族社会发展的全貌，是目前黎学界的标志性著作。张跃、周大鸣主编的《海南五指山市福关村调查》（2004）对海南省五指山地区黎族村寨的历史与概况、生态环境、经济、人口、法律、语言文字、风俗习惯等状况进行调查研究，是目前黎族村寨研究方面的重要著作。此外，高泽强的《海南黎族研究》（2008）、曾昭璇的《海南黎族人类学考察》（2004）、李露露的《热带雨林的开拓者——海南黎族调查纪实》（2003）、张俊豪的《黎族》（2004）、王薇主编的《黎族》（2010）、陈立浩和陈兰的《从原始时代走向现代文明：黎族"合亩制"地区的变迁历程》（2008）、刘军的《肌肤上的文化符号——黎族和傣族传统文身研究》（2007）、程天富主编的《黎族文身新探》（2010）、张峻的博士论文《黎村的生计、互助与家庭》（2009）等都从不同方面记录探讨了黎族的悠久历史与传统文化。

总体上看，对黎族研究成果不少。但存在的问题是宏观研究概述多，而微观研究不够，尤其对黎族村寨的研究，与其他一些民族的村寨变迁的研究相比，有的调查成果还存在挖掘深度不够、研究视域不够开阔、成果数量偏少等问题，特别是研究质量有待提高。本书期望能在前人研究的基础上，通过对邢村深入细致地调查研究，展现海南黎族村落生活方式的变迁，为黎族社会进步、民族文化的传承与发展做出贡献。

三 研究的主要内容及可能的创新点

（一）研究内容

新中国成立70年以来，特别是随着城镇化进程的快速推进，海南黎族村民生活方式发生了深刻的变化，并呈现较为显著的个性特点。在前人研究的基础上，本课题以哈方言典型代表邢村为研究对象，通过田野调查获取的一手资料，基于民族学、人类学、社会学的基本理论，重点选取梳理和探究了城镇化进程中海南黎族村民发生的巨大变迁，特别是能够反映黎族社会变化，而且蕴藏有丰富的现代性意义和思想史意义的生活方式变迁。

生活方式可划分为劳动生活方式、消费生活方式、婚姻与家庭生活方式、闲暇交往生活方式、政治和宗教生活方式等。[①] 生活方式与社会生产力发展水平紧密结合，即不同的生产力发展水平会产生不同的生活方式型态。工业化、城镇化是当今社会最高的生产力发展水平，与此相适应，城镇化的推进必然会带动城镇化的生活方式。本研究通过对邢村经济生活方式、婚姻家庭生活方式、闲暇交往生活方式、政治和宗教生活方式等的变迁研究，分析其生活方式变迁的过程、原因、特点及趋势，透视生活方式变迁过程中呈现出来的内在和外在的逻辑关系，从实然的角度探讨分析了城镇化进程对黎族村民生活方式变迁影响的特点及规律性，提出了构建黎族村寨新型生活方式的现实路径，本研究方式和研究结论可能有助于丰富黎族生活方式变迁的内容，为其他民族地区民族生活方式的研究以及民族关系的处理提供借鉴和参照样本。

（二）可能的创新点

一是试图对城镇化影响下的黎族村民生活方式变迁的特点进行总结。我们知道，人类文明的历史是人类的物质需要和精神文化需要不断引发、生成、满足、拓展和创造的历史。在不同的时代和不同的历史发展阶段，人们的精神文化生活带有各自所处时代的烙印和历史的痕迹。当生产力的进步推动着社会向前发展，丰富的物质生活已不再是追求的唯一目标时，步入城镇化进程中的黎族农民对精神文化的需求就变得愈发强烈，精神文明生活方面也有了极大的改善，农民的文化生活越来越多姿多彩。但是，城镇化到底如何影响黎族村民生活方式变迁，这种影响具体体现在哪些方面，城镇化影响黎族村民生活方式变迁有哪些特点，却一直较少有人关注。本书通过最大限度呈现邢村生活方式变迁的丰富内容和生动场景，基于海南乐东邢村的调查，对邢村民族文化资源

---

① 康秀云：《20世纪中国社会生活方式现代化问题研究》，东北师范大学，2006年。

的全面展示，对民族文化的传承与发展做出贡献。探讨了城镇化影响下的黎族村民生活方式变迁及其特点，提出城镇化是黎族村民生活方式变迁发展的推进器，在城镇化的影响下，黎族村民生活方式变迁呈现明显的现代化发展趋势，与其他因素相比，城镇化对民族社会文化变迁的影响具有"渐进式、广泛而深刻和隐蔽性"三个特点。

二是目前国内对城镇化进程中人类学的研究还十分欠缺，虽然国内民族学人类学界和媒体工作者都在使用人类学的概念或方法，但是并没有形成一个真正统一的城镇化进程人类学概念，尚未能形成较为成熟的体系。值得欣喜的是，已经有越来越多的人开始将研究视野转向了城镇化。本书是对这种研究趋势的响应，探讨构建黎族村民新型城镇化生活方式模式，提出了城镇化进程中黎族村民生活方式变迁的对策，为其他民族地区民族生活方式的研究提供借鉴和参照。试图为民族学人类学的民族志方法提供某种参考，为政府在城镇化进程中统筹城乡发展，兼顾保护传统和走向现代两个目的提供决策参考，为我国人类学学科相关概念发展进行初步探讨。

四 借鉴的理论与研究方法

理论工具是科学研究的武器。本书选择文化变迁理论、城镇化理论和场域——惯习理论等作为理论工具，来分析城镇化背景下黎族村民生活方式变迁这个主题。

（一）借鉴的理论

1. 文化变迁理论

文化变迁是文化自身运动的必然结果。在19世纪中期以前，学者主要关心的是人类怎样从野蛮状态到文明状态的进步；到19世纪中期以后，占据主导地位的是进化论思想；19世纪末20世纪初之后，反古典进化论的思潮逐步兴起，因此，"文化变迁"成了"文化发展"的代名词。

1922年，美国著名社会学家威廉·费尔丁·奥格本在《社会变迁——关于文化的先天和本质》一书中，首次提出了文化决定社会变迁的观点。他将文化变迁的主要因素归纳为四项，即发明、积累、传播和调试。西方学者从20世纪30年代开始便把文化变迁作为专门的研究课题。英国人类学家着重研究殖民地土著居民与白人文化接触所引起的变迁，而同时期的美国人类学家则着重研究印第安人与白人文化接触所引起的变迁。马克思主义观点认为，物质生产活动在人类社会生活中起决定的作用。生产力和生产关系的矛盾以及经济基础和上层建筑的矛盾是社会的基本矛盾，这些矛盾运动是社会发展和变迁的动力。

我国对文化变迁的系统的学术性研究起步较晚，从20世纪前期才开始。20世纪初，人类学者和民族学者在考虑把西方文化变迁理论发展为中国本土应用理论过程中，有着不同看法。孙本文主张思想上的独立：在理论上对国外理论进行全面研究和综合吸收，根据中国的现实加以检验与修改；而黄文山提出以民族学家的文化理论为根据，方法上取西方各派的精华，资料上参考各国调查成绩与先例，解释整理我国民族文化。① 文化的均衡是相对的，变化发展是绝对的，任何群体以及群体所处的环境都在不断地发生着变化，变迁是永恒的现象。

文化变迁理论认为，按分类来讲，社会文化变迁可以分为无意识的变迁（完全遵循自然变迁规律，没有任何方向和目的性）和有意识的变迁。其中，有意识的变迁是现代社会变迁的主要形式，可分为主动变迁、指导性变迁和强制变迁三种类型。现代化作为社会文化变迁理论之一，一般包括经济上的工业化，社会生活上的城镇化，政治上的民主化，思想文化的民主化和人性化等，因此常用来描述工业革命以来人类社会中从传统经济向现代经济、从传统社会向现代社会、从传统政治向现代政治、从传统文明向现代文明转变过程中所发生的深刻变化。马格纳雷拉认为，人类社会为了发展实现到发达的工业社会这一目标，所经历的社会和文化变迁等的特点及其包容一切的全球性过程。因此，从某种程度上讲，现代化与西方化的内涵相近，主要指近代以来世界各国以西方发达国家近现代以来形成的价值为目标，不断寻求新的发展出路的过程。

当前，文化变迁研究已经成为我国民族学、社会学和文化人类学等学科研究的重要内容之一，有关文化变迁的理论研究和田野实践研究成果层出不穷，其中相当一部分成果体现了较高的学术水平，本书在研究

---

① 时春丽：《俄罗斯族生产与生活方式的变迁》，中央民族大学，2005年。

过程中可以用来学习借鉴。

2. 城镇化理论

城镇化是一个极其复杂的综合性现象，它反映一个国家的经济发展过程，也标志着一个国家的现代化程度。历史表明：城镇化与深刻的社会经济变革有着紧密的关系。城镇化主要是指人口向城镇集中的过程，主要表现为城镇数目的增多和各城镇人口规模的扩大。城镇化发展的动力，以推拉理论看来，主要包括两方面，一是乡村的推力，即使人群离开乡村的因素，如人多地少、收入水平低、自然灾害频繁和社会服务保障落后等；二是城市的拉力（即为吸引人群去到城市的因素），如就业机会多、收入水平高、公共设施丰富便捷和社会福利保障程度高等。

在社会经济变革过程中，农村受着工业、交通、各种公用事业、城市生活方式的影响，同时，城市又以日益强大的"辐射效应"通过先集聚后扩散的机制作用于广大农村地域。可以概括地说，城镇化的本质属性就是有着广泛社会含义的"城乡关系互动"。具体来说，城镇化是农村与城市之间的一种关系，是城乡之间的运动和互动，而带头开始这个城乡运动的是人口的地域性移转，即农村的大量劳动力向城市集中。因此，城镇化的一个显著特征就是，人口和社会生产力为了节省分工、协作和交易的成本，获得聚集经济效应，从而不断从农村向城镇转移和集中。

城镇化的最高发展目标是实现城乡协调发展和城乡二元结构转换。[①] 城镇化是一个现代化的过程，是城市的先进生产力和现代文明不断成长并向农村传播与扩散的过程，而不能简单理解为消灭农村。它的最终目的是使农村被城市"同化"，把"异质"的城乡二元结构转变为"同质"的一元结构，从而达到城乡共享现代文明。

近年来，国外的城镇化研究以解决城镇化质量问题为己任，在不断探索理论的基础上更加注重城镇化实际问题的解决，研究的内容集中在农村与城镇化率、城乡一体化、城镇化发展模型和城镇可持续发展等几个主要的领域。城镇化的基本特征是城乡统筹、城乡一体和和谐发展，从而实现大中小城市、小城镇和新型农村社区相互促进和协调发展。城

---

① 傅晨：《让农民分享城市化的成果——论城市化的本质及对广东城市化偏差的实证研究》，《学术研究》2008年第4期。

镇化的核心在于实现城乡基础设施一体化和公共服务均等化，在发展的思路中明确走资源节约、环境友好之路，不以牺牲生态和环境为代价。

3. 场域—惯习理论

这一空间理论是法国人类学家、社会学家皮埃尔·布迪厄（Pierre Bourdieu）提出的，认为社会关系是一种"关系的系统"，超越了传统的主客观二元对立论。

场域—惯习理论认为，在社会空间里位置上接近的行动者，拥有更多的共同属性，群体与阶级以此为基础得到建立。而行动者在空间的位置取决于他们的资本总量及不同资本的比重。场域—惯习理论认为的"场域"和"惯习"概念是社会学理论中的两个核心概念，从静态角度来看，空间即场域，其与"惯习"存在建构与制约的双重关系[①]。场域—惯习理论认为社会空间是由关系建立起来的，是有异于地理空间的存在体。

场域是一种具有相对独立性的社会空间，相对独立性既是不同场域相互区别的标志，也是不同场域得以存在的依据。[②] 一个场域可以被定义为在各种位置之间存在的客观关系的一个网络。而惯习具有历史性、开放性和能动性。

场域—惯习理论体现了对支配传统社会科学的个人主义与整体主义二元对立的超越。这种二元对立体现在不同学科或是单纯对个体进行研究，或是仅关注超越个体的结构（政治学、社会学）。布迪厄强调，在社会学研究中应注意这种社会现实的两面性。在特定场域内，行动者的惯习不仅会随着经验事实、场域位置的改变而改变，而且会自然地建构、营造和实践新的场域元素。场域和惯习是相互交织的双重存在，场域是具有惯习的场域，惯习是离不开场域的惯习。

（二）研究方法

本书在跟踪国内外最新研究成果的基础上，结合专家分析和实地调研分析的基础上，选取城镇化进程中黎族村民生活方式变迁为研究对

---

① 邹阳：《布迪厄的空间理论—读〈社会空间与象征力〉》，《河北理工大学学报》2011年第2期。

② ［法］皮埃尔·布迪厄、［美］华康德：《实践与反思：反思社会学导引》，李猛、李康译，邓正来校，中央编译出版社2004年版，第134页。

象，借助民族学、人类学、社会学的基本理论，对黎族村寨进行的深度研究。另一方面注重理论研究，进行理论与实践相结合，建立变迁理论研究框架，对调研数据进行实证分析。本书采用的研究方法主要如下几点。

1. 文献研究

自确定选题后，运用文献方法查阅和收集相关文献资料，运用唯物辩证法和历史唯物主义的基本原理分析生活方式变迁的内因和外因，以及城镇化进程与生活方式变迁的关系，并探讨其变迁规律。从 2011 年 7 月到 2012 年 12 月，全面搜集与本研究相关的资料信息，并完善自己的理论知识，深化研究的核心概念、主要内容和理论依据，进一步确定研究进行的途径和方法。与老师、同学进行商讨，经多方斟酌，选定海南省乐东邢村为调研地点，广泛搜集有关城镇化进程和文化变迁研究的相关资料，掌握研究现状和研究动态，以及黎族村民生活方式研究的相关资料，包括专著、调查报告、历史记载和相关网站等当地资料如乐东县志、统计年鉴和统计数据等，为实地调查和论文写作奠定理论基础。

2. 田野调查方法

此方法是民族学、人类学的传统研究方法，也是本研究的核心途径，本书主要采用了其中的参与观察法和深度访谈法。笔者多次到海南乐东邢村进行实地调查，与海南乐东邢村村民同吃同住同劳动，采用参与观察、集体访谈等方法搜集资料，直接参加村民活动，在现实生活中观察和了解邢村村民的生活环境和日常生产、生活和文化的方方面面；同时在参与观察和初步访谈的过程中，在了解和熟悉大致情况的前提下锁定"意见领袖"，有重点的进行深度访谈，获得生活方式变迁背后的历史原因、深层含义和文化心理等理性认识。

笔者第一次到海南乐东邢村全面调研是 2011 年 8 月，此后从 2012 年 12 月到 2015 年 12 月，又先后 3 次深入邢村进行专题补充调研。调研遵循从上往下逐级深入的过程，首先走访了乐东县政府、县志办、县统计局、县民宗局、抱由镇政府等相关部门，获得一定的官方文献资料。针对调研过程中留下的问题和疑点，进行了进一步考察和深度访谈，完善了论文写作所需要的资料。整个调查研究过程完全按照田野调查法的要求进行操作，笔者与村民同吃同住，认真参与观察，保证了田野调查数据和资料的准确性和可用性。在田野调查和观察中坚持主位与客位的观察立场、宏观与微观相结合、一般与个案、定性与定量相结合的方法。同时，运用比较分析的方法，将邢村黎族的生活方式与20世纪50年代、21世纪初社会调查时所记叙的生活方式作比较。

3. 问卷调查方法

本书主要采用实地访谈和问卷调查的研究方法，问卷的指标设计充分考虑到了黎族研究的前人成果。本书问卷调查法主要是用于了解城镇化进程中黎族村民生活方式变迁如经济生活方式、婚姻家庭生活方式、闲暇交往生活方式、政治和宗教生活方式方面的情况等。访谈法主要是针对事件性问题。问卷调查的目的是为了从面上了解黎族生活状态，访谈法是为了深入了解其生活方式变迁的逻辑关系。在实地调查结束之后，运用SPSS等数据统计分析软件及常规的定性资料分析方法，对所获取的资料进行了系统的整理。

五 相关概念的界定与说明

（一）城镇化

目前学术界对城镇化的准确概念没有进行统一的界定。各种不同的学科对城市化有各种不同的理解。人口学者认为，城镇化是农村人口向城镇人口转变的过程；地理学者认为，城镇化是农村向城镇改造的过程；社会学者认为，城镇化是农村的生活方式向城镇生活方式转变的过程；经济学者认为城镇化则是由农村自然经济转变为城镇所代表的社会化大生产的过程，即是一种生产方式的转变。

1991年，辜胜阻在《非农化与城镇化研究》中使用"城镇化"这一概念，并在后来的研究中，力推中国的城镇化概念。1999年，中共第十五届四中全会通过的《关于制定国民经济和社会发展第十个五年计划的建议》采用了"城镇化"一词，这是50年来中国首次在最高官方文件中使用"城镇化"。在中国大百科全书中，城镇化是指由于城市工业、商业和其他行业的发展，使城市经济在国民经济中的地位日益增长而引起的人口由农村向城市集中的社会进步过程，又称都市化。从社会学的角度看，城镇化是城市规模扩大，城市数量增加，城市生活方式、组织体制和价值观念取代农村的过程，是城市基础设施和公共服务设施水平不断提高的过程。

早在16世纪,英国的人文主义者托马斯·莫尔(Thomas More)在他的著作《乌托邦》中就提出了"城乡一体化"的设想,这是城镇化的雏形。1826年,德国城市探究学者杜能发表了《孤立国对农业及国民经济之关系》一书,从而树立了城乡联系研究的典范。1948年刘易斯把发展中国家的经济结构概括为现代部门和传统部门并存,并提出"二元结构"的概念和分析方法。20世纪60年代,美国著名城市理论家刘易斯·芒福德(Lewis Munford,1895—1990年)提出了"城镇化质量与乡村的发展不能截然分开,把乡村的发展与城镇的质量作为一个统一的问题来处理"。

关于城镇化概念的解释有很多,主要表述为:城镇化是指人口、用地和经济文化模式由农村向城市转变的过程和趋势,是农村人口和非农产业不断由农村向城镇地区集中的社会经济过程。表现为城镇数目的增加,城镇规模的扩大和城镇经济方式、生活方式的某些特征向农村扩展。城镇人口数量在社会总人口的比重(城镇化率)逐渐上升,是衡量城镇化程度的基本指标,也称为城镇化水平。[①] 还有的表述为城镇化是伴随着工业化和分工细化而产生的农业劳动力向非农产业转移、农村人口向城镇集中的过程。其特征为人口的集中、生产要素的集聚和商品的集散,本质是人民生产和生活方式转变的过程,体现了社会经济发展的必然取向,是社会形态向高层次发展的客观表现形式。[②] 城镇化是农业人口向非农业人口、农业产业向非农业产业、传统农业社会向现代文明社会转变的历史过程,是衡量一个区域或一个国家现代化的重要标志。也可以说城镇化是社会经济发展等发展水平达到一定高度的必然产物。它带来了城乡的经济、政治、文化等社会结构的转型,体现了整个国家或区域的全面变化和发展。

(二)生活方式

生活方式有着丰富的内涵,《中国大百科全书·社会学卷》这样定义:"不同的个人、群体或社会全体成员在一定社会条件制约和价值观

---

① 郭丽妮、黄黎波:《关于推进泉州城市化进程的研究》,《泉州师范学院学报》2006年第4期。

② 欧阳彪:《城镇化的要义是转变生产方式》,《中国经济导报》2005年5月21日。

念指导下，所形成的满足自身生活需求的全部活动形式与行为特征的体系。"①

生活方式的概念有广义和狭义之分。广义上，生活方式是指人类在物质和精神生活领域内所从事的一切活动方式，既包括衣、食、住、行之类的日常生活形式，也包括生产方式在内的劳动生活形式。狭义上，生活方式是指人们日常生活活动的方法和形式，即人们享用物质和精神消费品以及支配闲暇时间的方式，主要包括衣、食、住、行、用等消费生活方式。本书采用广义的生活方式概念，因为生产方式不仅是"保证自己生活的方式"，"是个人肉体存在的再生产"，而且"它在更大程度上是这些个人的一定活动形式，表现他们生活的一定形式，他们一定的生活方式"。② 因此可以说，生产方式是人类一切生活活动的基础，离开了进行生产的劳动，就无法理解人们的全部生活活动，就无法解释人们的生活方式。

随着人类生活实践的不断发展，从事生产活动的劳动越来越成为人类生活中不可或缺的一部分。尤其是在以知识为发展基础的信息时代，生活时间通过人力资本和知识的生产而成为"生产时间"，工作和休闲时间的界限将模糊化，劳动活动将生活方式化，生产和生活归于一体化。因此，从广义上理解生活方式，把劳动生活作为生活方式的一个重要内容，不仅能更好地体现社会生产的目的，即为满足人自身的需要而生产，而且更能充分展示社会生活活动的全貌，有助于进一步理解和把握各种社会、各个民族、各个阶层和社会集团的生活特征。

生活方式作为人类各种生活活动形式的总和，包括物质生活、精神生活、社会生活、政治生活等领域。③ 在这里需要指出的是，生活方式研究的出发点是从人类生活的角度，表现人类社会的一切社会关系以及人与自然关系的一个社会学概念，其虽涉及物质生活、劳动生活、政治生活和精神生活等人们参与社会生活的所有领域，但是，它是从人们怎样具体生活这一特有角度，即是从主体的生活活动的角度来加以研究

---

① 王玉波、瞿明安：《超越沉痛——生活方式转型取向》，京华出版社1997年版，第3页。
② 《马克思恩格斯选集》（第1卷），人民出版社1966年版，第73页。
③ 郑杭生：《民族社会学》，中国人民大学出版社2005年版，第161页。

的。从社会学的角度而言，生活方式指人们在一定的社会条件制约下和价值观念的指导下所形成的满足自身生活需要的全部活动形式和行为特征。从这个意义而言，生活方式概念至少包括三个部分：一是生活活动条件（包括自然条件和经济社会发展水平、设施建设、文化传统和特点等社会条件）；二是生活活动主体（具有一定文化取向和价值观念的人，而文化、价值观因素在生活方式的构成要素中占有核心的地位）；三是生活主动形式（生活活动条件和生活活动主体相互作用所外显出的一定行为模式）[1]。也有学者提出，生活方式存在几个维度：家庭、婚姻和孩子观；金钱观与日常消费取向；工作与职业发展；社会交往；时尚与娱乐等维度[2]。

生活方式作为社会结构及其运行状况的一种综合性反映，从任何一个概念来看，其构成既包括三个基本要素：活动条件、活动主体和活动形式，也有其显著性的特点。[3]

1. 活动条件

活动条件即一切物质的文化环境，包括自然条件和社会条件（宏观社会条件和微观社会条件）。自然条件，主要包括地形、地貌、气候、土壤、山林、河流、陆地和地下矿藏、动植物，等等。社会条件，主要包括物质资料（生产资料、生活资料）和社会时空。

自然环境对人们物质生活资料的获取、利用以及消费活动有极大的影响，是人们生活方式形成和发展的基础，但自然环境对生活方式的影响又往往与一定的社会条件交织在一起，如生产力的发展水平、社会结构的特点、生产关系与社会关系的性质，以及科学技术、政治法律制度、道德规范、宗教信仰等，以及人们的具体劳动条件，收入和消费水平，闲暇时间、住宅条件、社会服务、文化设施、受教育的状况也都影响着人们的生活行为和行为模式。[4]

---

[1] 王雅林：《构成生活美——中外城市生活方式比较》，东南大学出版社2003年版，第65页。

[2] 刘能：《当代中国人的生活方式：多维度的解析》，《广西民族学院学报》2003年第4期。

[3] 高丙中：《现代化与民族生活方式的变迁》，天津人民出版社1997年版，第2页。

[4] 宋涛等：《传统裂变与现代超越：西部大开发与西南少数民族生活方式变革问题研究》，民族出版社2006年版，第5页。

2. 活动主体

活动的主体即生活方式的承担者。按人群范围的大小来划分，生活方式的主体可分为社会、集团和个人三个层次。生活方式实际上是主体凭借一定的社会条件把生命纳入一定的文化模式而呈现的稳定的活动，生活活动的主体在生活方式结构中具有核心地位。

由于人是有意识的社会存在物，生活方式的形成，除依赖于生产方式和客观条件的种种因素之外，生活主体的主观意识因素也起着重要的作用。一般来说，人们是按照自己的价值观来安排自己的生活，形成或改变自己的生活方式，因而指导主体活动的主要是价值观。除此以外，社会心理、个人心理以及生理因素也会对生活主体的活动方式产生不同的影响。

3. 活动形式

活动形式即人们的日常生活行为。生活活动条件和生活活动主体之间的交互作用必然外显为一定的活动形式，从而使不同的个人或群体的生活方式具有可见性和固定性的特点，这种行为习惯的定型就形成具体的生活模式。生活模式是生活方式客观的外在标志，它以感性的形式表现着人们的生活方式。

从类型学的角度看，生活方式可从多种角度进行分析。比如按人类生活的基本方式分，可划分为劳动生活方式、消费生活方式、闲暇生活方式、交往生活方式、政治生活方式、文化生活方式、宗教生活方式等。按不同社区划分，可分为城市生活方式和农村生活方式两大类。本书采用的生活方式划分主要依据人类生活的基本方式。

（三）文化变迁

文化变迁，是文化人类学研究的主要课题之一。早期进化学派认为，人类文化普遍是由低级向高级、由简单向复杂发展进化的，这一发展顺序是文化发展的普遍性。涉及的主要是纵向分布，也就是历史上的文化变迁。传播学派则更侧重于研究文化的横向散布，认为文化的变迁过程就是传播过程，文化主要在传播过程中发生变迁。功能学派认为，人类的任何社会现象、文化现象，都是为满足某种现实的需要而存在的。所谓"功能"，指的是文化满足人的基本需要的方式，或满足机体需要的行动。功能学派的代表人物之一，著名社会学家拉德克利夫·布朗，论述了文化接触产生的相互作用。根据他的论述：一个特殊社区的社会生活的各方面，均系密切地相互联系着，或为一个统一的整体。一个特定社区的研究为同一大地区内的类似社区提供一种更为深刻地了解。因为社区与其外部关系，与正在进行中的变迁，都形成一个有机联系的整体。布朗建议对于中国的研究，最为适宜的开始单位是乡村。

20世纪30年代，赫斯科维茨等学者开始把文化变迁作为专门的研究课题，如英国人类学家着重研究殖民地土著居民与白人文化接触所引起的变迁，而同时期美国人类学家则着重研究印第安人与白人文化接触所引起的变迁。

综上所述，本书认为文化变迁就是指或由于一个群体社会内部环境的发展，或由于一个群体与其他群体之间的关系的变化，而引起一个群体物质生活态度或者精神生活态度任何方面的改变。文化变迁与社会变迁互为关联。社会变迁特指社会各方面现象的变化，更为准确的说是指社会制度的结构或功能所发生的改变，一般而言，文化变迁是社会变迁的直接结果，社会变迁是文化变迁的直接原因。

六　关于"变迁时间"的考量

与城镇化背景下的新时期相比，新中国成立前漫长的历史时期中黎族社会变迁相对缓慢，黎族村民生活方式变迁也较为缓慢。新中国成立以后，黎族社会变迁的步伐逐渐加快，尤其是改革开放以来在中国工业化、城镇化、现代化的浪潮推动下，黎族农村社会变迁呈现前所未有的加速态势。作为社会变迁的侧面和缩影，蕴藏有丰富的现代性意义和思想史意义的生活方式随之发生较快变迁，呈现诸多从传统到现代转型的过渡特征。

本书在城镇化进程加速的宏观背景下关注黎族村民生活方式的变迁，我们在纵向考察邢村村民生活方式变迁轨迹时，在兼顾漫长历史时期黎族村民生活方式变迁特点的同时，主要考察新中国成立70年来黎族村民生活方式的当代变迁，并把发生在改革开放后，特别是中国实行城镇化进程以来作为这70年间的重要分水岭。

第一章

邢村概述

第一节 海南黎族概况

黎族是中国岭南民族之一，是我国南方的一个古老民族。据2010年全国第六次人口普查的数据公报，截至2010年11月1日0时，全国黎族人口共有146.31万人，其中海南黎族人口为127.74万人，占黎族人口的93.9%。[1] 海南是全国陆地面积最小的省，仅有3.4万平方公里，却是海洋面积最大的省，管辖着包括西沙群岛和南沙群岛在内的约200万平方公里的海域，占全国海洋总面积的2/3。海南是个多民族聚居的省份，生活着汉、黎、苗、壮、回等54个民族。除汉族外，黎族人口最多，其次是苗族、壮族和回族。黎族人口占海南全省人口的14.73%。黎族主要聚居在海南省中南部的琼中县、白沙县、昌江县、东方市、乐东县、陵水县、保亭县、五指山市、三亚市七县二市之内，其余散居在海南省的万宁、屯昌、琼海、澄迈、儋州、定安等市县。[2] 黎族以农业为主，妇女精于纺织，"黎锦""黎单"闻名于世。

一 黎族族源

关于黎族的族源，早在20世纪30年代就有学者开始研究，如中国科学院刘咸、上海同济大学德国教授史图博（H. Stübel）等学者根据黎族田野调查资料提出黎族族源的看法。此后关于黎族族源的讨论一直持续至今，但一直没有达成共识，形成定论。在诸多讨论中，比较有影响

---

[1] 海南省统计局：《海南省2010年第六次人口普查主要数据公报》，《海南日报》2011年5月11日。

[2] 陈立浩、于苏光：《中国黎学大观》，海南出版社2012年版，第14页。

力的有南来说和北来说等不同观念。持南来说观点的代表学者有史图博、刘咸和岑家梧等。史图博认为在黎族的4个（实为5个）支系中，有3个支系的黎族是从东南亚一带来的。他说："原来不是土族的黎族——美孚黎、岐（今作杞）黎、侾（今作哈）黎等……是从（海南）岛的南方绕过崖州（今三亚市）而到岛内来的。"①刘咸认为，黎族的一部分如哈黎与润黎（原称本地黎）来自南洋群岛，他们与生活在那一带的正马来人有血统关系。②岑家梧也支持南来说，他认为"南来说比较可信"。他在《海南岛黎人来源考略》中说，史前时代的"海南岛黎人，确属南方系统之民族，其迁来岛上，不由亚洲北部大陆，而由亚洲南部诸海岛"。③而持北来说观点的有林惠祥和罗香林等人。林惠祥在其《中国民族史·百越系》中提到黎族族源与古越族有极大关系。④还有学者从考古发现、语言和习俗等多方面展开论证，认为黎族来自古骆越的一支，大约6000年前由两广横渡琼州海峡而进入海南岛的古人就是黎族先民，经过几千前的不断迁徙、不断融合，最终形成了一个新的民族共同体——黎族。

二 建制沿革⑤

远古时期黎族先民的居址遍布海南岛，西汉时期中央王朝在海南北部和西部建立封建统治，内陆汉族人逐渐迁移到这一地带居住。随着唐宋时期中央王朝对海南开拓和统治力度的加大，封建王朝逐渐在海南岛建立了稳固的州县建制，黎族人民逐步往内陆腹地迁移，逐步形成汉族在外、黎族在内的分布格局。

西汉时期，中央政权在海南岛设置珠崖郡和儋耳郡，实现对海南岛的实际统治。隋朝时期将原两郡改设为珠崖、儋耳、临振三郡，统10县。唐朝时又形成5州22县的行政建制，包括崖州（今海口市东南）、

---

① ［德］史图博（H. Stübel）：《海南岛民族志》，1964年中国科学院广东民族研究翻译油印，2001年7月海南省有关单位铅印供内部参考，参见第330—331、340—341页。
② 刘咸：《南黎族起源之初步探讨》，《西南研究》1940年第1期。
③ 岑家梧：《海南岛黎人来源考略》，《边事研究》1940年第6期。
④ 林惠祥：《中国民族史》（上册），《中国文化史丛书》，商务印书馆1937年版，第128页。
⑤ 陈立浩、于苏光：《中国黎族大观》，海南出版社2012年版，第25—31页。

琼州（今海口市）、振州（今三亚市西北）、儋州（今儋州市西北）和万安州（今陵水黎族自治县东北）。五代时，海南岛归南汉统治，全岛设5州14县，这一时期新设立的澄迈、文昌、临高、陵水等县名一直沿用至今。

明朝洪武年间，海南岛归广东省管辖。清代，海南建制基本沿袭明代，清光绪十三年，清朝廷在岭门、南丰和冈安设置三个"抚黎局"，作为统一管辖黎区的最高机构。民国时期，将三个"抚黎局"设为一个"抚黎专员公署"，加强对黎族地区的统治。民国二十四年（1935年），国民党广东省政府把黎、苗族居住的五指山区分为白沙、保亭、乐东三县。

中华人民共和国成立后，1951年4月，成立广东省人民政府海南行政公署，1955年3月改称广东省海南行政公署。1984年10月，海南行政区人民政府正式成立，海南行政区管辖海南黎族苗族自治州及海口、琼山、文昌等9县1市。1987年，撤销海南黎族苗族自治州，建立了琼中黎族苗族自治县、保亭黎族苗族自治县、陵水黎族自治县、昌江黎族自治县、乐东黎族自治县、东方黎族自治县、白沙黎族自治县。1988年海南岛从广东省的一个行政区成为中华人民共和国第31个省。

三 黎族支系分布

由于迁入的群体不同，到达的时间不同，抵达海南岛后居住的地理环境也不同，造成黎族内部又分为哈、杞、润、赛和美孚五个方言区，具体分布情况见图1-1。

由于分布地区及方言等区别，黎族内部形成了五个支系，即哈黎、杞黎、润黎、赛黎（又称加茂黎）和美孚黎。

哈黎是黎族人口最多，分布最广的一个方言支系，主要分布在乐东、三亚、东方、陵水、保亭、昌江等地区。

杞黎是黎族第二大支系，主要分布在保亭县西北部、五指山市全境、琼中县、昌江县和东方县东南部、万宁市西部，此外也有部分杞黎分布在东方、乐东、昌江、陵水等地。

润黎主要分布在白沙县中部及东部，白沙县西部也有零星分布。由于儋州地区的汉族在比较哈方言后认为润方言是"本地的黎族"，即

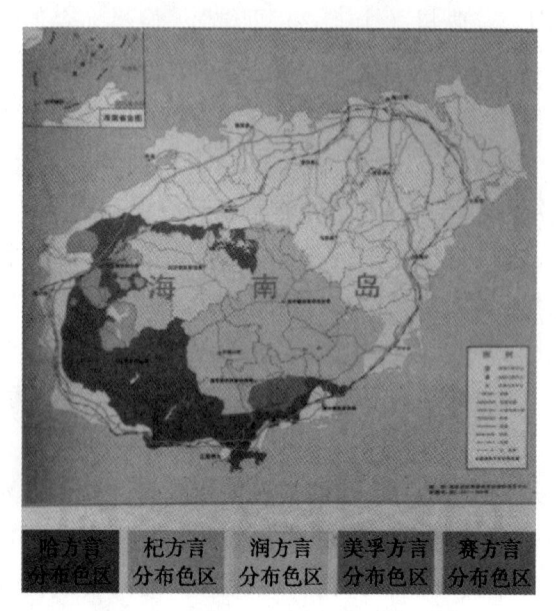

图 1-1　海南岛五大方言区分布图

"土族的黎族",润黎也称为"本地黎"。

赛黎主要分布在保亭黎族苗族自治县加茂镇,陵水县西北部,琼中东南部部分地区,也有少量居住在儋州和澄迈等地。

美孚黎（音译,意为"住在下路的客人"）人口较少,但居住较为集中,主要分布在东方市东部,昌江县城郊的一些村落。

四　哈黎

哈黎是黎族人口最多分布最广的一个支系。"哈"过去写作"侾",由于"侾"字过于生僻,意思不明确,2001年海南省民族宗教事务厅等单位在编写大型画册《黎族传统文化》时,决定以"哈"字替代"侾"。

哈黎多分布在黎族聚居区的外围地区,对汉族等其他少数民族自称"赛",对其他方言的黎族则常自称为"哈",哈黎故而得名。从海南岛的地理环境看,居住在海南岛中部的本族人常会被住在外部的本族人称为"赛",而住在海边的本族人被住在中部的本族人称为"哈"。正是由于这个原因,因而出现了像乐东黎族自治县山区一带的黎族被沿海地区的黎族称为"赛",但却被五指山、琼中一带的黎族称为"哈"的现象。①

哈黎内部又有很多小分支,每个小分支都有自己的名称,通常是古代的峒名,如"哈应""罗活""抱显""抱怀""抱由"等。②"抱"在黎族哈方言里是"村庄"的意思。

五　黎族社会发展轨迹

黎族社会经历过漫长的原始社会发展阶段,大量的考古发现和历史文献研究足以证明,黎族社会经历过漫长的母系氏族社会时期。③ 在原始社会母系氏族社会时期,女性在氏族中拥有至高无上的地位。漫长的母系氏族时期为此后黎族社会发展留下了独具特色的母权制文化残余,在黎族婚姻家庭等领域产生了深远的影响。汉武帝元制元年（前110年),中原统治者正式进驻海南岛时,海南本土文化依然带有浓厚的"母权制"特色。而此时的中原已进入父权社会至少两千年以上,已发展出非常成熟的"父权制"文化。两种文化在两性关系上有着迥异的特征。汉文化中性别文化突出特征是"男尊女卑",而黎族的性别关系则可以用"贱男贵女"形容。④ 进入父系氏族社会以后,随着社会经济的逐步发展,男性对生产力的影响增强,父权社会的因素开始产生,女性仍受到高度的尊重和重视,但是对社会生活完全的主导地位开始丧失。⑤

海南早在秦汉时期就已被纳入中原王朝的统一管理体系中。在唐代以前没有外来人口迁移来岛的漫长岁月里,黎族一直过着刀耕火种的原始生活。⑥ 唐宋时期,随着一批被贬官员抵达海南,加速了中原文化在

---

① 陈立浩、于苏光:《中国黎学大观》,海南出版社2012年版,第20页。
② 同上书,第19页。
③ 张宏:《从黎族社会传统习俗看妇女的社会地位》,载王建成主编《首届黎族文化论坛文集》,民族出版社2008年版,第151页。
④ 黄淑瑶:《性别、权力与海南古代女性》,《社会》2012年第6期。
⑤ 叶英萍:《黎族习惯法:从自治秩序到统一法律秩序》,社会科学文献出版社2012年版,第45页。
⑥ 蒋菊生、谢贵水、王岳坤:《山区少数民族迁移和文化差异对农业生物多样性的影响——以对海南黎族研究为例》,《热带作物研究》1997年第2期。

海南的流布。① 唐代政府加强了对海南的统治，使黎族社会直接从原始社会跨越奴隶社会而进入封建社会。人口的迁移、文化的传播、教育的兴办、生产工具的改进，对黎族文化和社会发展产生了深刻的影响。② 明代政府鼓励农民到人烟稀少的地方垦荒，于是大量大陆汉人迁移来到海南，许多官吏被贬到岛上，沿海和交通便利之处基本上被汉人占领，同时黎汉杂居地区也不断扩大。③ 黎族文化在与汉族文化不断碰撞交流过程中逐渐发生改变，黎族社会经济发展水平迅速提高。到明清两代，在靠近汉族的黎族地区，社会发展水平已与当地汉族趋于一致，封建社会的生产方式已占据统治地位。④ 至新中国成立前，除居住在五指山心腹地区的黎族尚保留浓厚的父系家庭公社遗制外，其余绝大部分黎族地区早已确定了封建地主阶级。与此相适应的黎族家庭婚姻制度，是以父权为中心的一夫一妻制的个体家庭。⑤

　　海南岛白沙、保亭、乐东等县在1948年6月已获得解放，1950年5月1日，海南宝岛全部解放，岛上全面建立了崭新的人民民主专政政权。1952年7月2日，成立了海南黎族苗族自治区人民政府。⑥ 自从1950年以来，政府为发展热带农业，尤其是为了发展天然橡胶生产，先后在海南岛上建立国营农场98个，地方农场近200个。从大陆来岛工作的人数50余万人，约占全岛人口的1/4以上。这次大的人口迁移给黎族地区和全岛农业发展带来了极为深刻的影响。这些农场多分布在山地丘陵地区，有些深入到黎族中心山区，对黎族的传统文化产生了深刻的变革。⑦ 2008年，海南省委省政府提出建设国际旅游岛，给海南少数民族地区的旅游业带来进一步发展，进一步加快了海南黎族农村地区

---

① 刘正刚、罗或：《明清边疆社会的习俗互化——以海南女性生活为例》，《中国边疆史地研究》2008年第4期。
② 蒋菊生、谢贵水、王岳坤：《山区少数民族迁移和文化差异对农业生物多样性的影响——以对海南黎族研究为例》，《热带作物研究》1997年第2期。
③ 同上。
④ 王海：《碰撞中的交融与传承——试论黎族文化的特点及成因》，《华南师范大学学报：社会科学版》2005年第3期。
⑤ 严汝娴：《中国少数民族婚姻家庭》，中国妇女出版社1986年版，第525页。
⑥ 陈立浩、于苏光：《中国黎学大观》，海南出版社2012年版，第204页。
⑦ 蒋菊生、谢贵水、王岳坤：《山区少数民族迁移和文化差异对农业生物多样性的影响——以对海南黎族研究为例》，《热带作物研究》1997年第2期。

经济发展的步伐。

新中国成立前,黎族农村社会变迁相对缓慢,经历了漫长的原始社会。在中央统治和汉文化影响下直接进入封建社会,在新中国成立初期,绝大多数黎族地区已经确立了封建制度。新中国成立后,黎族社会发生了翻天覆地的变化,迅速迈入社会主义发展阶段。1978年十一届三中全会以后,改革开放的浪潮席卷全国,中国各地农村面貌逐渐焕然一新。改革开放以来,海南岛社会发展再次迈入新台阶,出现急速巨变,物质文化和精神文化发生深刻变迁。

第二节 调查点概况

一 选定邢村

1954年,中央民委组织全国的专家到各地进行民族社会情况调查,当时的中南民族学院也承担了这一重任。1954年7月至1955年2月,中南民族学院严学宭教授率领由中南民族学院和广东省有关部门共20余人组成的中南海南工作组,对海南黎族合亩地区及五个支系的22个黎村开展了大规模的社会调查,获得了极为丰富的第一手资料。其中《海南黎族情况调查》(后改名为《海南岛黎族社会调查》1992年由广西民族出版社出版)4册140余万字,是当时国内单一少数民族调查最深入详尽的资料。

2011年,在海南省民宗委的邀请下,中南民族大学启动对海南黎族村寨的追踪研究,计划从当年调查过的22个村寨中选择六个村寨开展调查,通过与当年调查材料的比较,反映不同方言支系黎族村寨的发展和社会变迁。拟定的六个村寨分别由合亩制地区和黎族五个方言支系中各选择一个村寨组成。2011年7月初,笔者加入到海南黎族村寨研究课题中,承担哈黎支系黎村的调研工作。笔者认真研读了《海南岛黎族社会调查》,重点了解和分析了书中记载的哈黎村寨的资料。最终选择了《海南岛黎族社会调查》记载的乐东县第二区的一个黎族自然村——头塘村(全书用"邢村"指代该自然村)作为田野调查对象。

最终选定邢村源于以下几点考虑:首先,邢村的名称及地理位置方位等没有改变，符合追踪研究的需要。其次，书中对邢村的记载较为细致，便于比较研究。再次，哈黎是黎族人口最多的支系，哈方言又包括罗活等三个土语，而哈方言的三个土语中，罗活土语分布集中且面积广、影响更大，1956年专家进行黎族语言全面调查时就选择了乐东黎族自治县抱由镇保定村方言的语音为标准音，并在此基础上设计了黎族文字。而邢村正位于乐东县抱由镇，该村正是哈黎罗活方言的代表，选择邢村开展哈黎支系村寨的追踪调查具有较好的代表性。最后，邢村交通较为方便，与乐东县政府驻地抱由镇只有七公里路程，且一条公路从村中穿过，邢村与外界往来方便，更方便观察现代文明对黎族村寨变迁的影响，同时便利的交通也可以为田野调查提供便利。

在奔赴邢村开展黎族村寨变迁研究的过程中，笔者与邢村干部及群众建立了良好的信任关系，村民的生活方式变迁问题更深深吸引笔者关注。在开展邢村村落变迁研究过程中，笔者将黎族村民生活方式变迁研究作为选题，考虑到调研的方便及时间的限制，更处于村落调查中与黎族村民建立的良好关系，本书将邢村作为田野调查点。

二 生态环境

本书的田野调查点是海南省乐东黎族自治县抱由镇的一个黎族自然村。该村村委会下辖有五个自然村，11个村民经济小组，邢村包含第1—6队共六个村民经济小组，是该村委会规模最大的自然村。由于邢村大部分村民都姓邢，笔者为该村取学名为邢村，一是为了行文叙述方便；二是与学术研究传统保持一致，用学名取代田野调查村寨可避免使用村寨真实名称。全文用邢村指代该自然村，包括引用文献中出现该村真实村名时也用邢村进行指代。

邢村位于海南乐东县乐东盆地东北角，海拔180米，邢村位于东北向西南。无论从生态环境或者从人文环境方面，该村能够为我们提供有关当代黎族村民的生产方式、生活习俗、生态环境等方面的鲜活资料。

1. 地理环境

邢村村址一半在平地上，一半在平缓的台地上，地势较平缓，呈带状分布。居住区域一平方公里。乐东盆地呈东北西南伸展，长63公里，宽18—23公里，呈一长条形盆地，面积约700平方公里。邢村就位于昌化江的冲积平原和台地上，村址周围都是宽阔的稻田。

图 1-2　调查点海南乐东邢村的地理位置

邢村位于乐东县城东北方向，距离县城 6 公里，距乐东县万冲镇 10 公里。二级柏油公路——毛九公路将邢村的居住区和耕田分开，交通十分便利。村址的西面距海南省第二大河昌化江约二公里，东据南木溪 200 米，地势平坦开阔。往北 2 公里接三柏村，往南约 200 米接否店村，往西南 1 公里接公保村。

邢村地界内没有高山和丘陵，只有一些连绵的台地和阶地。村东北、东南的大片台地原是邢村的土地，1958 年创办乐中国营农场，这些土地全部割让给乐中农场种植橡胶。胶园离村最近处仅 200 米。因此本村除了稻田外，少有坡地，山林地更少。

2. 自然环境

邢村周围最能代表黎寨特点的是一棵棵高高的椰树、亭亭玉立的槟榔树以及一蓬蓬的麻竹，这些植物是黎村的标志。

他们不仅是黎寨的一道风景线，也是黎族群众制作居家生活用品和生产劳动工具、吃物等的常用植物。椰叶可编制墙壁，阻挡风雨，椰壳可做餐具，椰肉、椰水是美味食品；槟榔既是很好的健脾、健胃、护牙的良药，也是很好的礼品，很多仪式离不开它；竹子用途更多，在邢村，可以看到各式各样的竹制品，竹笋是佳肴，竹筒饭是黎家待客特色食品。

大自然为邢村提供了很好的生活、生产条件，邢村人也充分利用和享受了这些条件。站在村中间最高点往四周望去，它拥有广阔的田野，平坦的地势，两条河流就像二条彩带绕村半周，地肥水美，气候好，植物极易生长，是黎家人生存的一块乐土。

乐东县地处北回归线以南低纬度地区，县境内纬度差小1℃，经度差小1℃。乐东县属热带季风气候，主要特点是光照充足，热量丰富，除山区外，寒潮很少出现，且维持时间短，影响程度轻，大部分地区雨量充沛。但水热不平衡，在年中分布不均匀，干季、雨季分明，不同程度的冬春旱几乎年年都有。据该县的统计资料，邢村的最高气温为38℃，其中，4月到10月的平均气温最高，尤以四五月最热；年最低气温为5℃，其中，12月至次年2月温度较低。邢村雨季是5—11月，旱季是12月至次年4月。年平均降雨量为1400—1800毫米，主要集中在每年8—10月。全年的日照时数为2200—2500小时，平均每天的日照时数约为6—6.8小时。乐东县年最多风向，沿海地区为东南风，内陆山区为东北风，但4—8月则以西南及南风为主。年平均风速为2.0米/秒。还经常受到台风影响，平均每年影响约2.5—3次，十级以上的强台风，具有较大的破坏力，对人们的生命财产和农作物的生长都有一定的威胁。

流经邢村的河流有两条：一是昌化江，发源于琼中县五指山空示岭，是海南第二大河，河流深，河床宽，水量大。上游落差大，中下游平缓，现建有大广坝水库是目前海南最大水力发电站。流经本村段较平缓，河床宽约200米；另一条是南木溪，发源于志仲镇，由于在中游南木拦腰截断建南木水库，现流量较小，从村东向北注入昌化江。这两条河流为邢村水田灌溉、冬季反季节瓜菜、香蕉等热带水果种植提供了较充足的水源，也给村民提供了捕捞的可能，是蛋白质的重要来源之一。

邢村的地下水资源十分丰富，且水位较高，在邢村居住区，挖土2—3米深便能出水，即使是冬春时节的旱季，水井中的水位距地面也很浅。由于水位高，挖井方便，所以邢村大部分村名都挖有手摇式水井，水源深3—10米，口径80—100厘米。另外，由政府资助，该村建有多个自来水井，许多家庭用上了自来水，水质良好，符合国家吃用标准。

邢村的土壤属于砖红壤和水稻土,砖红壤属酸性土,土层深厚,表层有机质和含氮中等,分别为2.4%和0.1%,而全磷、全钾和水解性氮含量低。因此种植农作物需要施肥,特别是施磷、钾肥;低洼的稻田为水稻田,属强酸性至酸性,pH值5.19—6.04。有机质含量中等,耕层浅,土质以紧砂土至轻壤土为多,一般偏酸缺磷、钾肥,需要施肥才能保证高产。1958年以前,邢村东北、东南的大片坡地原是邢村的土地,1958年创办乐中国营农场,这些土地全部割让给乐中农场种植橡胶。现所剩山林地、坡地人均差不多1亩,直接影响本村农民发展热带经济作物。

三 历史沿革

1. 村寨历史

头塘村委会现包括5个自然村,11个村民经济小组。它们分别是:邢第一、第二、第三、第四、第五、第六村民经济小组,否店第七村民经济小组,乙老第八村民经济小组,虎靠第九村民经济小组,公保第十、第十一村民经济小组。

表1-1　　　　　　　　　头塘村委会自然村构成表

序号	自然村	涵盖小组
1	头塘村（邢村）	第一村民经济小组
2		第二村民经济小组
3		第三村民经济小组
4		第四村民经济小组
5		第五村民经济小组
6		第六村民经济小组
7	否店村	第七村民经济小组
8	乙老村	第八村民经济小组
9	虎靠村	第九村民经济小组
10	公保村	第十村民经济小组
11		第十一村民经济小组

邢村是头塘村委会辖区内的一个自然村,该村有着非常悠久的历

史。据记载，本村村民在劳动中多次见到磨制光滑的石斧（村名叫雷公斧），说明在新石器时代晚期已有人类在此居住、繁衍生息。先从"邢"的黎语原义说起："头"直译是旁边；"塘"直译是晒谷场。"邢"合起来是居住在晒谷场旁边的人家，意居住在晒谷场周围的村庄。邢村还有另一名字叫"保通"，黎语直译是"中间村"。据前三平乡文化站站长刘文德解释："'保通'这名称是相对于离邢村五六公里、靠山居住的村庄来说的。邢村称那些村庄为'山脚下的村'，而'山脚下的村'村民则称邢村为'中间村'，而邢村正好处在三平盆地的中间。"

20世纪50年代，原中南民族学院（现中南民族大学）教师对邢村的调查资料中没有关于本村来源的记载。在调查中，我们对有关邢村的建村传说特别进行了询问，收集到了一些零散的邢村的传说。这些传说都与"万家村"（即千家万户，人口很多，姓氏很多的村）有关联，因此说邢村与万家村有渊源。

第一种说法。据原村委会主任邢亚清说："原三平乡最古老的村庄叫万家村，村址中心在现在的三平中学，与邢村相距400米。后来由于人口增多，太过拥挤，加上离田地比较远，因此有不少村民陆续搬迁到万家村周围居住，于是就形成了目前邢村委会各村寨的布局。邢姓的祖先大部分搬到邢村，延续至今。"这种说法还是具有一定可信度的。同一村委会的公保村民（刘姓）认为他们的祖先也居住在万家村，祖先有只母猪从万家村跑到现公保村下崽。祖先寻找到此，想把母猪赶回村，但无论如何赶，母猪就是不肯走，为了母猪，祖先只好从万家村跟随母猪迁移到现公保村（"公保"黎语的意思是母猪居住的地方，即"猪村"）。此外，原三平乡有不少村寨村民都说祖先是从万家村迁移过来的。

第二种说法。据邢村第六队村名邢亚孔等人说："邢村原就居住在现址，也属于万家村，是万家村的一部分。现在邢村址在原万家村的边上。后来村中心那些人陆续搬迁到周围另建新村，因此万家村的中心（即乡中学）就空了，没人居住，而居住在村外围一隅的邢村，则没有搬迁。"

2. 行政建制沿革

邢村作为邢村委会辖区内的一个自然村，历史上，该村所属的行政区域有过很多次的变更。在 1912 年前属地为琼州府崖州乐安营邢峒（1950 年前黎族社会独具特色的一种社会组织）。1912 年崖州改为崖县，1935 年成立乐东县，县以下设区、乡、保、甲的基层政权，邢村隶属于乐东县二区邢乡。一直沿袭至 1948 年 6 月乐东解放，建立乐东县人民政府。县政府下设区、乡建制，乐东县共设四个民族区、十五个乡，峒这一基层组织从此退出历史舞台。新成立的邢乡比邢峒小，比现在的村委会略大。1951 年邢村编入三平区邢乡，1953 年邢村农民在自愿互利下成立农业生产互助组。1955 年村生产互助组合并，成立生产合作社（初级社）。1958 年三平区改称上游公社（不久后改称三平公社），乐东县把区、乡、村改为公社、大队、生产队。1983 年乐东县撤销公社、大队、生产队，恢复区、乡、生产队制。1987 年 1 月行政设置再做改动，实行区改乡、镇制，改乡为管理区，生产队不变，同年 12 月乐东县更名为乐东黎族自治县。1991 年再做改动，改为乡（镇）、村民委员会、村名经济小组。2002 年 8 月乐东县将把三平乡、万冲镇合并为三平镇，村委会、村名经济小组不变。

在上述比较频繁的行政设置更替过程中，邢村虽然还是邢村，但反映其归属的名称却一变再变，以下列出的邢村村名变迁的过程，可以看出中国近代史变迁的不同阶段。

表 1-2 邢村名变迁一览表

时间	村名称呼
1911 年前	琼州府崖州乐安营头塘峒邢村
1912 年	崖县乐安营头塘峒邢村
1935 年	乐东县一区头塘乡邢村
1948 年	乐东县二区头塘乡邢村
1950 年	乐东县三平区头塘乡邢村
1956 年	乐东县三平区头塘乡邢村合作社
1958 年 10 月	崖县三平公社（也称上游公社）头塘大队邢第一、二、三、四、五、六生产队
1983 年 11 月	乐东县三平区头塘乡邢第一、二、三、四、五、六生产队
1987 年 12 月	乐东县三平区头塘管理区邢第一、二、三、四、五、六生产队

续表

时间	村名称呼
1991年12月	乐东黎族自治县三平乡邢村民委员会第一、二、三、四、五、六村民经济小组
2002年8月	乐东黎族自治县抱由镇邢村民委员会第一、二、三、四、五、六村民经济小组

3. 族称与族源

邢村现有邢、罗、刘三姓。现把1953年、2000年、2010年该村人口调查户数统计表作下对比。

表1-3　　　　　　　　　邢村户数统计对比表

年代 户数	1953年	2000年	2010年
邢姓	160	325	347
罗姓	9	15	12
刘姓	0	6	9
合计	169	346	368

资料来源：1953年数据来自《海南岛黎族社会调查》（广西民族出版社1992年版），2000年和2010年数据分别来自邢村第五次和第六次全国人口普查数据。

表1-4　　　　　　　　　2010年邢村户数一览表

小组 户数	1队	2队	3队	4队	5队	6队
邢姓	66	56	59	49	64	53
罗姓	—	1	—	11	—	—
刘姓	—	—	9	—	—	—
合计	66	57	68	60	64	53

资料来源：邢村第六次全国人口普查数据。

从上述表中可以看出，邢村以邢姓最多。据说罗、刘两姓都是近几代从乙老村和公保村迁来。邢姓来自何地，有多种说法。中南民院老师50年代调研时记录了两种说法。"一说从现东方县第二区重合搬来；一说最初居地在昌感县的北黎，后由北黎迁到黄流，再迁育岭（现在的重合附近），最后才到邢村来。据70多岁老人邢亚居记忆所及，他们的祖先来到邢村已有十四代。初来时住在现今靠近乐东大河的红梅、道容两村,那时附近全是荒地,邢祖先慢慢开垦田地,以后才搬到现在的邢村。但据另一老人邢明修(当时70多岁)说,他们的祖先来时这个地方原是'美孚'黎居住的,后来'美孚'黎沿昌化江(乐东河)向下游迁徙,现在邢村已无'美孚'黎了。"据邢德清老人(当时85岁)讲:"最早居住在尖峰,后从尖峰迁到黄流,再从黄流迁来万家村,再从万家村迁到今址(邢村)。"[①]

邢姓内部分为5个血缘家族,分别是:否望、否翁、否喂、否店和否袄5个血缘家族。"否"黎语直译为子孙。5个血缘家族名称意思直译如下:"否望":祖先名字叫望的所生的子孙的那群人;"否翁":祖先名字叫翁的所生的子孙的那群人;"否喂":祖先名字叫喂的所生的子孙的那群人;"否店":祖先名字叫店的所生的子孙的那群人;"否袄":祖先名字叫袄的所生的子孙的那群人。

关于血缘家族内部及相互之间的通婚问题。同一血缘家族内部是禁止通婚的。据村民讲,其实邢姓内部可分为两个血缘家族,其一是:否望、否翁、否喂,望、翁、喂原来是同胞三兄弟。但所有的人仅知道三兄弟的称呼,而不知道三兄弟合在一块的血缘家族的称呼。既然属于同胞三兄弟的后代,因此相互之间是禁止通婚的。其二是:否店、否袄,据说店和袄也是同胞兄弟,但也不知道两兄弟合在一块的血缘家族的称呼,同样,否店、否袄相互之间也是禁止通婚的。具体到邢村,5个血缘家族的分布如表1-5如示。

表1-5　　　　　　　邢村邢姓血缘家族分布一览表

小组 户数	1队	2队	3队	4队	5队	6队
否望	7	—	59	49	30	—
否翁	56	—	—	—	—	—
否喂	3	—	—	—	—	—
否店	—	—	—	—	—	—

[①] 中南民族学院本书编写组:《海南岛黎族社会调查》(下),广西民族出版社1992年版。

续表

小组 户数	1队	2队	3队	4队	5队	6队
否袄	—	56	—	—	34	53
合计	66	56	59	49	64	53

由表1-5可以看出，邢姓内部各队内部和相互之间通婚的规则如下：只有5队内部否望和否袄之间可以通婚，其他队内部均不能通婚。1队和2队、1队和5队（否袄）、1队和6队、2队和3队、2队和4队、2队和5队（否望）、3队和5队（否袄）、3队和6队、4队和5队（否袄）、4队和6队、5队（否望）和6队之间可以相互通婚。当然，邢姓家族也可以与周围村庄其他姓氏的人通婚。

四 生计方式

农业是海南黎族地区的基础产业和支柱产业。邢村是一个以农业为主的村寨，农业一直是村民世代赖以生存的主要生计方式。1958年以前，邢村东北和东南的大片坡地原是邢村的土地，1958年创办乐中国营农场，这些土地全部割让给乐中农场种植橡胶。现所剩山林地、坡地平均不足一亩，直接影响本村农民发展热作经济。[1] 邢村的耕地包括水田、旱田、坡地和山林地等不同类型，分别适宜种植不同农作物。在生产力水平很低的社会，邢村的主要农作物是水稻和依靠木棍等极其简易的劳动工具耕种的"三栏稻"，还种有玉米、番薯等杂粮。《海南岛黎族社会调查》记载，当地自古以来每年只能种一季水稻，由于绝大部分农田靠水灌溉，因此每年只能根据雨季到来的时间下种和插秧。在雨水特别少的年份，往往连一季的收获也难取得，所以当地水利问题很严重。[2] 山栏稻是黎族传统的种植方式，20世纪50年代调查显示当时砍山中山栏稻的村民较多，但山栏稻收成低而且没有保障。如今山栏稻早已成为历史，水稻是邢村的主要粮食作物。水利灌溉问题也有了很大改

---

[1] 本书调查组：《黎族田野调查》，海口海南省民族学会编印，2006年，第192页。
[2] 中南民族学院《海南黎族社会调查》编辑组：《海南岛黎族社会调查》（下），广西民族出版社1992年版，第4页。

善，水源较好的水田可以种植两季稻，水源少时部分水田仍然种植一季稻，或者一稻一菜。

家庭联产承包责任制推行以后，邢村的经济结构逐渐发生变化，村民的生计方式也在发生改变。首先，农作物品种由单一走向多样化。除了水稻、甘蔗、番薯等传统农作物外，橡胶和瓜菜种植是村民重要的收入来源。1964年乐东县开始引进橡胶种植。1965年，乐东县种植面积1542亩。2000年，全县橡胶种植面积达到151495亩。橡胶行情较好的年份，种橡胶成为部分邢村村民发家致富的重要途径。自20世纪60年代开始，乐东县从广东东莞引进香蕉小面积种植。但在"文化大革命"中每户只准在屋前房后种植10株。党的十一届三中全会后，香蕉生产蓬勃发展，1987年成为商品性生产。1998年，香蕉生产被乐东县委、县政府确定为乐东的三大支柱产业之一，生产规模不断扩大。[①] 坡地比较适合种植香蕉，邢村坡地面积较小，因此香蕉种植面积不大，有些村民在自家坡地上小规模种植，收获的香蕉用于自家食用及喂猪，少量用于销售。

乐东县是海南省主要瓜菜生产基地。瓜菜是乐东三大支柱产业之一。乐东县主要瓜菜品种有白菜、洋葱、辣椒、长豆角、苦瓜等。[②] 近几年每到冬季，都有村民利用自己水田种茄子、青瓜、豆角等蔬菜，有经销商上门收购。蔬菜种植为部分村民增加了可观的经济收入。

除了农业外，外出打工经商已成为邢村村民重要的收入来源和生活方式。青年男女大多常年在外地打工经商，青年打工地以海南省，也有不少青年特别是女青年奔赴上海、浙江、江苏和广东等地打工。中年村民以在邢村附近地区打短工为主，主要在乐东县内从事建筑装潢、打鱼、做买卖。

五 语言与文字

黎族有本民族的语言，它属汉藏语系壮侗语族黎语支系，与广西的壮族和侗族的语言比较相似。黎族存在方言和土语的区别。乐东县黎族

[①] 《乐东黎族自治县概况》编写组：《海南乐东黎族自治县概况》，民族出版社2009年版，第66页。

[②] 同上书，第68页。

主要是哈黎和杞黎两个支系的黎族。其中，哈黎方言又分罗活、侾炎、抱显三种土语，操这三种土语的人数分布较广，占乐东县黎族人口的60%左右，主要分布在乐东县的中部、西部和西南部。[①]

邢村群众日常用语是黎语哈黎罗活土语。在日常生活中，由于广播电视等传媒的影响不断加深及与外界交流的需要，除了年长的老人，大多数村民都能使用普通话进行交流。20世纪80年代以前上过学的村民还会熟练使用海南方言交流，因为当时学校使用海南方言教学。80年代以后，当地学校采用普通话教学，这一时期开始上学的村民则对海南方言较为生疏，更熟悉普通话。

历史上黎族没有本民族的文字。唐宋以来随着封建王朝在海南岛统治的不断加强，一批批汉族人将汉字在内的汉族文化传播到海南岛，汉字也逐渐被部分黎族人民熟悉和使用。中华人民共和国成立后，1956年7月，中国科学院和中央民委联合组织了700多人，分成7个少数民族语言调查工作队，分赴全国各民族地区进行大规模的民族语言调查。中南民族学院的严学宭教授担任第一工作队副队长兼海南分队队长，率领40余名调查人员深入黎族村寨，对黎族语言进行全面调查。调查组选择使用人口最多的哈方言为基础方言，又由于哈方言的三个土语中，罗活土语分布集中且面积广、影响大，因此选择乐东黎族自治县抱由镇保定村方言的语音为标准音，设计了以拉丁字母为主的拼音文字——《黎文方案》（草稿），并试行推广。1958年下半年，黎文推广工作停止，短暂推广的黎文未能被黎族群众接受并使用，黎族至今没有本民族的文字。

随着新中国义务教育的大力实施及广播电视等传播媒介的快速发展，黎族人民对汉字有了频繁接触和认识，汉字已经成为黎族人民使用的主要文字。

六　乐东发展概况

邢村位于乐东黎族自治县。乐东县2015年生产总值是2010年的1.8倍，年均增长12.6%；全县一二三产业比例由2010年的62.7：

[①] 《乐东黎族自治县概况》编写组：《海南乐东黎族自治县概况》，民族出版社2009年版，第18页。

9.2∶28.1调整为2015年59.8∶12.7∶27.5，经济结构得到优化。① 依托得天独厚的资源禀赋，具有较强竞争力的特色产业初步形成。第一产业方面，初步形成独特热带高效现代农业模式，香蕉、瓜菜和橡胶为主的三大热带高效特色农业稳定发展；工业方面，制定了"西部工业走廊"战略，增加政府财政支出和进行招商引资推动工业的发展，工业资源丰富；第三产业方面，占据着得天独厚的区位优势，作为黎、苗族少数民族聚居区，展现着多彩独特的黎、苗族文化，旅游资源十分丰富。乐东还是海南重要的南繁育种基地、香蕉生产基地和粮油、杧果、槟榔、橡胶生产基地，开展生态旅游的前景十分可观。

"十二五"期间，乐东城乡品位持续提升，发展环境逐步优化。近年来随着城镇化进程的推进，乐东县加快了城乡一体化的步伐，城镇化率由2010年的28.88%提升到2015年的32.97%。② 大量农村劳动力进入城市，撤乡并村、农村基础设施建设也在加快；另一方面，随着大量农村人口进入城市生活，从根本上改变了原来宁静舒适的生活环境和生活方式，代代相传的民族习俗等生活方式也将失去生存的土壤。

《乐东黎族自治县国民经济和社会发展第十三个五年规划纲要（草案）》提出，到2020年，乐东城镇化进程将取得重大突破，城乡发展更加协调，全县城镇化水平达40%。③

---

① 《乐东县2016年政府工作报告》，http：//ledong.hainan.gov.cn/zwgk/zfgzbg/201602/t20160226_1774853.html。
② 同上。
③ 《乐东黎族自治县国民经济和社会发展第十三个五年规划纲要（草案）》，http：//xxgk.hainan.gov.cn/hi/HI0102/201608/t20160810_2086769.htm。

第二章

经济生活方式的变迁

在城镇化进程的作用下，海南乐东邢村黎族村民生活方式开始由传统向现代转型。70年对于一个村庄来说，是一段不短的历史。20世纪50年代的黎族社会调查为我们了解当时邢村的社会经济状况提供了历史的见证。本章从城镇化的视角出发，在海南乐东邢村实地调查的基础上，对黎族传统生产方式、消费生活方式等变迁的现状进行描述，并对变迁的特点进行分析。通过几个月的实地田野调查，我们深切感受到了邢村的经济生活方式发生了翻天覆地的变化。

第一节 生产方式的变迁

自古以来，农业收入是邢村主要的生计来源，农业劳动是邢村主要的生产方式，人们依赖农业生产繁衍发展，在农业生产中人们形成了较为固定的人际交往方式和生产技术。然而在新中国建立以来，随着人口的不断增加，导致人均可耕地面积不断减少。邢村的剩余劳动力越来越多，加之手工业和商业不发达，人们的生活水平依然处于较低的水平，越来越多的邢村村民为了生计，不得不外出务工，扩大自己的收入来源，用于改善自己的生活。

一 农业生产方式的变迁

邢村是一个以农业为支柱产业的村寨，农业管理模式比较传统。农业的产业结构相对单一，科技含量较低，生产力水平一般，产品市场化程度也比较低。20世纪50年代的调查显示，邢村已存在着"山栏"与稻田两种类型，而且以稻田为主。邢村的稻田实际是由原来的"山栏"

地通过人工的清理耙平、翻松泥土、反复耕耘而演化而来的。邢村人除了在这些土地上种植"山栏稻"外，还混种一些红薯、木薯和苞谷等杂粮。由于邢村所种植的粮食加上狩猎、采集的收获，已基本能够满足人们的生活需要，生产工具的创新和耕作方式的变革显得并不十分迫切，50年代仍然广泛使用犁、耙、锄头、刀、镰、铲、斧、铁爪等传统生产工具。

目前，支撑着邢村的经济模式仍然是农业经济。农业中以种植业为主，养殖业为辅。其中，橡胶种植已经成为邢村村民的主要经济来源。除农业外，部分村民还兼营手工业、运输业、商饮业等，这些经济模式都成为农民经济收入来源的有机组成部分。

（一）经济结构与特征

由于村里人多地少，许多年轻人成了富余劳动力。随着城市的发展，就业机会的增多，对劳动力的需求日益增多，在城镇化背景下，邢村的剩余劳动力从20世纪90年代起开始向外转移。劳动力职业构成的变化，直接导致村里青年亦工亦农的现象逐渐增多。这对刺激和诱导传统经济结构的改变起到了一定的推动作用。

表2-1　　　　　　　　邢村农村经济收益统计表　　　　　　　　单位：万元

年份	总收入	经营形式 集体	经营形式 家庭	农业	养殖业	渔业	工业	建筑业	运输业	商饮业	服务业	打工业	其他
2000	110.6	—	—	83.7	10.2	3.5	—	—	1	0.8	—	10.2	1.2
所占比重(%)		0.2	99.8	75.7	9.2	3.2			0.9	0.7		9.2	1.1
2015	381.6	2.8	378.8	262	18.5	5.8		10	10.2	35.2		37.1	2.8
所占比重(%)		0.7	99.3	68.7	4.8	1.5		2.6	2.7	9.2		9.7	0.8

资料来源：乐东县2010年统计年鉴和抱由镇上报乐东县农业局"2015年农村经济基本情况统计表"信息。

从上述经济收益及劳动力分布表可以看出，邢村仍然是一个以农业为主的村子。在经济活动中，围绕农业所进行的种植业、养殖业、渔业成为重要的经济补充成分。其中，农业收益占到了农村经济总收入的75.7%（2000年）和68.7%（2015年），而其他与农业有关的行业分别占12.4%（2000年）和6.3%（2015年）。

在总收益中，工业、服务业（本村）为零；建筑业和运输业并未形成规模，建筑业只占2.6%（2015年），运输业分别占0.9%（2000年）和2.7%（2015年）；商业餐饮业有蓬勃发展的趋势，分别占0.7%（2000年）和9.2%（2015年），这得益于三平市场的蓬勃发展（集肉、蔬菜、生活日用品、水果副食等综合农贸市场）和餐饮业的快速发展（"三平第一味"和"乐帅农家乐"等餐馆）；打工经济成为邢村农民增收的重要方式，收益分别占到9.2%（2000年）和9.7%（2015年）。

表2-2   2015年邢村劳动力分布行业统计表   单位：人

实有劳动力			劳动力在各行业分布						
合计	男	女	农业	养殖业	渔业	建筑业	运输业	商饮业	教育文化	外出务工
791	431	360	689	10	16	10	12	38	10	184

资料来源：抱由镇上报乐东县农业局"2015年农村经济基本情况统计表"信息，表中养殖业10人，渔业16人，建筑业10人，运输业12人，商饮业20人，外出务工90人均为兼职，主业仍为农业。

在邢村劳动力分布统计表中，在劳动力行业分布中，第一产业占绝大多数，其中纯农业劳动者占劳动力总数的87.1%，兼从事养殖业、渔业、建筑业、运输业、商饮业、外出打工的占19.9%。从事第二产业的劳动力为零，从事第三产业的人数也很少，仅有10人，占1.3%。而外出打工的青壮年劳动力人数呈上升的趋势，达到184人，里面有部分人（90人）是以农业为主，打工为辅，即主要是在家务农，农闲时就出来找些零工，打几个月散工（以男青壮力为主）。

（二）农业生产单位与类别

1976年5月，全村开始通电，农业机械逐步在生产中得到使用，但拥有量不多，使用的范围也不广，自动化的水平还比较低。1973年10月，毛九公路通车，这条经过邢村的公路成为邢村与外界联系的主干道，带来了村里运输业的产生和发展。20世纪50年代初开始，随着大搞水利建设，大搞农田基本建设，从根本上改善了条件，促进了生产力的发展。

自从1964年在志仲镇南木溪拦建南木水库，1970年修通南木灌溉渠后，本村旱田成为旱涝保收的二季田，部分熟园也改成良田。近20年来，更是加大水利设施投入，改善灌溉条件，农田排灌设施工程都是浆砌石和混凝土预制块，既提高了排灌能力，又美观耐用。截至2015年底，全村共有水坝、水渠、水沟等大小水利设施40个。家庭作为个体经营的生产单位，其家庭成员几乎承担了所有的生产劳动。通过调查走访，我们了解到村民一年中主要的农活。

1. 稻谷的播种与收获

村里普遍实行一稻两种的播种模式：每年第一季（早稻）是2月（有时会提早到1月）种，5月收；第二季是7月种，11月收。操作基本程序如下：整地—播种—施肥—拔苗—犁田—耙田—插秧—灌水—施肥—洒药—除稗—收稻—脱粒—晒谷—装包储存。一般情况下，犁田（地）、耙田等重体力活通常由男人来做，而女人则主要负责拔秧插秧（家里的孩子会一同上阵）。

图2-1　邢村黎族村民稻谷的播种方式

2. 种植橡胶、割胶、收胶、制胶片

在4—8月，只要是下雨天就可种植橡胶苗。橡胶树一般要长7年以上才能开割，在成长过程中需要进行管理，主要是除草和施肥（这两项基础工作直接影响橡胶树的长势）。等橡胶树成熟后就开始开割，割胶时间一般是从3月底到12月初，割胶是每两天割1次。

由于割胶必须在天还没亮就进行，因此家里的强劳力每天凌晨2：00—3：00就得点着胶灯（一种可以戴在头上的灯，如下图）出去割胶，5：00—6：00才能回家吃早饭，稍作休息后，早上7：00—8：00就得出去收胶水，上午10：00左右返回家中。收回的胶水放入适量专用醋精，搅拌均匀，放置2个小时后凝固，凝固的胶要放在压胶机上挤压，制成胶片，然后放在太阳下晒干。按照2011年价格，胶片是28—30元/公斤，湿胶是7元/斤，洒落在地上的胶土也是宝，可卖到1.5元/斤。

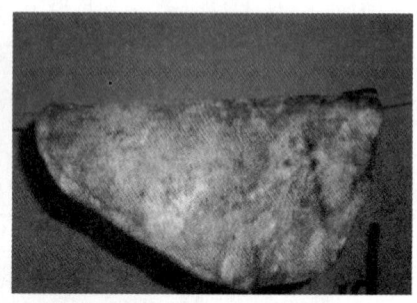

图2-2 邢村黎族村民割胶工具及胶片

3. 种菜

村民一般在坡地上种植蔬菜。20世纪50年代前，本村村民少有种植蔬菜的习惯，仅在房前屋后种些豆类或者葫芦瓜之类。日常生活只靠采集野菜充菜肴。50年代后，受汉文化影响，村民才逐渐有种植蔬菜习惯，蔬菜品种也逐年增多。主要有黄瓜（当地称青瓜）、地瓜叶、四季豆、茄瓜、胡椒等。当然所种的菜一般是供自家食用，富余的才拿到街上去卖。反季节蔬菜黄瓜相对易种、易管、产量高，但是受水源及市场行情影响，种植按季节蔬菜风险还是较大的。

4. 养殖

养殖家禽牲畜以每户零星圈养或放养为主，一般每户皆养猪、鸡，部分农户养殖牛、鸭、鹅。家禽大部分是自养自用，少有出售。而猪、牛大部分出售。村民养牛主要利用天然的草坡、草山、胶园、田埂放牧。一般是9点钟将牛放出饲养，到下午5点左右赶回家过夜。少有牛栏，仅在居室周围埋桩把牛绳系在桩上或者树干、树根，任其日晒雨淋，风吹雨打。养猪养家禽则是采用圈养和放养相结合的方式。鸡鸭一般是早晚各喂1次，而养猪一般是一天饲养3次，每天早中晚各1次。以铁锅煮淘米水、洗锅洗碗水、剩饭、剩菜等泔水，待40—50℃后舀入猪食桶，加入米糠、煮好的番薯叶、野芋头杆、香蕉花等饲料搅拌，搅匀后舀入猪槽后喂食。

(三) 农业经营管理模式

从"单一经营"到"多种经营"。随着家庭联产承包责任制的实施，农业经营由集体化转型为家庭经营。随着科学技术的发展以及外来文化的渗透，极大地调动了邢村家庭生产经营的积极性，村民为了提高生产效益，争取获得更大的收入，开展了多种经营的尝试。

邢村从 20 世纪 80 年代开始实行农业承包经营责任制（那时是分田到队，队再分到组，一般 3 户为一组）。1998 年村里的土地全部以承包的形式分田到户，承包期是 30 年。村组集体经营项目为零，农民家庭经营成为主要的经营方式，其他联营及帮工互助、雇工等则是有效的补充形式。

1. 家庭承包经营模式

家庭个体经营模式即作为土地承包经营责任制的主体，邢村村民在自家承包的土地上根据自己的需要和能力自主地发展农业，实施投入，多劳多得。长期以来，村民们根据当地的气候和地理条件形成了自己独特的种植习惯。在水田的利用上，"一稻两熟"是当地传统的耕种模式。

2. 合股联营模式

联合经营包括组织之间的联合，也包括个人之间的联合。由三明村委会、第六、七、八村小组与村民高进忠、邢少君和邢恩忠（邢村村民）签订的《河道清理协议书》，其中高进忠、邢少君和邢恩忠联合承包进行河道清理就属于合股联营的模式。

3. 帮工互助

在邢村，帮工互助的现象十分普遍。村里大部分村民都是亲戚，大家互相交往非常密切。村里有村民建房，其他几个兄弟（堂兄弟、表兄弟）都会过来帮忙，而不需要付工钱。在农业生产中，帮工互助的现象更加普遍。如犁田耙地的时候，常用男性亲戚帮忙，借用"铁牛"或拖拉机也是常有的。拔苗插秧时，有空的妇女会主动去别家询问是否需要帮忙，也有自己忙不过来时去请人来帮忙的情况。这种帮工互助的范围大部分限于亲戚、家族内的兄弟、朋友、村里平时交往较多的兄弟姐妹们。

4. 雇工

在村里开的"乐帅农家乐"店里，老板雇用了5个人：1个大厨，1个配菜员，1个收银员，1个服务员，1个勤杂工，而除了服务员是老板儿媳（从大安镇嫁过来的），其他4个人均是邢村本地人。当然这种情况是很少的。还有，在一些经济条件不错的家庭，或者劳作时人手不够忙不过来的家庭，会雇人过来犁田耙田或者拔秧插秧，一般一天劳务费是100元。

二　农业生产管理

（一）农业生产关系

一直以来，农业都是邢村的支柱产业，而土地资源是发展农业的关键。很长一段时间，邢村黎族社会过着"刀耕火种"的生活，由于土地利用率低，生产效率低，加上循环利用率低，村民忙碌一年到头，最后仍然是"种了一大坡，才收一土锅"。

新中国成立以后，和其他农村一样，邢村也经历了合作化和公社化改革。在政府的号召下，村民们开荒土地，使得土地面积大大增加，但仍然没有从根本上解决土地资源稀缺，土地利用率低下的问题。1957年前后实行人民公社化，村里以生产队为单位发展经济生产。1978年党的十一届三中全会后，全国开始实行农村经济体制改革，和全国农村一样，邢村也开始实行家庭联产承包责任制，逐渐从"大公"经济走向"个体"经济。但是邢村村民一开始并不能完全适应这种变革，究其原因，主要在于邢村在长期的生产活动中都是以集体合作形式完成的，诸如生产时间、周期、步骤等环节都有公社集体统一安排，他们已经形成了较为固定的生产习俗。

新中国成立以来的70年中，邢村在阶级压迫和阶级剥削已经消灭的大背景下，生产关系的变化更多地体现在所有制结构的变化上。从20世纪50年代至今，邢村的所有制结构经历了合作化集体（初级社和高级社）→公社化集体（大队和生产队）→组（3户为一组）→个体（以家庭为单位）的变化过程。当然，从调查中发现，目前邢村实行以家庭承包经营责任制为主的农业经营模式，家族内部帮工互助的现象十分普遍。如在农业生产活动中，常有亲戚朋友过来帮忙犁田耙地；拔苗插秧时，村民们经常会主动去邻居家询问是否需要帮忙，也有自己实在忙不过来时请村民帮忙的情况，这种"你去我来，相互帮助"的情形十分常见，而且所有的帮助行为都是无偿的。

(二) 农业生产工具

马克思指出："劳动资料不仅是人类劳动力发展的测量器，而且是劳动借以进行的社会关系的指示器。在劳动资料中，机械性劳动资料，比只是充当劳动对象的容器的劳动资料更能显示出社会生产时代具有决定意义的特征。"① 纵观邢村70年的发展历程，作为生产水平标志的生产工具，经历了从简单到复杂，从传统到现代，从落后到先进的变迁过程。这一过程符合人类社会生产发展的一般规律。

新中国成立初期，由于邢村的生产形式没有发生太大的变化，传统生产工具可以满足人们日常的生产生活需要，因此在较长一段时期内，村民缺乏动力去探索和引进先进工具。随着汉族先进的铁制工具不断传入，邢村也在选择与适应。邢村20世纪50年代经常使用的镰刀、锄头、铁锹等，目前仍在使用，并且仍然是主要的生产工具。

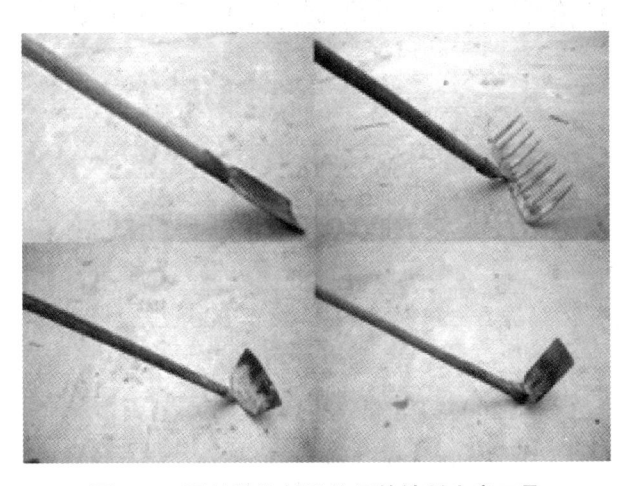

图 2-3 邢村黎族村民使用的铁制生产工具

随着经济和社会的迅猛发展，传统生产工具已经不能适应生产和发展的需要，邢村村民开始积极主动地去寻求对传统生产工具的变革，加上党和国家许多优惠补贴政策的大力推行，这些因素促使新型农机具在

---

① 马克思:《资本论》，人民出版社1995年版，第204页。

邢村得到了较快发展，并对人们日常生产和生活中起到非常大的促进作用。20世纪60年代初，邢村开始使用集体所有的脚踏脱粒机，但受田间用电的影响，电动脱粒机还尚未被村民使用。1969年村里出现了电动碾米机，结束了邢村传统舂米的历史。80年代后期，邢村响应国家发展农业机械化的号召，大量购置农业机械，于是逐步有部分半自动化和自动化的农业机械运用到生产中。到90年代末期，邢村出现了小型犁田机（俗称"铁牛"）后，其高效率冲击着农民的传统观念，机耕开始部分取代了牛耕。21世纪初，邢村在农田耕作、排灌、米面加工、运输等方面基本上实现了机械化、电气化。

图 2-4 村民正在使用铁牛犁田

据2015年末笔者实地问卷调查统计，邢村有铁牛280台，电动脱粒机125台，脚踏脱粒机186台，扬谷机206台，碾米机10部、运输车8辆、小型手扶拖拉机86台、四轮驱动拖拉机10台、人力喷雾（粉）器272个等。2009年，随着国家在海南推行家电下乡的优惠政策，邢村共有37人享受国家优惠补贴（比例为全车款的13%）购买了机动三轮摩托车，补贴总金额总计14800余元。现在，机动三轮摩托车已成为邢村交通运输的主要工具，它可用于农用运输车，运输蔬菜、橡胶等农产品、种子、化肥等，也可以用作客运交通工具，用于短途载客。生产工具的变革和推广应用，极大提高了生产效率，邢村的综合经济实力显著提升。

农业生产工具包括传统的手工工具、半自动化和全自动化工具三

第二章　经济生活方式的变迁　　55

图 2-5　机动三轮摩托车成为主要货物运输工具

种。50年代使用的传统手工工具大部分现在还在用，变化不大。随着半自动化和全自动化工具的陆续出现，大大提高了生产效率。

表 2-3　　　　　　　邢村生产工具种类统计对比

	手工工具	半自动化工具	全自动化工具
20世纪50年代	犁、耙、镰刀、锄头、砍刀、铁锹、铁铲	无	无
20世纪末	犁、耙、镰刀、锄头、砍刀、铁锹、铁铲、胶刀、钩刀	脚踩脱粒机、扬谷机、压胶机、手扶犁田机、人力喷雾器	电动碾米机、手扶拖拉机
2015年	犁、耙、镰刀、锄头、砍刀、铁锹、铁铲、胶刀、钩刀	脚踩脱粒机、扬谷机、压胶机、手扶犁田机、人力喷雾器	电动脱粒机、电动碾米机、抽水机、手扶拖拉机、四轮驱动拖拉机、机动三轮摩托车、卡车

以犁田耙田为例。50年代开始，犁田耙田主要靠水牛，成为"牛踩田"，效率比较低。1999年村里出现了第一台手扶犁田机（由类似手扶拖拉机车头改装而成，村民们称为"铁牛"）后，效率大大提高。以前用水牛需要1天完成的活，用"铁牛"1个小时就能完成。"铁牛"又分站式和坐式两种。犁田耙田的时候，男人用手扶着"铁牛"的两个扶柄以掌握方向，人或在后面走，或坐着（坐式"铁牛"）。现在"铁牛"的价格在2000元左右，一般家庭都能负担得起，村里90%的家庭都有。即使没有"铁牛"的家庭，也可找亲戚朋友借用，只要自

己买机油和柴油即可。现在用水牛犁田的农户不到5家了。

我们2012年8月到村里的时候正赶上农忙季节，到处都是男人犁田耙田、女人拔秧苗插秧的场面，好一派热闹景象。在邢村，种秧苗、拔秧插秧完全依靠人工，而且几乎全部由妇女来做，放暑假的孩子们也参与其中，一般10岁以上的孩子就帮助拔秧插秧了。在插秧季节，不管是烈日炎炎，还是阴雨天气，田间总是出现妇女们戴着斗笠、挑着箩筐或者弯腰辛苦劳作的背影，极少见到男士的身影。当地人解释说：男人犁田耙田已经很辛苦了，再说他们对拔秧插秧活比较笨不熟练，效率低下，就不让男人们来做了。

脚踩脱粒机是20世纪60年代开始出现的，那时还是集体拥有，现在是每家每户的必备农具。条件稍好一点的村民，已经使用电动脱粒机了。不管是人工用脚踩动还是用电来产生动力，村民只要把收割的稻子长谷子的一头送到机器里，稻谷和稻秆就相互脱离了。电动碾米机在邢村已经使用近40年了，伴随着大型电动碾米机的出现，碾米速度是越来越快了，质量也是越来越好了。在毛九公路边上，村中间有一小型碾米机加工作坊，村民每碾100斤米收费8元钱。

随着种植橡胶的农户日益增多，压胶机也普及了，成为胶农必备的加工工具。它是专门用于将凝固的橡胶压制成片的机器，操作很方便，妇女和小孩均能使用。手扶拖拉机、机动三轮车和四轮驱动拖拉机是农村的好帮手，农忙时拉农产品、肥料和稻谷，平时也可当运输车使用。而机动三轮车农闲时还可用于载客，作为创收的来源之一。

（三）农业生产技术与水平

随着科学技术的发展，邢村人认识世界、认识自然的能力不断提升，村民们不再被动的依靠"天收"，而是积极地利用所掌握的科学技术发展生产，这尤其表现在改革开放以后。

改革开放后，邢村与其他地区、其他民族的交流逐年增多。这主要体现在两个方面：一是汉族建筑等行业的商人经常往来邢村，如广东电白人早在70年代就开始在邢村附近从事建筑业，80年代以后人数不断增加，至今仍还有一户电白人定居在老三平乡政府所在地（邢村附近）。例如在村里新落成的一幢楼房前面的水泥地上刻着"广东电白队，2015年5月5日完工"字样；二是村里的年轻人在90年代以后出外打工的不断增多（去向遍布岛内各地主要有海口、三亚、文昌等城市；大陆主要是广东、浙江、江苏及上海等沿海发达地区）。两个方面的因素促使邢村的文化完成了接触、采借等过程，其中对生产技术的借鉴与吸收，使生产效率明显提升，极大促进了邢村经济社会的发展。比如瓜菜种植开始使用地膜覆盖、竹木支架，使用农药等预防病虫害等技术。

生产工具的不断改进带来了生产水平的日益提高。随着水利基础设施的不断完善和先进农业技术的大力推广，邢村的农业生产水平在不断朝着现代化的水平迈进。这主要体现在：种植业品种的改良，产量的增加和农业机械化水平的提高。

1. 种植业品种的改良和丰富

20世纪50年代，村里的黎族同胞种植水稻，同时也砍山种山栏稻。除主粮稻谷外，还种植番薯、花生、扁豆、红豆、黑豆等杂粮。除番薯较多外，其余品种种得很少，仅供食用，很少出卖。蔬菜和瓜类也有，仅在房前屋后种些，同样以自食为主。果类有椰子、木瓜、杧果、菠萝、荔枝等，其中以椰子为主，但为数也很少，最多每户3到5棵，而不少人家一棵也没有，一般多供自用。

20世纪90年代以来，邢村开始全面推广种植博优、杂优等杂交水稻新品种。杂交水稻种子要到乡农技站购买，每斤3—5元。早稻种杂优63号，晚稻种博优64号、961号、903号等。杂优属中熟种，每亩需种子2.5—3斤。生长期130—140天，分蘖强，单株可以分蘖8—20株。成穗率较高，可以达80%，穗长、粒多，每穗结谷80—200粒，结谷率较高，达85%以上。晚稻博优系列品种，特点是分蘖强，抗病能力强，成穗率也达80%以上，每穗粒数100—250粒。结谷率75%—80%。每亩用种3斤。晚稻由于台风、暴雨、病虫害多，因此，亩产产量要比早稻低10%。

村民除了普遍种植杂交水稻外，还有相当部分农户种植所谓的常规品种：百谷尖、红壳谷、七季早、桂毕、广优、包选等，它们是80年代末、90年代初的优良品种。与杂交稻最大不同之处是自己可以留种。虽然单产产量不及杂家品种，但它们有着自己的特点：抗病虫害能力强；管理相对粗放，不像杂交水稻要按科学精心管理；遇到不好天气时，产量相对有保证；米质好，比杂交品种口感好。因此有很多村民仍喜欢种植。此外，也种植一定规模的热带经济作物：香蕉、杧果、橡胶、椰子、槟榔等。但香蕉和橡胶市场行情不好。椰子、槟榔、杧果也是零星种植，多是自产自销。

进入21世纪以来，随着国家对"三农"问题的重视，一系列惠农政策的实施（如农业灌溉基础设施的完善、农业税的取消、免费发放种子、农产品价格的提高等），极大地提高了农民的积极性。2010年政府按每亩4市斤免费发放优良杂交水稻种子（博优325），亩产量能达到800—1000斤，优良品种得到了进一步推广。橡胶系列产品（胶片、生胶、胶土）价格的走高和稳定，为村民致富找到了一条有效途径。村民开始大规模种植橡胶树，政府也加强了技术指导，几乎每户都掌握了种胶割胶的关键技术，并加强橡胶林的管理（主要是锄草和施肥），橡胶产量不断增长。橡胶种植已经成为邢村的经济支柱产业。

在大力发展和巩固橡胶支柱产业的同时，邢村也小规模种植一些经济作物：如香蕉、杧果、槟榔等，作为经济收入的重要补充。此外，村民也逐渐意识到现代人对于有机食品如绿色蔬菜的青睐，于是有些村民承包田地种植黄瓜（当地人称作青瓜）、生菜等。

可以看出，在种植业方面，邢村村民逐渐按照市场需求进行品种的选择，做到优选优育，重点突出，科学管理，生产水平不断提高。

2. 同类农产品面积及产量的比较

首先，我们看看2015年11月邢村农作物种植面积（见表2-4、2-5）。

表2-4　　　　　　　　2015年邢村农作物种植面积表　　　　　　　单位：亩

村民小组	水稻	橡胶	香蕉	槟榔	瓜菜
一小组	180	300	90	15	20
二小组	166	500	75	20	15
三小组	198	180	20	15	20
四小组	187	150	80	10	15
五小组	170	180	20	20	15
六小组	125	120	10	2	18
合计	1026	1430	295	82	103

资料来源：抱由镇上报乐东县农业局"2015年农村经济基本情况统计表"。

表 2-5　　　　邢村主要农作物种植面积及产量比较一览表

年代（年）	水稻			橡胶（湿胶）			香蕉		
	面积（亩）	亩产（斤）	总产（吨）	面积（亩）	亩产（斤）	总产（吨）	面积（亩）	亩产（斤）	总产（吨）
1953	1748	223	195	—	—	—	—	—	—
2001（两季）	651	700	521	200	210	21	50	3800	95
	901	650							
2015（两季）	300	950	604	1430	230	165	295	4500	664
	1026	900							

资料来源：1953 年数据来自中南民族学院《海南省黎族社会调查》编辑组：《海南岛黎族社会调查》（下），广西民族出版社 1992 年版，第 6 页。2001 和 2015 年数据摘自抱由镇上报乐东县农业局"2001 年农村经济基本情况统计表"和"2015 年农村经济基本情况统计表"。

从表中可以看出，主要农作物在单产产量及全年总产量都有了很大提高，可见生产力水平得到很大提高。如果考虑产品价格因素（如 2001 年胶片价格是 2 元/斤，而 2015 年是 14 元/斤），农民的经济收入大大增长。

3. 农业机械化水平

总体来说，邢村还是缺水，尤其是到了每年旱季 12 月至次年 4 月，降雨量很少。但村民们充分利用现有的各种水利设施和排灌机械来保证农田灌溉。村里现有 8 台农用汽油机水泵，5 台农用排灌柴油机，2011 年，全村有效灌溉面积 900 亩，占实有耕地的 87.7%。

2015 年，全村共使用"铁牛"机耕面积为 1005 亩，占实有耕地（含水田、旱田、旱地）的 98%；脱粒全部使用了电动脱粒机或脚踏脱粒机。碾米也全部使用了电动碾米机。在农用运输方面，使用了包括卡车、四轮驱动拖拉机、手扶拖拉机等车辆。而机动三轮摩托车和两轮摩托车，平时用于代步或搞载客营运，也会用来运送农作物和畜牧产品。村民在进行田间操作和管理时，全部用上了人力喷雾器。在施用化肥方面，主要以氮肥（尿素）和磷肥为主。

三　副业生产方式

邢村黎族的手工业长期以来是作为农业的副业而存在的，虽然少部分也是为了出卖，但都是利用农闲的时候进行生产，并没有脱离农业劳动，专门从事手工业的生产。20世纪50年代调查资料显示，邢村村民当时有制作黎锦、编织、木工、酿酒等工艺，但这些手工技术并没有全部得到延续，当时制作的产品仅供自用，没有形成商品生产。虽然现如今仍有部分阿婆（老年妇女）会织黎锦，但是好多年已经没有操作。有一些男性村民还懂得编织竹箩、竹篓、做木工（如2队邢生林现在偶尔帮村民新房做门、窗、桌、柜等，平时一般帮忙做棺材）等，而一些妇女则会编草席，但是由于现在市场上很容易购买这些产品，已经很少人再亲自去做了。这些产品基本上满足自用，因此始终没有走向市场。在邢村，流传至今并传承发扬的就是酿酒工艺。

黎族人热爱生活，酒在邢村村民的日常生活中是不可缺少的亲密伙伴，节日、婚娶、丧葬、入新屋、生育、社交和举行宗教仪式等活动都要摆席设宴饮酒。对村民来说，酒不仅是一种饮料，更是人们之间交往的润滑剂，平时迎宾会客都会以酒相待。而他们自己，高兴时喝酒助兴，忧愁时喝酒解忧，酒的热烈醇厚深深地融入在他们的血液中。村民喜好饮酒，敬酒对歌常通宵达旦，形成了自己独特的酒文化。而酿酒工艺也因此发扬光大，几乎家家户户都能自制佳酿。邢村村民常酿的酒是糯米酒和米酒。

1. 糯米酒的制作

这种酒清醇可口，味美甘甜，营养丰富，富含氨基酸，常饮有延年益寿、补气养颜和滋阴补阳的功效。其制作方法一般是：按锅大小，取适量糯米，先将糯米泡1—2个小时，然后放在锅里煮熟，待冷却后用清水清洗煮熟的饭粒，直到洗得黏性消失为止（有的村民没有清洗，是煮熟后直接让它晾干成团）。然后往糯米饭粒中放入够量的酒饼（酒饼是当地妇女将米捣碎后和水进行发酵的一种酵母），混在饭团中搅拌均匀。然后装在酒缸里，密封发酵。一般3—4天就有酒汁渗出，7天左右基本就可开坛，10天左右味道可能会更好。

刚酿成的糯米酒呈乳白色，过2—3个月就会变得清清亮亮，越陈越好。如果把酒缸放在地下1—2年，酒会变成深褐色，就像葡萄酒一样，是糯米酒中的上品，营养价值非常高。黎家的糯米酒，有浓郁的芳香，沁心的甘甜，纯绵的韵味，让人品上一口，也巴甜三年呢。但是制作糯米酒比较费原料，100斤糯米才能酿出20斤糯米酒左右。

2. 米酒的制作

一般采用蒸馏法，其设备很简单，制作过程也不复杂。作坊就在厨房里。先把糯米煮熟，然后将煮熟的米冷却后加酒饼发酵，一般要 7 天左右（前面工序和制作糯米酒方法相同），第三步是将发酵后的米饭再放回锅里煮，挥发出来的酒蒸汽顺着管道流滴，经水冷却（管道有一段是浸泡在冷水中的，这样可以使酒蒸气冷凝），再滴至容器里，即是酒。

煮一锅酒要经过 2 个小时，酒头（刚出来的酒）有 70—80 度，酒尾（最后出来的酒）只有 5 度左右，而最受欢迎的米酒基本在 20—30 度。相比糯米酒，米酒的产量要高很多，100 斤糯米可酿出 80 斤米酒左右。

图 2-6　邢村黎族村民米酒的制作工具

3. 家庭养殖业

邢村黎族自古以来擅长狩猎，因此很长一段时期内，养殖业规模一直较小。而随着国家开始禁止狩猎活动后，邢村慢慢开始家庭养殖。养殖的家禽主要有：猪（海南本地猪、文昌黑猪和广西白猪）、牛（黄牛、水牛）、三鸟（鸡、鸭、鹅），其中，养黑猪是最普遍的，这种猪长得快，养殖周期短，一般 7—8 月就可以出栏，因此广受邢村村民欢迎。大部分家庭养殖 10 头猪左右，养得多的可达 20 头，少的也有 3 到 4 头。20 世纪 90 年代，大部分农户开始不用水牛耕田，因此养殖水牛的农户逐步减少，大多选择养殖黄牛。养殖"三鸟"的农户并不是很多，"三鸟"中养殖最多的是鸡，因为邢村人酷爱鸡肉，这种家禽主要用于自家食用和招待客人，也有一些被拿到市场去出售。

第二节 消费生活方式的变迁

消费生活方式是人们为了满足自我的精神需要和物质需要消耗劳动成果的过程。作为社会生活方式的子系统，它包括消费结构、消费水平、消费习惯等要素，并且消费生活方式具有时代性和个体性，不同时代的人消费结构不同，不同的人群消费生活方式也不同。

一 经济收入与开支

（一）收入来源

20世纪50年代，邢村基本是自给自足的经济状态，没有什么收入来源。20世纪80年代以后，随着橡胶种植面积的扩大及橡胶产品市场的热销，以及近些年打工经济的发展，邢村村民的荷包较以前"暖和"多了。虽然具体到每个家庭情况不一样，有的家庭以种植业为主要经济来源，有的家庭在养殖业的基础上兼营商饮业，有的家庭运输业在收入中占很大比重，有的家庭则把外出打工作为经济支柱。村民收入来源主要在以下方面。

1. 种植业

（1）橡胶

橡胶因为种植容易，价格高，邢村人几乎每家都种。据村民普遍介绍，以2亩橡胶地（约80株，成熟可割）为例，割1刀，按2011年市场价格（胶片28—30元/公斤，湿胶7元/斤左右）来算，收入约50—70元（考虑到橡胶产胶状态等因素）。按两天才能割1刀计算，一个月可以割15刀，一年可以割7—8月计算（排除天气等因素），80株橡胶树一年收入为6400元左右（平均每株80元/年）。全村总种植面积1430亩，平均每年的橡胶收入按全村计算可达457.6万元（当然目前还有部分橡胶树不能开割）。橡胶收入是邢村家庭中最主要的经济来源。因此，橡胶树越多，管理得越好，收入就越高。

（2）水稻和蔬菜

村民种植水稻主要是自给自足，多余部分就出售。按水稻一亩800—1000元产量，市场价1.3元/斤来计算，一亩水稻一年收入1200

元左右。由"一稻两熟"到"一稻一菜"。邢村气候和地理条件的优势形成了每年一稻两种的特有播种模式,每年第一季1月种,5月收,第二季7月种,11月收。进入21世纪以后,邢村人为了适应市场的需求,扩大土地的单位产出率,开始实行"一稻一菜"的耕种方式,即在冬季时节,水田被用于种植黄瓜、茄瓜、苦瓜、卷心菜等瓜菜类。这种提高土地使用率,种植瓜菜的生产方式广受邢村村民欢迎。一是可以充分满足村民对日常生活的需要,二是食用不完的瓜菜还可以拿到市场去交易,获得的额外收入可以补贴日常家用。种植瓜菜逐年受到邢村村民的重视,也成为了邢村家庭收入的重要来源。

(3) 其他亚热带经济作物

邢村的地理位置和气候非常适合亚热带经济作物的生长。村民们充分利用独特的自然条件,在一些坡地和丘陵、屋前屋后地带广泛种植香蕉、槟榔、椰子、木瓜、杧果、龙眼等亚热带经济作物。其中,香蕉和槟榔种植相对较多。因为乐东有"香蕉之乡"之称,邢村有些人承包土地,大范围种植香蕉,但是香蕉受自然条件影响较大,对技术要求较高,因此存在一定的种植风险。而槟榔的种植地区比较随意,既可在山上连片的种植,也可在房前屋后随便种上一些,因此广受邢村村民的青睐。截至目前,邢村种植槟榔总面积有100多亩,按每亩栽种90棵计算,每年每棵的产量从30斤到50斤不等,按照目前市场价每斤1—2元来计算,全村平均每年的槟榔收入可达27万余元,这也是一笔可观的收入。

2. 养殖业

(1) 养猪、养牛

一般农户养2—3头,猪苗一般从市场上或者找村民购买,一头20—30斤的猪崽价格300元左右,而养殖7—8个月就可出栏,一头100多斤重的猪可估价卖1200元左右。现在村民养牛的很少,除水牛还进行犁田外,黄牛主要进行养殖出售,一头成年黄牛可以卖3000元。

(2) 养"三鸟"

村民几乎家家都养一些鸡,养鸭、鹅的也有一些,但不多。鸡主要是用来自家宰杀招待客人,拿到市场上卖的占少数。家养的鸡可以卖到18元/斤,由于都是吃米、菜、草长大的,肉质好,非常受欢迎,因此价格比饲料喂养的鸡要贵得多。鸭、鹅大约可卖到10元/斤。

图 2-7　邢村村民饲养的家禽

（3）养鱼

村里有 8 户农户兼职承包鱼塘养鱼，鱼塘面积都不大，鱼苗主要是从乐东县城鱼苗厂购买，品种有草鱼、鲫鱼、财鱼、福寿鱼等。按目前市场行情，每户每年收入有 2000—4000 元。

3. 商饮业

村里比较大的两家私人餐馆是"乐帅农家乐"和"三平第一味"。"乐帅农家乐"（兼营卡拉 OK）2011 年 11 月份才开业，开业两个月营业额接近 4 万元，老板估计年收入应该在 20 万元，3 年就可收回投资成本。"三平第一味"经营有 4 年了，生意一直很好，年收入在 5 万左右。就在我们 2012 年 12 月田野调查期间，在村头三平中学旁，又新开了一家餐馆"开心餐馆"，估计老板也是看到了餐饮业较好的市场前景。

三平集贸市场作为村民每天卖肉、菜及生活用品、副食等的交易中心，每天的交易额无法得知。据调查，一个肉摊月利润在 3000 元左右，蔬菜摊位在 2000 元左右，副食及生活用品店月利润在 2000—4000 元。村小卖部由于面积小，经营品种有限，都是生活必需品，月利润在 800—1500 元。

4. 建筑业、运输业

这两个行业从事的人虽不多，但是发展前景良好。由于这部分人大部分有在外打工的经历，有手艺懂技术，在村里很受欢迎。村民需要盖房时，请本村的建筑工程队一是放心，二是价格便宜。村里从事零散建筑工的年收入都在 1 万—2 万元。村里运输业分两种，一是卡车或大型

图 2-8 三平集贸市场一角

图 2-9 市场内黎族村民正在买菜

拖拉机，主要是帮人搞货运，年收入 2 万—3 万元；二是机动三轮车从事客运，从三平到县城收费 2 元，每天能赚 100 元左右。

5. 打工收入

邢村外出务工以青壮年为主，30 岁以下占 90%。打工地点分布比较广，北至上海、江苏，主要分布在江浙、广东一带及岛内海口、三亚等城市。男性主要从事建筑、装修等工种，由于不是很稳定，年收入一般只有 3 万元左右，而他们普遍用钱也没有计划性，请老乡吃喝大手大脚，一年到头没有什么结余，有时候还找家里要钱。而女性就业面主要集中在服务业，比如酒店服务员、商场导购员、沐足技师等，还有少部分人在电子厂或服装厂打工，一年收入一般 3 万—5 万元。农闲时，部分中年妇女会到附近地区做短工，主要是割胶、采摘香蕉、蔬菜等，按天结算，60—100元/天。

(二) 人均收入的增长情况

20世纪50—70年代末，邢村村民经历了从饥饿（几乎要靠政府救济）到基本温饱阶段，没有什么收入。改革开放以后，随着家庭联产承包责任制的推行，以及社会主义市场经济的逐步建立，邢村的经济逐渐活跃起来。21世纪以来，随着国家"三农"优惠政策的大力实施，农民的负担不但减轻，而农产品价格得到稳固并提高，农民的收入呈快速增长之势。

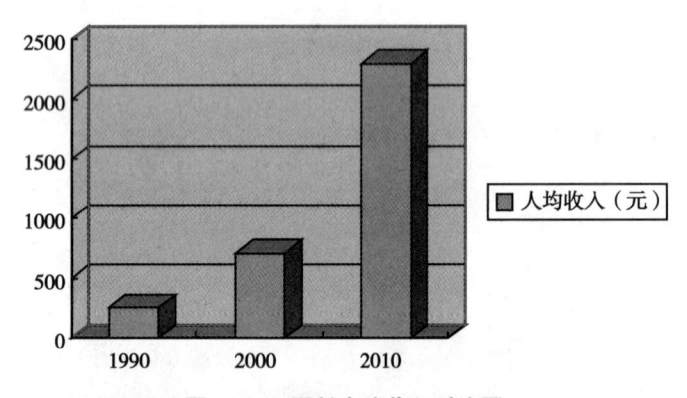

图2-10 邢村人均收入对比图

资料来源：乐东县第四次、第五次和第六次全国人口普查数据。

从图2-10中可以看出，2000年，村民人均收入比1990年增长了184%，但是仍然远远低于当时的全国平均水平；2010年，村民人均收入比2000年增长了224%，达到了2300元。

(三) 开支情况

由于农业税的取消，村民的日常开支主要集中在生活开支、生产费用、子女教育费用、人情费及医疗费用方面。如果有盖房或娶亲等重大活动，则是一笔较大的开支。当然，由于邢村村民普遍喜欢买彩票，这方面支出也占到了重要地位。

1. 生活开支

一是日常饮食及穿着花费。由于邢村黎族村民普遍比较好客，加上收入的增加，平时很多村民至少一星期就要买一次肉、鱼或者蔬菜，当地猪肉18元/斤，每次买菜花费大约20—30元。二是油、盐、酱、醋等调料。大部分村民家都是买的桶装食用油，当地常用的是符氏 1.8 升花生调和油，32 元/桶。每个月 2—3 桶。有些村民也会买回猪油膘或肥肉自己炼制猪油。当地人饮食以清淡为主，但食用盐和酱油的使用量比较大。三是糯米酒和米酒。大部分男人喜爱喝酒，几乎早中晚都要喝，按一天喝掉 1 斤酒计算的话，每天花费 5 元左右。村民现在都是到县城买衣服穿，特别是年轻人，一套衣服价格也要 200—500 元，一年至少添置 3 套。

2. 生产费用

买种子、化肥、除草剂、农药等。现在一亩水稻种植成本花费大约 400 元。而橡胶地平时打理是施肥和除草，以 100 株橡胶树为例，一年要施两次橡胶肥，大约 3 袋肥料（100 斤/袋），花费 300 元左右。除草主要靠人工。

3. 子女教育费用

现在邢村有一家私立幼儿园"新智力幼儿园"，每学期报名费是 350 元，加上伙食费和接送费的话，日托是 1000 元，周托是 1400 元。现在就读幼儿园的邢村小朋友有 148 人（2011 年 9 月数据）；而作为义务教育的小学和初中相对费用低一些，小学（邢小学）每学期费用 300—400 元（含书本费、杂费等），初中（三平中学）每学期费用 500—700 元，高中（乐东中学、乐东民族中学）每学期学费 700—1000 元，但是一般是住读，加上住宿及伙食费的话，一学期花费至少 3000 元。大学学费一般是 3000—7000 元/年，加上平时开销的话，一年花费是 10000—20000 元。村支书 XKM 家大女儿在读大学，小女儿在读高中，一年开支至少 20000 元。对于一个家庭来说，是一笔很大的开支。

4. 人情费

结婚、考上大学、盖房都要给红包，一般也是不小的开支。

个案一：

XKM（邢村 2 队，邢村村支书，村委会主任）

从我们进村调查的第一天起，就认识了 XKM 书记。他待人热情，头脑清醒，语言表达能力强，对本村情况非常熟悉。我们接触 XKM 书记次数是最多的，对他家庭的基本情况和经济状况有了较深的了解。

XKM书记从1987年起就开始在三平农贸市场宰卖猪肉，一直到1994年，共8年。当时卖猪肉不像现在这么赚钱，但收入在农村来说也是比较可观的，一年进账有1万—2万元。1994年，花11000多元盖了一套80多平米的瓦房（共有三个房间加一个餐厅），在当时村里来说是不错的房子了。

XKM书记家收入主要来源以下几方面：（1）种植业。1998年土地调整，他承包了6亩旱田和4亩坡地。由于每年11月份处于旱季，田地没有水利灌溉（旱季承包给别人种，600元/亩，收入3600元），因此现在一年只能种一季晚稻。7月底种，正好是雨季。稻谷主要是博优品种（大约有5分地用来种植糯稻，糯米主要是用来酿酒），按亩产900斤收成，正常年景收稻谷5000斤左右，每年消费粮食约3000斤，卖大约2000斤，收入2500元；种植约160株橡胶，已开割100株，割1刀80—100元，月割15刀，年收入约8000元。（2）养殖禽畜。现养殖两头母猪，下猪崽卖，年收入约2000元。养鸡主要是自己吃，没有卖。（3）运输收入。家里有台四轮驱动拖拉机，农忙时拖运生产工具、秧苗、稻谷等，十分方便。平时帮别人运送货物，拖沙石等，这几年运输跑得少，收入不多，年收入大约有5000元。（4）担任村支书和主任工资补贴，500元/月，年收入6000元。2011年总收入27000元左右，在村里属于中上水平。

开支主要是以下几方面：（1）子女教育费用。大女儿大学一年学费、住宿费和伙食费15000元左右；小女儿高中教育花费一年也有6000元。（2）生产性支出。买种子、化肥（含橡胶肥）、农药、除草剂每年约需2000元。（3）生活开支。平时就夫妻俩和儿子在家，每月买菜、肉、油、烟、酱、醋等花费200元，一年消费2000元，衣服及日用品等一年花费约1500元，医疗费一年需500元左右。（4）人情费。去年一年大约收到约30个请柬（结婚、乔迁新居、升学等），每个请柬送红包50—100元，花费大约2000元。全年开支29000元左右。虽然去年是入不敷出，但是XKM书记说，现在黎族村民生活水平是越来越好了，得益于党的惠农政策。而且

他会尽全力支持女儿读书,他相信知识才会改变命运。(2012年12月访谈记录)

二 商业贸易

新中国成立初期,邢村村民购买商品主要来自供销社,但是当时经济贫困,供销社商品非常少,村民收入又非常低,因此供销社发挥的作用很小,从某种意义上说,邢村尚未形成商业,简单的商品流通主要是靠一些农兼商的小商贩来完成。"文化大革命"开始后,城乡集市贸易被认为是"资本主义的尾巴"而遭到取缔,这一时期,邢村村民买难卖难,日常生产和生活都受到严重的影响。1979年党的十一届三中全会以后,国家放宽政策,农贸市场开始逐步开放,集市规模得以迅速扩大。1988年海南建省办特区后,海南以市场经济体制为改革发展方向的战略部署不断强化,极大地推动了整个黎族地区的商品经济发展,很多乡镇都建立起了集市或农贸市场,大大促进了城乡物资和商品的交流和交易,黎族地区出现了经济繁荣和贸易兴旺的新景象。正是在这一背景下,此时总投资20万元的乐东黎族自治县三平集贸市场完成,该市场是邢村进行肉鱼、瓜菜和日常生活用品市场交易的重要场所。

(一) 三平集贸市场

该市场共有早餐店1个,小餐馆1个,副食小卖店7个,生活用品店2个,卖肉摊位8个(其中2个卖牛肉),鱼摊5个,蔬菜摊位10个,其他特产摊位2个。该市场从早上7点开始已是人流熙熙,俨然一派城市集贸市场场景。村民买肉买菜、日常生活用品主要都是在此市场。

早餐店主要经营肉包、海南粉,主要顾客是早上卖肉卖菜的摊贩以及附近的村民。小餐馆是乐帅餐馆,在此开业已经8年,老板娘是邢村2队人,名叫刘玉荣,菜品以本地菜为主(猪脚、猪肠等),当然也会有一些小炒之类(比如青椒牛肉、苦瓜瘦肉),生意不错。老板娘2011年11月在村委会附近开了第二家店"乐帅农家乐",经营面积300平米,生意也十分红火。副食小卖店主要经营香烟(主要有湖南湖北烟以及云南烟,如芙蓉王、黄鹤楼及云烟等)、当地白酒、水果、饼干饮料、快餐面等。春节时也会从县城进一批鞭炮礼花以及饼干礼盒等。生活用品店主要经营日常生活用品（如棉被、毛巾、牙膏、牙刷、卫生纸、桶盆、烧水壶、衣架等）及一些文具用品（因为不远处有邢村小学）。卖肉摊位几乎都是由固定摊主卖肉，卖的都是从本村或附近村收过来的猪或牛，宰杀后马上拿到菜场去买，一天差不多卖10来头猪，1头牛。卖鱼摊位售卖的鱼少部分是本村渔民在附近河段和鱼塘捕捞的鱼，大部分是在乐东县城集贸市场进的，品种十分丰富。蔬菜及特产摊位的产品除少部分是自己种植或捕获之外，大部分是在乐东县城进的，主要有芹菜、包菜、大蒜、葱、香菜、南瓜花、地瓜叶、青瓜、野菜等。

个案二：

XAS和LYR夫妇（邢村2队）

每天早上5点，夫妻俩就起床了，开始了一天的忙碌。他们说，这已经是20年来养成的习惯了。

XAS从1987年开始，就和人合伙在三平农贸市场宰卖猪肉。猪都是从村里或邻近村庄里收来的。多年来"阅猪"无数，让他对猪形成了一种天生的熟悉感。他说现在村里一般养三种猪：一种是海南本地猪，这种猪长得比较慢，主要是当地人在重大节日和仪式宰杀食用的，开水煮后，盛到盘里，蘸一点盐巴就可吃了。当地人酷爱这种猪肉，认为味道醇美甘香。这种猪肉在市场上卖得比较少。另两种是文昌黑猪和广西白猪，它们肉长得快些，一般喂养7—8个月可达100—150斤，就可出栏进行宰杀了。

20多年来，XAS收猪全靠估价，职业敏感让他对猪估重可以做到误差在2斤以内。从以前两个人一天勉强卖完一头猪，到现在一个人一天轻松卖完一头猪。他说现在村民的生活水平提高了，有的村民家天天买肉，大部分家庭两三天就要买一次。他卖猪肉还有一个得天独厚的条件，他家还经营了两个餐馆，猪肉直接供应给自己的店。即使有卖不完的猪肉，也可自销，不会浪费，因此他没有后顾之忧。宰卖一头猪利润一般是200—300元，运气好的时候可以达到500—600元，所以他卖猪一项月收入稳定在6000元以上。但他在最初的几年也估价走眼过，他说权当交了学费。正是这种长期坚持,让他迅速积累了人生的第一桶金。

致富后,夫妻俩开始商量如何让财富利益更大化。2003年,他们准确把握商机,在三平农贸市场入口处租下门面,开了第一家餐馆"乐帅餐馆",以经营海南本地菜为主。由于当时没什么竞争对手,加上价格实惠,味道好,生意红火。虽然店面也就40平米,但是利润还是相当可观的,第一年利润就达5万元。其中老板娘LYR功不可没。餐馆几乎就靠她一个人打理,她是典型的精打细算型,各项事宜她都了然于胸,她知道哪里的菜便宜,客人最喜欢点什么菜,厨师的工资开多少合适。2011年11月,经过前期考察和筹备,他们家第二家店"乐帅农家乐"开业了。农家乐投资60余万元,以饮食娱乐休闲为一体,位于村委会附近,占地300平米,有可容纳近150人同时就餐的大厅,3个就餐包房,2个KTV包厢。我们在村调查的时候曾经在那住过3个晚上,每天吃饭的主要是老三平一些行政事业单位领导及职工、附近镇干部、村干部及部分村民。村民在此承包宴席1次。每天晚上从9点开始,两个包厢就有人开始K歌了,以青年男女为主。他们说:现在唱歌也不用跑到县城去唱了,在村里就可以唱,方便实惠。流行歌曲、经典歌曲点唱得很多。农家乐的开业,既为夫妻俩带来了可观的收益,也丰富了村里业余文化生活。

他们夫妇育有两儿一女,初中毕业,均在海口打工。尤其是两个儿子,平时都会回来帮家里打点一下生意。春节期间,大儿子去县城进了散装海南鲜橙,回来清洗后进行包装,小儿子从县城进回副食、鞭炮礼花等,然后拿到三平市场售卖,行情不错。

除了生意之外,他们家还种植有500多株橡胶树,平时都是聘用村民帮忙收割,100元/天,除去人工费和管理成本,年收入也有2万多元。(2013年8月访谈记录)

(二) 村中"小卖部"

邢村现有村中"小卖部"4个:3队1个(位于公路边,村水泥路的入口处,相对而设,属单独建设,面积大约都为15平方米),5队1个(在村水泥路旁边,属单独建设,面积为10平方米),6队1个(在村公路和小路交叉路口，属民房改造而成，面积为10平方米），2队1个（位于路边，属民房改造而成，面积为10平方米）。四个"小卖部"所卖的商品种类大同小异，都是与村民生活密切相关的日常生活用品，从中也可以看出村民的消费习惯和消费水平。

图2-11 村中"小卖部"内景

1. 烟酒

烟有芙蓉王（25元/包）、黄鹤楼（18元/包）、五叶神（11元/包）、云烟（10元/包）、红塔山（蓝色、红色两种，10元/包）、娇子（8元/包）和红梅（5元/包）等。在外打工的或者招待客人一般用芙蓉王和黄鹤楼，村民平时买的较多的是五叶神和红塔山。而本地香烟却很少见。白酒主要有360ml "经典"地瓜酒（7元/瓶）、"椰晖"地瓜贡酒（10元/瓶）、120ml海马贡酒（5元/瓶），乡纯米酒（10元/瓶）、小沈阳酒（10元/瓶）和52℃ "红星二锅头"（10元/瓶），最贵的是皖家酒（20元/瓶），白酒一瓶一般在5—10元，酒精度数一般在20—30℃，最畅销的是前三种白酒。啤酒不多，只有"力加"清爽（瓶装4元，罐装3元）。年轻人喝啤酒居多。

2. 饮料、矿泉水

最贵的是"王老吉"（4元/听），年轻人普遍爱喝。另外就是"康师傅"绿茶、乌龙茗茶（3元/瓶）和"健力宝"（2.5元/听），因为"健力宝"是碳酸饮料，一般初中生喜欢喝。平时村民买的较多的是"椰树"牌冬瓜饮料（1元/盒），小孩子喝的较多的是0.5元/盒的

"一寸香"八宝饮料。而矿泉水基本就是350ml的"椰树"牌矿泉水（1元/瓶）。

3. 食品

主要有福寿王超级120面和宏润108麻辣牛肉面（都是1元/袋），火腿肠、小罐头、榨菜、饼干、散装小吃。小孩子最喜欢吃的是散装饼干（0.5元/块）。

4. 洗漱、洗涤用品

如牙膏（最多的是"槟榔"牙膏）、牙刷、香皂、洗发水、洗衣粉、肥皂等。

5. 文具

主要是学生用品，如中性笔、圆珠笔、铅笔、小刀、练习本、胶水等。

6. 其他杂货

有手电筒、打火机、卫生纸、灯泡、蚊香、草帽、草扇等。

店主普遍反映，小卖部利润很低，一天利润也就20—30元，开店主要是方便村民，自己也赚点生活费。邢村"小卖部"是为了适应邢村村民们物质文化生活需要而出现的，因此它所承载的并不仅仅是商品交易功能。

笔者通过观察发现，邢村的四个"小卖部"具有如下特点：一是所卖物品均为村民生活必需品，村民若需购买大件物品（如电扇、床上用品等）和水果等须到三平集贸市场购买；二是"小卖部"四周放置板凳供村民休息闲聊，这里是村民集中聊天和聚会的好地方。无论男女老少吃完饭后，都喜欢来到这里，或买一瓶水，或买一袋槟榔，或什么都不买，嘴里嚼着槟榔，随意在这里进行漫无边际的交谈，不同人所关注的话题显然不一样，老年人谈比较琐碎的事，中年人谈论今天的橡胶和瓜菜价格，未婚青年谈论女孩子，都非常自然默契，偶尔会有小争吵，但最后都会一笑而过；三是"小卖部"一般都由年轻女性照看，他们看店的时候一般会包装槟榔（1元钱1袋，当地人特别喜欢嚼槟榔，主要是男性村民购买），生意好的话一天可卖出50—100袋。四是"小卖部"也是村里大龄未婚青年重要的活动地点。他们三五成群，或打打台球，或买几瓶啤酒、饮料畅饮，商量去哪里认识女孩子。

第三节　城镇化对经济生活方式变迁的影响

随着城镇化进程和现代化浪潮的不断翻滚，黎族村民经济生活方式正在发生深刻的变化。国际旅游岛的建设对黎族文化产生了更加深刻的影响。城镇化是农村人口向城镇和二三产业不断聚集、城镇规模适度扩大、功能不断提升的长期过程，是扩大内需最大的潜力所在，是城乡一体化的重要基础。城镇化对邢村村民经济生活方式变迁的影响主要体现在以下几个方面。

一　生产与消费关系的改变

（一）传统经济生活方式——生产与消费相互嵌入

传统的黎族村民是根植于"土"的社会，从经济形态来看，是自然经济的农业社会。新中国成立初期，邢村人日出而作，日落而息，用最大的能力辛勤地耕作，并把全部的希望寄托在土地上。男耕女织自然分工的小农经济占据着主导地位，农业与手工业相结合，以分散的个体和家庭为经营单位。黎族村民的小农经济，在某种程度上就是直接为自家消费而生产的单位，他在生产上所作的抉择取决于家庭的需要。因此，在征地之前，邢村村民的生活方式还是传统的乡土社会，生产生活与日常消费紧密连接在一起，不可分割。

农业的发展离不开科学先进的种植生产技术，但土地资源是农业发展最重要的基础和前提，而邢村村民就一直受到土地资源稀少问题的困扰。20世纪90年代以后，由于生产生活的需要，响应政府号召，邢村村民开发了大量的荒地及荒林，农业种植总面积有了大幅的提升，但随着人口的不断增长，基建用地的扩大，在土地资源有限的情况下，人均占有耕地量却有逐渐减少的趋势。随着近些年国家退耕还林、保护环境政策的逐步实施，邢村人均占有耕地面积将会更少。

黎族村民的消费是典型的"看菜吃饭"，即根据消费来决定生产。首先，消费内容决定生产产品。稻米可以作为主食，自己家吃不完可以作为"人情"送给亲属，剩下的可以直接卖给粮管所折换成货币补贴家用；黎族村民利用自留地或田埂闲地种植蔬菜和一些亚热带经济作物，部分黎族村民还会把多余的蔬菜送到三平集贸市场进行售卖。

其次，消费时间决定生产周期。邢村气候和地理条件的优势形成了每年一稻两种的特有播种模式，每年第一季2月种，5月收，第二季7月种，11月收。进入21世纪以后，邢村人为了适应市场的需求，扩大土地的单位产出率，开始实行"一稻一菜"的耕种方式，即在冬季时节，水田被用于种植黄瓜、茄瓜、苦瓜、卷心菜等瓜菜类。这种方式既可以满足村民的日常饮食生活需要，又可以通过市场交易获得收入，补贴日常家用。

再次，消费数量决定生产数量。橡胶因为种植技术要求不高，方便管理，而且价格行情好，市场需求量大，邢村人几乎每家每户都会种植，按照2011年统计数据，邢村种植橡胶总面积1200多亩，每亩大概种植40株，按市场价每斤6—9元计算，每株每年收获的橡胶可买到30元左右，全村平均每年的橡胶收入可达114万余元。

当然邢村村民也不是完全自给自足的生活，他们也会从市场上购买无法直接生产的物品，但所够买回来的商品不是简单的一次消费，而是二次乃至三次消费，其中与城市消费不同的是最大可能地让物品重新能进入生产系统。如单衣做成稻草人放入田间或充当绳子来固定木篱笆。邢村村民日常生活中，一切废品都不是"垃圾"。

综上所述，在传统的黎族农村社会，生产和消费没有明显的分割界限，两者相互嵌入，共同组成了日常生活的重要部分。

(二) 生产与消费分离

黎族村民的传统生活方式是在传统农业条件下的社会生活方式。在城镇化的推进下，其传统的生活方式也在或多或少发生着明显的变化。其中最典型的是现代性的入侵和各种信息导致其生活方式也呈现丰富多彩的状态和趋势。城市所具有的先进的生产力和文化使得城市普遍比农村地区有更多的公共资源和设施，对民众来说，进入城市就意味着有更多的就业机会和财产性收入，因此，城市性的形成直接诱导了其生活方式的变化，生产和消费的分离是重要体现。

如前所述，黎族传统乡土社会中，"消费决定生产"，也即根据传统农业社会自给自足的消费观念满足日常的生活必需，但在城镇化、工业化中，物资的极大丰富和消费理念的诱惑导致"生产决定消费"生活方式的形成，这就意味着，生产所得的劳动收入用来购买自己所需的物品和服务，生产与消费之间实现了彻底的分离。个人的劳动只是为了获取报酬，报酬用来交换个人生活必需品，这种消费与生产的分离又直接引发就业岗位选择的多样性，赋予了劳动岗位选择的自由，也即人们生产的产品绝大部分情况下和他自身所需消费的物品之间没有任何直接联系。

黎族村民世代居住在乡间这一基本固定的地域，基本生活供给无须额外开支，如饮用水直接取自地下水，日常清洗和清洁可用地表水，季节蔬菜只需要花很少的钱买种子，加上自己的劳动，基本实现自给自足。而邻里乡亲通过几十年来在一起的相处，基本构成了相互支持和帮助的交际网络，可以应对意想不到的疾病，避免由就医和护理引起的额外医疗费用。邢村"小卖部"是为了适应村民对物质文化生活的需要而出现的，因此它承载的不仅是带有商品交易的功能，而是满足村民日常生活所需。邢村"小卖部"虽然只是完成了日常交易行为的买与卖，但由于存在或多或少的竞争和合作，形成了新的商业习俗。

邢村当地生活方式的生产和消费相互嵌入，但是由于城镇化进程的推进，这种基础发生改变时，村民最初根植于乡土的生活方式，不得不发生改变。在新的生产与消费分离的背景下，生产与邢村村民集体绝缘，他们只需要从简单的消费者中找到一种新的生活方式，也是在消费型社会中建立的日常生活、行为方式、沟通模式和思想观念。

二 现代工业生产方式的态度与困境

在城镇化进程中，生产方式主要采取现代工业生产的生产模式，主要包括按时生产和大规模生产，它具有生产力集中，生产效率高的优点，可以避免太多的人力和资源浪费。要实现这种生产模式，就必须采取精细化和专业化的操作方式，工作流程被最大程度的分化和精化，要求工人熟练操作对应的工作环节并承担相应的责任。对于员工来说，必须每天准时上班，严格按照企业的工作时间安排工作休息，掌握岗位所需的专业技能。

黎族村民传统的农业生产是采用历史上沿袭下来的耕作方法和农业技术的农业，采用人力、畜力和简单工具进行的手工生产。邢村的稻田实际是由原来的"山栏"地通过人工的清理耙平、翻松泥土、反复耕耘而演化而来的。邢村人除了在这些土地上种植"山栏稻"外，还混种一些红薯、木薯和苞谷等杂粮。传统农业对自然依存大，靠天吃饭的特征比较明显。50年代海南乐东邢村仍然广泛使用犁、耙、锄头、刀、镰、铲、斧、铁爪等传统生产工具。这就需要劳动者熟练掌握农业生产的相关技能，比如插秧、除草、收割等，还要熟练运用地理和气候条件，来最大程度减小不利自然条件对农业生产的影响。因此很多黎族村民都采用传统农历历法，熟练牢记各种农业生产谚语，如"二月二龙抬头""长三春雨长寸""夜里雷电闪哗哗，日里背上晒花花"等。

海南乐东县80年代起逐步兴办集体企业，当时规定，凡是村集体户口的社员必须进镇企劳动，因为当时收入分配非常低，很多村民在企业上班闲暇之余，还得挤出空闲时间进行农业生产劳动以补贴家用，从而节约生活开支。在城镇化背景下，邢村的剩余劳动力从20世纪90年代起开始向外转移。劳动力职业构成的变化，直接导致村里青年亦工亦农的现象逐渐增多。因此，乐东县虽然有简单的现代工业生产经历，却没有在农业生产上中止过，这些黎族村民特别是老一辈农民对土地依旧有着深厚的情感。

三 消费能力增强与消费结构多元化

简单而言，消费能力是指消费者购买他们所需要的商品的能力。随着城镇化进程的推进和农村经济的发展，恩格尔系数逐年下降，村民收入不断增加，邢村村民的消费层次逐渐从生存、温饱向小康阶层转变。进入21世纪后，家电消费不再是主力，取而代之的是汽车、住房，而旅游、休闲、美容、养生和体育锻炼已成为新的消费亮点。城镇生活，包括城镇学习、工作、娱乐、公共活动、日常消费等日常生活。大众媒体大肆宣扬城市日常生活的便捷和体面，甚至炫耀消费主义的一面，这使得城市有一种不实的吸引力。

人口城镇化可以刺激消费需求，拉动乐东县经济快速增长。据报道，2015年乐东全体居民人均可支配收入13824元，同比增加1266元，增长10.1%；其中城镇常住居民人均可支配收入21816元，同比增加1691元，增长8.4%；农村常住居民人均可支配收入10204元，同比增加 961 元，增长 10.4%。随着收入水平的提高，社会消费品零售总额增长了 9.6%。消费需求拉动乐东县经济较快增长，全年 GDP 增长 8.9%。①在城市消费的示范带动作用下，黎族村民生活方式城镇化的趋向非常明显，消费领域也在不断地拓宽。"花钱买方便、图享受"的黎族村民越来越多，邢村村民特别是年轻一代更愿意把更多的钱投入到文化教育、休闲、娱乐、旅游和医疗保健等消费中去。随着消费品市场的日益成熟，以及村民个体消费的不同需求，这个个性化的需求越来越明显，黎族村民消费也呈现多元化的趋势。因此，由于个体经济发展水平、可支配收入和社会文化的不同，黎族村民的消费领域和水平也会有很多差别。总之，他们在获得一定的财富积累后，大部分村民还是迫切的需要把财富转化为商品服务，用于提高自身和家庭的生活质量。

（一）饮食

首先，饮食观念上由"填饱肚皮"向"健康饮食"转变。随着收入水平的不断提高，黎族村民对消费结构中自给性和商品性两类消费的比例也出现了变化。在商品性消费中，如衣类、生活用品、副食品的比例逐渐上升。在食品消费中，虽然粮食、蔬菜和蛋禽依然基本自给，但对肉、鱼、豆制品和饮品的商品类消费不断增加。20 世纪 50 年代，邢村村民饮食观念落后保守，主要目的就是为了填饱肚子，饮食方式也不科学合理；但随着经济社会的发展和人们对健康的重视，邢村村民对饮食的卫生可口和营养健康更加看重，其饮食观念向"健康饮食"方向转变。村民们不仅饲养了一些猪、牛、鸡、鸭、鹅等畜禽，还种植了大量的青瓜、茄瓜和卷心菜等瓜菜，饮食上做到荤素搭配，使营养搭配更加科学合理。

其次，邢村村民更加注意食物的清洁卫生，使得生病概率大大减少，人均寿命也大大延长。随着村民们对卫生健康问题认识水平的提高，现在大部分村民已经开始淘米，并拣出米中的杂质。在饮水方面，邢村村民不再是直接饮用井水，而是把水烧开后进行饮用，或者泡茶喝。平时劳作或者在外吃饭，会饮用五指山茶等茶水，以及可乐、雪碧和椰岛天然矿泉水等。同时，邢村多数村民使用了电饭煲、炒锅、高压

---

① 乐东县人民政府网：《乐东县 2016 年政府工作报告》，http://ledong.hainan.gov.cn/zwgk/zfgzbg/201602/t20160226_1774853.html。

锅等，电磁炉等也较为普遍，部分家庭还用上了消毒柜。随着以电为动力的厨具的普及使用，可以极大节省炊煮的时间，不仅安全卫生，同时也能保证食物的质量。

随着饮食文化的发展和烹调技术的进步，邢村村民对饮食味道的要求不断提高，他们开始使用各种佐料使食物味道更加可口。笔者在邢村调查时发现，除了盐之外，还有食用油、陈醋、酱油、味精、糖和辣椒酱等调味料。在观念上虽然仍然以煮为主要手段，但现在已经有炒、凉拌等手段。

(二) 服饰

随着城镇化进程的加快，以及市场的便捷，传统黎族服饰已经慢慢淡出人们的视线，取而代之的是直接从市场上买回来的各式各类的成衣。由于生产力的不断发展和人们生活水平的提高，商品经济观念对人们的影响日益加深，邢村自给自足的自然经济壁垒慢慢被打破，其服饰方面也发生着巨大的变迁。在服饰方面，对于黎族传统服饰，每种颜色、样式或图案都代表着黎族人对生活的理解，反映出某一历史阶段黎族人的心理特征，比如黑色所代表的宗教意义。自纺自织的土布从20世纪80年代以来渐行淘汰，改革开放后，邢村村民购买服饰主要依赖于乐东县城的自由市场，90年代末以后，在外务工的邢村人特别是年轻一代会从外地带回更多丰富多彩的服饰。

随着城镇化的发展，人们素质的提升和认识水平的提高，邢村村民对自然界渐渐有了新的认识和理解，就其服饰而言，象征意义正在逐步弱化，取而代之的是那些能体现个性的鲜艳靓丽的样式。由于科技的发展和生产工具的进步，服饰改用现代工业缝纫设备和提花机制作，传统自纺自织自染的生产方式逐渐退出历史舞台。而随着改革开放的深入推进，大大提升了社会生产力，人们的生活水平得以迅速提高，温饱问题早已得到解决。在这种背景下，服饰所具有的传统实用功能逐渐在弱化，而审美和表达功能等个性化的需求得到凸显，很多邢村妇女穿起了牛仔裤、连衣裙，特别是村中女青年更穿起了流行的吊带装。当大量物美价廉的外来服饰进入黎族社会后，只要有钱就能买到中意的服饰，会不会做本民族的服饰已经不再显得重要，便不会拿来作为评价女性的尺度了。

(三) 住宅

伴随着城镇化的发展，邢村传统民居的演变和发展也一直进行着。从最古老洞居到巢居（树居），从高架船形屋变为低架船形屋，从落地式船形屋过渡到半船形屋，一系列的变化是整个黎族在不断适应自然环境变化、社会环境变革中的自身主动适应过程。随着城镇化进程的推进，人们由原来对自然界的被动适应慢慢转换为主动改造，生产效益大大提高，生活水平与质量也得到极大提高，此时，村民对居住房屋的要求越来越高，对房屋居住的功能划分越来越细，比如详细地设计划分了客厅、卧室、厨房、卫生间、谷仓、猪圈等功能区域；并且大大改善住宅的卫生条件，传统把厨房与猪圈建在一起的建筑形式被废弃，单独设置了厨房，拉开与猪圈的距离。

邢村传统房屋主要使用当地非常丰富的植物资源为材料建造，比如竹子、茅草、木材、藤条等常见的材料，这些材料可以就地取材，使用方便，而且建造传统房屋对技术和工具的要求也不高。随后陆续建造的砖瓦房、平顶房、楼房都采用自己烧制的土砖、钢筋和水泥建成，舒适度高，也更加坚固、经久耐用。邢村居住条件的改善，反映了城镇化进程下邢村黎族日益增长的物质与精神需求，表达了村民追求幸福生活的良好愿望。以黎族船型屋营造技艺为例，经过近些年大规模地改造，船形屋建筑正在快速消失，海南现存完整的船形屋已寥寥无几。2011年笔者第一次去邢村进行田野调查时，正值邢村基本完成茅草房改造任务，基本看不到保存完整的船形屋。茅草屋长期无人居住，风刮雨淋使其破败不堪，这是黎族生活方式变迁的真实写照。

(四) 交通

伴随着城镇化的发展，公路及村内二条水泥路的贯通，交通工具的不断更新，邢村村民正在通过各种途径和渠道加强与外面世界联系和交流，彻底打破过去封闭的生活。邢村村民的出行范围大大拓宽。走在乡间公路上，不时都会有村民骑着各种摩托车从身边经过。进村公路与现代交通工具的使用，大大缩短了邢村与外界的距离。

交通的便捷，邢村村民活动范围的拓展，深深影响着其生产生活：一是村民的精神文化生活更加丰富多彩。人们随时可以坐车、开车或骑车到相邻的乡镇或者县城，或喝茶侃天，或购物娱乐，或走亲访友，不断获取来自外界的各种信息。二是商品交易变得更加方便和快捷。邢村村民经济收入持续增多，他们为了满足自己的生活需求，不断从市场上购买服装、电器、手机以及各种各样的商品。同时，还可以开面包车或三轮摩托车把橡胶、瓜菜等运输到附近的集贸市场进行交易，从而获得一定的经济收入。三是族际交流交往更加频繁和多样。出行的方便，使得邢村村民与外界接触的机会增多，走亲访友的次数更多，相互交流交往不断增多深化。

综上所述，消费结构内部关系的相互制约是由其内在矛盾性决定的，在收入确定的前提下，吃、穿、住、行中任一项消费量的变化，都会影响其他各项的消费量。邢村村民物质生活有了显著提高之后，对精神生活就会有更高的要求。消费结构业从物质型向物质和文化结合型转化。如村民为了提升竞争力，迫切需要学习科学技术，那么学习的费用将会增长。此外，村民的文化娱乐活动也由单一化向多样化发展，随着电视机的普及等，邢村村民生活情趣日益广泛，买书和订报的支出将逐渐增加。

第三章

婚姻家庭生活方式的变迁

婚姻即男女两性结合为夫妻的一种社会行为。婚姻是家庭存在的必要条件和前提。婚姻和家庭是人类社会重要的有机组成部分，不同民族因受各自宗教信仰、风俗习惯、传统文化等因素的影响，会形成各具特色的婚姻和家庭生活方式。婚姻在很大程度上与社会的政治、经济、文化等密切相关，并在此基础上形成了与之社会环境相适应的并比较稳定且相互关联的婚姻观念、规则和仪式等风俗习惯，有规律性的活动约束着人们的婚姻行为与婚姻意识。但这种生活方式并不是一成不变，它会随着城镇化进程和他民族文化的传播影响而发生变迁。

第一节 婚姻生活方式的变迁

一 恋爱方式的变迁

（一）黎族玩隆闺传统逐渐消失

在古代，黎族村民的恋爱方式主要有两种，一种是通过传统节日"三月三"聚会的方式恋爱；另一种是通过"隆闺"，男女青年通过"玩隆闺"的方式建立恋爱关系。与汉族地区未婚男女必须严格遵守"男女授受不亲"的交往礼节不同的是，黎族未婚青年有着高度的社交和恋爱自由。黎族传统的"玩隆闺"习俗就是青年社交和恋爱自由的集中体现。新中国成立初期直至改革开放前期，邢村青年玩隆闺传统依然保留比较完整。

改革开放前，黎族村民全家都住在自建的船型茅草屋里，子女长大懂事后（通常从十四五岁开始），就不能和父母一起居住了，父母会为长大的子女在屋外再搭建一间小房子。这种专供未婚子女居住的小房子称为"隆闺""布隆闺",过去也有汉语范围为"寮房"。隆闺不仅是黎族青年成年后居住的地方,更是他们对歌、交往、寻找意中人的婚恋场所。[1]

"隆闺"的意思是"不设灶的房子",隆闺内只有睡床,是年轻人的起居室。隆闺通常面积较小,稍大的隆闺可以住四五个人,小的隆闺仅能住一人。平时,儿女们要回家和父母一起劳动、一起生活,只有休息的时候才能到隆闺居住。隆闺有"兄弟隆闺"和"姐妹隆闺"之分。青年男子住的隆闺是"兄弟隆闺",有的家庭儿子多,可能几个成年男孩一起住在一个隆闺里,所以"兄弟隆闺"一般较大些,通常由年轻小伙子们一起动手上山砍竹搭建而成。少女居住的隆闺叫"姐妹隆闺",则需要父母及兄弟的帮忙来建造。

隆闺在不同的阶段分别有住宿、社交、恋爱的功能。黎族青年如果十三四岁还在家里跟父母同睡一屋,就会被人笑话,被认为是不成器的东西。13岁住隆闺,说明孩子长大了,有能力和必要单独出来住,开始单独参加社交活动。因此隆闺的第一个功能是住宿,这是黎族人一种文明的避让。[2]

隆闺不仅是黎族青年男女居住的房屋,更是未婚青年男女谈情说爱的专属场所。玩隆闺又称隆闺、布隆闺、豆欧、汤娘、陶汤翁等,均是音译,都是走夜路会姑娘的意思。[3] 每当夜幕降临,黎族的小伙子们会结伴到同村或附近村寨的隆闺找姑娘对歌、谈心,借机寻找意中人,俗称"玩隆闺"。他们来到少女的隆闺屋外,吹口弓、鼻箫等乐器,唱歌问话,向屋内的姑娘倾诉爱慕之情。如果姑娘愿意,姑娘会唱"请坐歌",开门让小伙子进屋,情投意合两情相悦的青年可以互赠礼物确定恋爱关系。父母及村民对于青年玩隆闺持非常开放和支持的态度,这是

---

[1] 童玉英:《哈黎妇女家庭地位变迁研究——基于海南省邢村的田野调查》,中南民族大学,2016年。
[2] 唐艳妮:《黎族婚恋:真实隆闺》,《南岛视界》2013年。
[3] 孙邵先、欧阳洁:《黎族女性文化专题研究》,南方出版社、海南出版社2008年版,第19页。

黎族传统的自由恋爱习俗,是每个黎族人成长的必经阶段。①

《海南岛黎族社会调查》下册对新中国成立初期黎族村民青年"玩隆闺"习俗有如下记载：黎族村民称青年自由恋爱活动为："略布隆沟"（译音），意思是"到闺房玩"。也有少数人称之为"汤阳"（译音），即"玩月"之意。村里的习俗，每到家里儿女发育成熟之后，便不和他们的父母一起住宿，往往单独或集合几个年纪相当的朋友建筑"隆闺"来住。"隆闺"的建筑地点在村外或村内，甚至有些建在村中来往通道的旁边。"隆闺"有独立建筑的，有附设在谷仓旁边，大多数都建在父母住屋附近。集体建造的："隆闺"大小不一，有的可容三四人，有的可容七八人，大家一同睡在竹片织成的床铺上。男子也有"隆闺"，但数量不多，平时只供休息坐谈之用，因晚上大多数男子都到女"隆闺"去玩。②

　　个案一：

　　XHY（女，2队，1968年出生）：我们那时候有玩隆闺的习俗，一到有月光的晚上，一群群的男孩到隆闺找女孩，唱歌，敲门，约女孩一起玩，在月光下跳竹竿舞。一群男孩走了，又来一群，有时候一晚上好几批，晚上都睡不好觉。他们会打听哪个姑娘住在哪个隆闺，就算不认识的姑娘他们也会去唱歌，敲门找她玩，以后就认识了。女孩不能去找男孩玩，都是晚上男孩去找女孩。同家族的男孩晚上不能去找同家族的女孩玩，要找外族的。（2013年8月访谈记录）

　　新中国成立初期，邢村黎族中广泛存在"玩隆闺"习俗。但随着时代的进步、社会的发展以及人们观念的变化，邢村"玩隆闺"活动越来越少。人们思想观念的转变，人口流动的加快，信息交流的便捷，男女接触时空的多样化，"玩隆闺"婚恋习俗也将失去其得以存在的社会条件。

---

　　① 童玉英：《哈黎妇女家庭地位变迁研究——基于海南省邢村的田野调查》，中南民族大学，2016年。
　　② 中南民族学院《海南岛黎族社会调查》编辑组：《海南岛黎族社会调查》（下），广西民族出版社1992年版，第6页。

曾经陪伴世代黎族青年度过难忘青春的隆闺，在20世纪90年代以后逐渐退出历史舞台。尽管黎族各方言区隆闺消失具体时间不尽相同，但都源于以下几个共同因素的影响：一是村民住房条件的改善使隆闺的住宿功能逐渐被取代。从20世纪80年代中期开始，邢村村民经济收入不断提高，居住条件日益改善，黎族村民逐渐盖起了土坯房或砖瓦房，不需要再为儿女单独盖隆闺；二是20世纪80年代末90年代初席卷全国的民工潮引起大批未婚青年外出务工，导致黎族传统恋爱习俗发生显著改变。邢村大批青年纷纷走出村寨，常年在外务工，只有春节等节假日或农忙季节短暂回乡，他们的人际交往与恋爱对象圈明显扩大，恋爱方式也发生了根本改变。传统的隆闺逐渐失去了保留和搭建的必要了。

（二）新时期的自由恋爱

隆闺时期，黎族青年的自由恋爱大都发生在同村及附近村寨，女孩的"专属"隆闺是青年谈情说爱的重要场所。隆闺消失后，对黎族青年恋爱方式产生了深远影响。

第一，黎族青年谈情说爱的时间和场所发生了转移，恋爱形式上更加多样化。时间不再局限在晚上，恋爱方式也从隆闺对歌、吹弹、说笑等传统方式过渡到一起到集镇和县城上逛街购物、打游戏、吃饭或者看电影等更丰富的现代方式。但是隆闺拆掉后，随着女孩逐渐外出，留守村落的男青年寻找意中人的机会日渐减少。

第二，恋爱对象范围得以扩大。隆闺时期，女孩每晚在隆闺中静静等待男孩的到来，恋爱对象都是同村和附近村寨的黎族青年，女性只能在非常有限的通婚圈内选择社交和恋爱对象。20世纪90年代中后期，邢村大批未婚青年外出务工，这为黎族女性打开了一扇了解和接触外界的大门，扩大了她们的社交和婚恋对象的范围。她们在与不同地区、不同民族和不同职业的人交往过程中，享有较高的社交和恋爱自由，甚至能收获更多的赞许和羡慕。笔者在邢村调研期间，邢村村民说几年前，6队一个女孩在浙江宁波打工期间与一位澳大利亚男性相识相恋，最终结为夫妻。这段当地史上从未有过的跨国婚姻至今仍是村民津津乐道的谈资之一。

个案二：

XXQ（1 队，女，1994 年出生）：我初中毕业就和表姐一起出去打工了，去过海口、三亚，后来到浙江做了好几年。在浙江打工的时候，认识了不同地方的男孩，谈过两次恋爱。第一次恋爱，那个男孩是广西人，开始对我很好，后来我发现我们之间性格差异很大，经常吵架，就和平分手了。后来有次朋友聚会，认识了一个广东男孩，他开始追我，很会照顾人，后来他家里发生变故，他就回老家了，我们就分手了。其实在外面，和打工的姐妹们经常谈论找对象的事，大家自然都想嫁给有钱的老板，或者条件好点的汉族人，以后就不用种田打工。(2015 年 12 月访谈记录)

二 订婚方式的变迁

（一）新中国成立前及新中国成立初期由父母包办订娃娃亲

新中国成立前及新中国成立初期，邢村几乎每个村民都订过娃娃亲。通常是孩子年幼时（小则两三岁，大则八九岁），由父母做主为孩子选定一个娃娃亲对象，按照黎族订亲风俗举行正式的订亲仪式，提前选定孩子未来结婚对象。订亲对象通常都是同村可以通婚的家庭，双方父母关系较好，希望两个家庭结为亲家。按照风俗，通常由男孩母亲出面向女孩母亲提出订亲请求或意愿表达，获得同意后，双方选一个吉日，男方家庭接女孩——未来的媳妇到家中吃糯米饭，吃过糯米饭就算订亲成功，从当地风俗来讲，订过娃娃亲后，女孩就算是男方家的媳妇了。可见，在娃娃亲这种订婚习俗下，父母亲是选择主体，这种择偶形态即通常意义上所说的包办婚姻。[①]

（二）由父母包办的"娃娃亲"慢慢遭到淘汰

20 世纪 70 年代以后，黎族村民的订婚习俗的变化比较明显。尤其是 80 年代中后期，随着部分年轻女孩外出打工的增多，维系娃娃亲的"到男方家干工"环节被悄然中断甚至无声消失，娃娃亲名存实亡。娃娃亲的消失与城镇化进程下民工潮影响下大批未婚女孩外出打工有直接

[①] 孙淑敏:《对甘肃东部赵村择偶问题的人类学调查——甘肃山区择偶过程中的女性》,《妇女研究论丛》2004 年第 3 期。

关系，也与村民思想观念的改变有关。城镇化的脚步不仅解放了农村的生产力，也不断改变着村民的思想观念。由父母包办的娃娃亲被渐渐看成是封建落后的旧思想，慢慢遭到淘汰。

个案三：

XHJ（4队，女，1948年出生）：我有一个女儿和三个儿子。我给4个孩子都订了娃娃亲，订娃娃亲都是双方母亲商量好就可以，偶尔也会跟孩子父亲商量。我3个儿子订的娃娃亲都没有叫定亲的女孩到家里干工，因为那时候女孩读完初中就出去打工了，不可能叫她们来干工了。我女儿也没有到她订亲那家去干工。订的娃娃亲也不存在退亲，只要女孩不去男孩家干工，两家不来往就算了。（2012年12月访谈记录）

个案四：

XYM（1队，女，1958年出生）：我1979年生大儿子，1982年生二儿子，1984年生老三，是女儿。我的孩子都没有订过娃娃亲，时代不同了，娃娃亲没有什么用了，但是那个时候村里也有人给孩子订亲，但是我们没有给孩子订。（2012年12月访谈记录）

这一时期，娃娃亲逐步消失后，不再是父母包办订婚了。笔者在海南乐东邢村进行调查时采访到村中40、50多岁的妇女，据她们讲，她们已经不是父母包办的婚姻，大多由媒人进行说合，青年男女双方两相情愿后才订婚的。其次，订婚的聘礼也有变化。一般都带着米酒、槟榔和新衣服等，还可以适当地带些钱，这是作为"落订"的定金。聘礼的多少没有具体标准，因地区的不同和家庭的不同而有所区别。如经济基础好的地区和家庭条件较好的聘礼要多一点，反之亦然。在海南乐东邢村，一般由男方本人带着家中的两个长辈去女方家提亲，买上一些水果、糖果、饼干等礼品，带上槟榔，然后去女方家提亲。

(三) 新时期恋爱方式的多元化

随着人们婚姻观念的改变及家庭代际关系的变化，青年获得越来越大的独立性和越来越多的恋爱自主权。这主要源自两个原因：一方面，来自父母的约束和干预减少，男女青年可以选择自由恋爱的对象；另一方面，随着黎族青年纷纷走出村寨，奔赴各地城镇各行各业打工，他们也有更多机会认识、选择其他地区其他民族的异性作为恋爱对象。

目前，邢村村民的婚恋方式主要有下面三种形式：一是男女双方通过自由恋爱，然后男方托父母去说亲，女方父母表示同意或不反对的；二是男子对女子有爱慕之心，但不知道女方的态度，然后托父母去提亲，男女双方见面后无异议的；三是经媒人介绍，父母让子女与对方联系见面，如果双方相互感觉良好，并经过一段交往，对婚姻没有异议的。这三种婚恋方式中，如果子女不同意交往，父母一般不会勉强，体现了黎族青年男女的自由选择意志。

个案五：

XZH（邢村3队，女，1978年出生）：我初中毕业就去海口、三亚等地打工去了，一直在外漂泊，没有固定地方，一直没有找到合适的人，也不想凑合。2007年我回家过年，他（现在的老公）到我家找我爸办事，看到我就要了我的电话号码。后来他总是约我出去玩，开始追求我。开始家里是不大同意的，说他没什么工作，家里条件也不好。但是我对他感觉还不错，觉得他很踏实，对人真诚，就跟父母说我年纪也不小，我对他还比较满意，希望父母支持。后来父母就同意了。(2013年8月访谈记录)

三　婚姻择偶范围及观念的变迁

(一) 择偶范围不断扩大

"同宗不婚"是黎族严格遵守的习俗，深深地影响着黎族人。黎族人认为，同宗同族群的人身上因为流着同一祖先的血液，所以不能进行婚配。邢村也不例外，它内部可分为两个血缘家族，其一是：否望、否翁、否喂、望、翁、喂原来是同胞三兄弟。既然属于同胞三兄弟的后代，因此相互之间是禁止通婚的。其二是：否店、否袄，据说店和袄也是同胞兄弟，同样，否店、否袄相互之间也是禁止通婚的。可见，凡是源自于同一祖先具有血缘关系的族群，黎族成员之间都禁止相互通婚，无论多少代都不能进行婚配。这种血缘关系的认定，不是完全建立在目前生物学意义的基础之上。

黎族村民可以在同宗族血缘集团外的一切范围内寻找配偶，但是由于受地缘、方言、历史以及经济条件等因素限制，以往黎族男女还是大多在本方言内本支系内择偶，与其他民族通婚的情况比较少，即便是与黎族相隔不远的海南岛内的苗族、汉族，相互通婚都很少。

新中国成立后，随着社会经济的发展，人们思想观念的进步，其变迁也非常明显。其一，对血缘关系有了新的认识，更加科学合理。随着时代的发展，科技的进步，人们对血缘关系的认识逐步符合现代生物学观念。婚姻法里规定：近亲（直系血亲和三代以内的旁系血亲）不能通婚，也慢慢被黎族村民所接受。其二，通婚的地域范围不断扩大。特别是改革开放以后，大批黎族青年外出务工，为他们打开了了解和接触外界的大门，扩大了他们的社交和婚恋对象的范围。其三，族际之间通婚数量明显增多。特别是黎族与同在海南岛内的苗族、汉族之间的通婚越来越多。

笔者在邢村调查期间，发现一个现象，即许多黎族女孩嫁给了外族人（绝大多数是汉族），但黎族小伙子能够把外族姑娘娶进来的极少。为何会出现这种现象，笔者经过多方走访，认为主要是基于下列原因：一是受择偶梯队理论影响。女性往往倾向于选择各方面条件优于自己的男性为伴侣，男性则更倾向于与各方面条件低于自己的女性结合。黎族未婚女性在面临众多择偶选择时，往往更倾向于选择比邢村经济更发达地区的男性。外嫁成了很多黎族年轻女性的择偶选择，一批批邢村及附近黎村女孩陆续嫁到外县外市甚至外省，而邢村男孩在外务工期间则很难牵手其他地区的女孩。二是黎族女性比男性外出就业更有优势，造成目前在外务工的人群中，女性数量占据绝大多数。在外求职就业过程中，黎族女性因吃苦耐劳、踏实肯干和善于沟通等优点更容易找到合适的岗位，而一些男青年因喜爱喝酒和玩耍、吃苦精神不足或不够踏实等缺点外出就业更容易遭遇困难。因此，女性社交和婚恋对象的范围不断扩大，而男性则遭受了婚姻挤压的困境。

（二）择偶观念与时俱进

择偶观念在不同的时代是不同的，都打上了深深的时代烙印。随着社会的发展进步，人们生活和文化水平的提高，特别是随着黎族妇女社会地位的提高，邢村青年男女的择偶观念也在发生着变化。以20世纪50年代为例，由于受生产和生活条件的限制，女方选择男方主要看中男方是否身体好，具有足够的劳动能力，而男方选择女方则把会做家务、掌握织锦等技艺、长相好放在优先考虑的条件。60—70年代，尤其在"文化大革命"期间，由于受当时政治环境因素的影响，邢村也出现了以阶级成分为主导的择偶观念，个人政治成分在择偶选择中充当重要角色，许多黎族青年把"家庭出生"作为择偶的首要条件。80—90年代，邢村黎族择偶观念发生了新的变化。笔者对处于这个年代结婚的32人进行问卷调查，让他们在"孝顺父母""聪明能干""贤惠大方""忠厚老实""上进心强""长相好""家庭条件优越""文化水平高"等选项中选择1—3项，调查结果显示，这一年代的人更看中对方的条件依次是"忠厚老实""孝顺父母"和"上进心强"。对于正处于青年时代的90后，他们更为看重的则是对方的"家庭条件优越""长相好""头脑灵活"。值得一提的是，笔者在调查过程中，许多女孩都特别提到前提条件是男方"不醉酒"，这实际上反映了邢村黎族社会对醉酒惹事的深恶痛绝。

四　婚姻仪式内容的变迁

（一）婚姻仪式

结婚不仅是双方当事人两个人的结合过程，更需经历丰富而生动的婚姻仪式，围绕婚姻的缔结双方当事人及家庭需要付出各种努力。婚姻仪式的安排与决策也在一定程度上能间接反映出各方所处的地位。婚姻礼仪是人类社会在长期的社会实践中在婚姻关系缔结过程中所创造并执行的一整套行为模式。在黎族传统社会，婚姻仪式主要包括提亲、定亲、接亲、迎亲、婚宴、逗娘、送亲、回门八个重要部分。现根据《海南岛黎族社会调查》记载和在邢村的访谈简略整理如下：

提亲：男方父母看中某家的女孩，会备槟榔几串，织锦布一幅及光洋二三十块等礼物，到女方家提亲。如果女方父母同意，双方则会择吉日订婚。一般情况下，男女双方都会尊重父母的决定，但也有极少数例外的情况。若男方不同意，可以另找对象；若女方不同意，则会以在订婚时不出面的形式委婉拒绝。

定亲：定亲之日，男方会在父母或家族的人陪伴下，带上10个光银和两头牛（一公一母）等聘礼到女方家。如果男方家因家庭困难一时拿不出所定的聘礼，则可以口头向女方父母及其家族许诺，日后一定补上，但这种情况很少出现，因为家族会全力支持。定亲时，双方父母会根据黎族传统的习俗，选择良辰吉日，但要排除牛日、马日、羊日、龙日以及双方家庭中人的忌日。席散后，不论女方家里杀多少猪，都要每头送一半给男家父母带回去分给亲戚弟兄。

接亲：接亲当天下午3、4点，男方会派遣4—5个家族兄弟姐妹到女方家中迎亲。来到女方家中，吃过女方家里精心准备的饭菜，到晚上7、8点便唱歌催促女方出发。身着黎族服饰的新娘会在村里女人的陪伴下来到男方家里，其中，新娘的母亲、嫂嫂等亦要随着送嫁。送亲队伍到达男方村寨时，村里的男女老少点着火把蜂拥到村口迎接。

迎亲：迎亲的仪式在村口举行。进村路口中央放一堆干稻草，铺一张芭蕉叶，叶面上放一个鸡蛋。主持迎亲仪式的家族长辈，身着绿色长袍，头盘红巾，手持尖刀和火把，立在路中，面向送亲队伍，诵念幸福吉祥的贺词。祈祷后，老人用刀割开鸡蛋，割开芭蕉叶，点燃草堆。送新娘的队伍每人都要跨越路口上的火堆，表示将凶神恶煞及孤魂野鬼或不好的事物都拒之门外，今后会吉祥如意。新娘到达男方家后，新郎携着新娘拜告祖先。拜后，婚礼宴席随即开始。

婚宴：邢村的宴席都设在地上，用一块宽度约一米，长度视主人家房屋长度而定的竹席、木板、露兜叶席等作为饭桌，两边摆放着两个长长的圆木，宾客蹲坐在圆木上喝酒吃饭。猪肉、牛肉等是婚宴的主要菜品，山栏糯米酒是主要的酒水。在吃饭之前，新娘和新郎先把一些米饭和山栏酒洒在地上，给祖先和神灵先吃，以示孝敬。婚宴上，一般新郎新娘与男方证婚人及女家的送嫁人和女家证婚人相对各坐一边；男方父母及其他的亲人坐在其他两边。席间，双方父母及证婚人会互相说一些祝福及告诫的话。新郎新娘陪同客人饮酒、对歌，有的通宵达旦。

逗娘：宴毕，男方家人带引女方母亲等到存放稻谷的地方。女方母亲等拿出部分稻谷，并在木臼里春烂，制成一个个糯米糕饼，分给送嫁的亲人们以及没来参加婚礼的大人和孩子们。这时，村里的男孩子要过来抢糯米糕饼，你争我抢中交流感情，活跃气氛。

送亲：黄昏，新郎家在门口设送行酒席，每个要回去的人都要饮送行酒。待酒足饭饱后，便唱歌告别。送娘回外家的队伍一般十多人，要带回去一担糯米糕饼、一担酒、半头猪肉或一只羊，出村时双方唱黎歌互相祝愿。

回门：新娘在举行完结婚仪式后的次日便在伴娘的陪同下返回娘家，向父母通报在男家的生活情况。新娘回娘家，所带礼物是一小罐米酒、一小箩糯米糕饼和槟榔、烟草等物。在娘家居住数日，等候丈夫接回去。这是"不落夫家"婚俗的体现。

这种婚姻仪式即使到20世纪60年代初期黎族生活最困难的时候都还有某种程度的保留。"文化大革命"期间，这种婚姻仪式被认为是"旧习俗"而被废除。20世纪80年代，黎族婚姻仪式在形式上得到恢复，但内容上却发生了变迁。

随着城乡交流的深入及电视等大众传媒影响的扩大，新时期黎族青年的婚姻过程与仪式发生了巨大的变化，呈现传统与现代结合及中西结合的新特点。黎族传统婚姻仪式几乎全程由父辈操办当事人较少发表意见，新式婚姻仪式则出现一种有趣的新旧结合。作为黎族结婚最重要标志的"接新娘吃糯米饭"依然保留下来，当然具体形式已经发生了明显变化。婚前的问亲、提亲、定日子这些传统婚俗也依然保留或部分保留下来。传统黎族婚姻仪式由双方父辈（通常是母亲）出面操办，而办结婚证、拍婚纱照、迎亲等新仪式则有婚姻当事人双方共同决策确定。下文以2011年笔者全程参与的一场婚礼过程为例呈现新时期黎族婚俗变迁。

新娘：LAF（1987年出生，万冲镇三柏村人）
新郎：XG（1984年出生，邢村2队人）
婚礼的程序及仪式：两人在外打工期间相识相恋，新娘怀孕后双方辞去工作，回到村寨。得知未来儿媳妇怀孕消息后，新郎母亲选了一个吉日，在家族的姐妹（妯娌）们的陪同下，带着礼物（糯米酒等）到新娘家提亲。由于男女双方完全确立了恋爱关系而且女方已经怀孕，所以这次提亲有一项实质性话题需要双方父母协商达成一致，即彩礼金额。通常由女方母亲或亲戚提出，男方家长

图 3-1　邢村黎族村民的婚礼现场

代表表态,如能当场达成一致,不久以后的第二次提亲则直接交付彩礼给女方。女方家当时提出要一万元彩礼,男方代表协商后双方最后达成一致意见——八千元。当天女方家杀猪买菜招待前来提亲的男方长辈。不到一个月时,男方母亲再次与众姐妹一起带着更丰盛的礼物和彩礼到女方家提亲,这次新郎和新郎父亲也一起前往,双方家长协商确定结婚具体日期,通常由新郎父母提出日期建议,若没有特殊情况,通常以新郎家提出的日期为正式结婚日期。

这一时期,新郎和新娘也有很多准备工作要完成,到县城找影楼拍婚纱照,置办新娘衣服首饰等个人物品、安排伴郎伴娘等。两人到乐东县城在一家湖北老板开办的婚纱店拍摄了一组婚纱照,套餐价1288元,做了两本相册,有两张放大尺寸精装裱的婚纱照,还包含结婚当天新娘一套白色婚纱一套红色礼服及化妆盘发、两位伴娘各一套伴娘礼物及化妆、新郎和两位伴郎各一套衬衣西服套装,当天清晨化妆师从乐东县城上门提供化妆服务。婚纱化妆等服务的重点对象是新娘及伴娘,所以主要由新娘做主选择婚纱服务套餐和款式等细节,新郎通常负责付钱和配合新娘。

(二) 婚俗文化中部分文化现象的衰亡

随着社会经济的不断发展,在黎族婚俗文化中,一些特定的文化现象逐渐走向衰亡。

1. "哭嫁"习俗的消失

黎族传统社会,有"哭嫁"的习俗。据《黎岐纪闻》记载:"女嫁之日,亲属送至外,痛哭而别,女亦痛哭如亲属。盖海南俗类然,黎尤尚焉。"新娘离家时要哭着唱"哭嫁歌",诉说离开父母的悲痛,感谢父母的养育之恩。到了现代,"哭嫁"习俗基本消失了。笔者所调查的海南乐东邢村,青年男女在结婚的时候都没有"哭嫁"的习俗了。

2. "不落夫家"习俗的消亡

"不落夫家"是我国南方少数民族中的一种常见的婚姻风俗,主要是指已出嫁的女子,除节日喜庆丈夫专程接以外,婚后生育以前不能在夫家住。女子要在娘家直至有了身孕才去夫家。其主要表现形式是:结婚后,女方不在夫家居住,而是回娘家长住。时间长短不固定,少则一两年,多则三五年。因此,黎族"不落夫家"习俗与瑶族的"放牛出栏"、纳西族摩梭人的"阿夏婚"、景颇族的"串姑娘"等习俗在表现形态上存在一定的共性,但如果放在特定的自然社会环境中,其也表现出鲜明的独特性。

20世纪八九十年代随着隆闺的消失,"不落夫家"婚俗也渐渐成为邢村村民的另一个历史记忆。"不落夫家"习俗的消亡,除了经济和社会环境发生变化之外,最为关键的原因是由于母权制社会向父权制社会转型过程中,男性血统优势及政治优势的表现。随着父权制的逐步成熟,男性逐渐对其在生殖过程中的作用有了更加深入的认识,为了保证自身血统的一致性,要求对妻子具有性的专有权,因此社会对女性性的限制以家庭的形式表现出来。

"不落夫家"消失后黎族村民结婚后居住方式是典型的从夫居,结婚后妻子就正式"落夫家",结婚仪式越来越正式,结婚仪式带来的婚前婚后生活分水岭也越来越明显。

(三)婚礼仪式的服饰及花销

1. 婚礼服饰的多样化。新中国成立前,黎族新娘在出嫁时,只带几件衣服以及一些简单物品就到男方家了。《海南岛民族志》中记载,结婚那天,"新娘除了新衣裳以外什么也不带去。"[①] 但进入21世纪后,

---

① [德]史图博:《海南岛民族志》,中国科学院广东民族研究所编,1964年,第160页。

在邢村的婚礼中已几乎看不到黎族传统服饰，取而代之是现代的服饰，也有一部分人穿唐装及婚纱。另外，据邢村老人们讲，过去他们结婚时没有嫁妆之说，现在年轻人结婚时女方一般都会带家电、家具、生活用品等五花八门的嫁妆到男方家。

婚礼服饰的变化主要是受下列几个因素的影响：一是曾被看作是本民族象征的传统服饰所承载的宗教意义被逐渐淡化；二是织锦技艺没有得到应有的重视和传承，学习和掌握传统织锦技术的人越来越少，导致传统服饰文化正在逐渐消失；三是多民族多元文化交流的增多，导致人们的价值观念发生了变化，认为汉族服饰既简单实用，又比较时尚。

图 3-2 邢村黎族村民的喜宴

2. 婚礼开销呈现快速增长的趋势。20 世纪 60—70 年代，婚礼的开销并不高。随着农村经济的快速发展，邢村村民生活水平的提高，婚礼开支不断增加。90 年代一般只要几百元，进入 21 世纪后，少则几千元，多则几万元，甚至达十万左右。婚礼开销呈现如此快的增长速度，主要有如下几个原因：一是彩礼金额的不断提高。外出打工导致邢村外嫁他乡的女性越来越多，村内未婚男女比例严重失衡，女性在选择时，把彩礼看作择偶的重要参考标准，因此彩礼的提高也就不难理解了；二是如同我国汉族中间流行的说法"50 年代一张床，60 年代一包糖，70 年代红宝书，80 年代三转一响，90 年代星级宾馆讲排场，21 世纪特色婚宴个性张扬"[①] 一样，不同的年代，人们对物质文化需求越来越高；三是由于存在"攀比"的心理，一味追求新颖独特的婚礼容易造成铺张浪费，演变成以规模和投入为标准的炫耀和攀比。从目前邢村调查的

[①] 潘晓梅、严育新：《婚俗简史》，中国社会科学出版社 2004 年版，第 130 页。

情况看，婚姻对家境比较差或子女比较多的家庭来说，已经成为一件越来越沉重的负担，负债结婚或因婚致贫的现象在村中并不鲜见。

五　离婚数量的减少

（一）传统黎族社会：离婚自由，离婚次数多

在汉族视离婚为洪水猛兽时，黎族一直以来以平和自然的心态来看待离婚。从史料来看，黎族男女的离婚相当自由，离婚现象也比较常见，离婚方式也非常"文明"。[①] 传统时期，黎族有"不落夫家"的婚姻习俗和"玩隆闺"习惯，在这两种风俗的影响下，夫妻均有与异性交往的自由，婚后有了意中人的事经常出现，所以离婚现象非常普遍。[②]《海南岛黎族社会调查》对新中国成立初期邢村的调查报告记载："据说这里大部分人过去由于不满父母做主所订的婚事而提出异议，甚而订婚或结婚几次的也相当普遍。如本乡妇女主任LYH曾离婚五次，最后一次通过自由恋爱与一男子同居"，"新中国成立前，邢村的男女离婚相当多，尤其是结婚后妻子未回夫家居住这一段时间内，离婚更是随便。……所以男女离婚三次以上的很平常。有些妇女结婚后返娘家住不了几天就提出离异，有个妇女曾离婚十次"。[③]

个案六：

XHJ（6队，女，1948年出生）：我们黎族女人不满意婚姻就跑掉再找（丈夫），没有什么限制。我年轻的时候最开始跟一个男人结婚，那时候也不叫结婚，我们黎族不结婚，把我接过去吃糯米饭就算结婚了。我跟他生了一个儿子，后来不跟他了，就跑了又找一个男人，就是现在的丈夫。有的女人即使吃过糯米饭算结婚了，但是没有生孩子，不愿意跟他就再找个丈夫，也不知道这种算不算离婚，反正有没有孩子都可以离婚再找（丈夫）。（2015年12月访谈记录）

[①] 孙邵先、欧阳洁：《黎族女性文化专题研究》，南方出版社、海南出版社2008年版，第144页。

[②] 同上书，第136页。

[③] 中南民族学院本书编写组：《海南岛黎族社会调查》（下），广西民族出版社1992年版，第8—9页。

黎族长期坚持的离婚自由原则就是协议离婚的自由，黎族的协议离婚坚持的是感情破裂原则。[①] 据文献记载，在"不落夫家"习俗时期，男方希望解除双方婚姻关系，只需要到女方家对岳母说"阿妈，叫她（妻子）以后别再回我家做工了，我决定与她分手了"；女方希望解除婚姻关系，只需要把礼金、筒裙带上，过去给婆家挑回一担水后对婆婆说："阿妈，谢谢您的厚爱，请您多保重，我不想再回来了。"[②]

可见，在新中国成立前及初期，黎族村民享有高度的离婚自主权，男女双方离婚以后，都可以另行娶嫁或复婚，不受任何人干涉，也不受任何人的歧视。黎族有句俗语，"一嫁由父母，二嫁由自己"，就是指寡妇是自由的，她可以选择留在夫家，也可以选择回娘家。寡妇回娘家与女儿回娘家没有太大的区别，娘家人和夫家人对她都不会有歧视，社会舆论也没有微词。整个黎族社会对离婚现象持非常平常和宽容的态度，男女双方在提出离婚和实施离婚方面都享有平等自主的权利。

(二) 离婚从自由走向规范，数量大大减少

改革开放后，在邢村，离婚现象逐渐减少。20世纪八九十年代随着隆闺的消失，"不落夫家"婚俗也渐渐成为邢村村民的一个历史记忆。"不落夫家"消失后，黎族村民结婚后，居住方式变成典型的"从夫居"，结婚后，妻子就正式的"落夫家"，结婚仪式越来越正式，结婚仪式后带来的婚前婚后生活分水岭也越来越明显。受这一系列因素的综合影响，"想嫁就嫁，想走就走"式的结婚离婚自由受到了多方的约束，大家对待婚姻的态度更慎重，因此离婚数量大大减少。

个案七：

LHH（5队，女，1978年出生）：我周边的同龄人，绝大部分是自由恋爱的，感情基础比较好，对待婚姻的态度比较慎重，因此选择另一半都会考虑清楚。现在国家有《婚姻法》，结婚要办结婚证，生孩子要办准生证，孩子上学要上户口。现在除非两人感情不

---

① 孙邵先、欧阳洁：《黎族女性文化专题研究》，南方出版社、海南出版社2008年版，第144页。

② 王海、江冰：《从远古走向现代——黎族文化与黎族文学》，华南理工大学出版社2004年版，第23页。

和，一般不会轻易离婚。（2015年12月访谈记录）

如今，与20世纪50年代数据相比，邢村离婚率明显下降，大多数妇女的婚姻经历更加简单，曾经那种"一个女人离婚两次三次都正常"的现象已经非常罕见了。正如孙邵先和欧阳洁在《黎族女性文化专题研究》一书中谈到新时期黎族农村离婚现象时指出，和那一段（新中国成立前后）时间相比，今天的离婚现象大为减少，这主要是"玩隆闺""不落夫家"习俗消失后，父系小家庭变得相对稳固，加之自由恋爱占绝大多数，夫妻关系较为和谐的缘故。①

在笔者所调查的邢村，有一个突出现象是适婚年龄的女孩特别少，因此邢村男性及其父母比以往任何时候更加期盼组建稳定的家庭，能够娶到媳妇已属福气，他们是家庭和稳定婚姻的坚定拥护者，没有特殊理由不会提出离婚。

个案八：

XGX（4队，男，1968年出生）：现在时代不一样了，男多女少（指在邢村），娶媳妇难，女人地位提高了，眼光也高了，她们都希望嫁给有钱的人，对自己好的人。村里很多女孩差不多70%都嫁外面去了。现在村里很多丈夫都不敢大声吼老婆，怕老婆一气之下跑掉不回来了。（2015年12月访谈记录）

第二节　家庭生活方式的变迁

家庭是社会发展到一定阶段的历史产物。家庭作为社会的细胞和最普通的社会制度在相应的社会系统中占据着重要地位并发挥着巨大作用。家庭生活方式是社会习俗的发源基地和传承单位，是民俗文化的重要组成部分。邢村独特的地理社会环境孕育了独特的家庭生活方式。

---

① 孙邵先、欧阳洁：《黎族女性文化专题研究》，南方出版社、海南出版社2008年版，第147页。

一 家庭生育观的变化

（一）生育行为对于婚姻及家庭关系具有重要作用

生育观是指人们对生育的综合看法，它主要包括生育的时间、性别、生育数量以及生育孩子的质量等方面的期望和偏好。[①] 任何民族妇女的生育行为都无不受其民族生育文化的深刻影响，也受到特定时期的生育制度、生育文化及家庭性别角色的影响。一般而言，任何一个时代都有一个时代的性别角色建构模式。传统的"男主外、女主内"的性别分工模式使得女性对于生育行为特别重视，在传统生育文化中，女性更多扮演的是生儿育女、繁衍后代的生育工具的角色。女性若无生育能力，就失去了女性的价值和地位。新中国成立后，虽然妇女已不再局限于家庭的小天地，她们具有同男性相同的参与社会经济生产并获得同等经济收益的权利和机会，但受制于强大的传统生育文化和较为封闭的经济环境，女性的生育行为与其家庭地位的关联度没有降低。改革开放后，随着影响家庭角色边界的制度性约束发生改变、社会约束的解除及家庭约束的解除，女性的生育行为虽不能直接决定他们的家庭地位，但生育观对于婚姻和家庭关系仍然具有决定性关系。从这个意义上说，黎族传统生育文化对黎族妇女和家庭的生育行为有着深远的影响。

本人调查发现，生儿育女、传宗接代仍然是黎族男女青年缔结婚姻组建家庭的重要目的之一，因此，黎族人把女方能否成功怀孕作为双方婚姻缔结的重要条件。在邢村及其附近村寨，先怀孕再结婚已经成为一种普遍现象。

个案九：

XFT（2队，1978年出生）：我女朋友是万冲镇的，我比她大4岁。我们都在三亚打工，经老乡介绍认识的，目前相处得还可以。虽然都老大不小了，但是家里和我本人都还不着急结婚。主要看兰兰（指他女朋友）什么时候怀上（宝宝），家里就会催促我们结婚的。你看我们村刚结婚的XG，他老婆已经（怀孕）3个月了。（这

[①] 杨柳：《吉林省农村妇女生育意愿的个案研究》，《中华女子学院学报》2003年第3期。

里）大部分人都这样（指先怀孕再结婚）。（2011年8月访谈记录）

个案十：

XYD（2队，1965年出生）：我大儿子今年26岁了，他以前在海口打工时谈了个女朋友，广西人。去年过春节把女朋友带回家了，一直在家里住。但是大半年过去了没有怀孕，我们也着急。后来他们去（医院）做了一次检查，大夫说女方没有生育能力，没有办法只好要儿子退掉，给了女方5000元钱。（2011年8月访谈记录）

生殖崇拜是黎族生育文化的基础。传统时期，每个孩子都受到黎族村民的疼爱和重视。黎族承袭以往母系制时代的思想观念，认为女子生男育女是先祖的安排，过去把堕胎和虐杀婴儿的行为，视为"茂赖"（即天地不允许的行为）。[①] 黎族青年男女恋爱期间生的孩子和婚生孩子一样受到重视，即使女性带着婚前与其他男性所生子女另嫁他人，母亲和孩子都不受歧视，反而更受夫家欢迎。在传统的黎族社会，生育行为在婚姻关系乃至家庭关系中有不可替代的重要性。非婚姻关系的生育行为不会受到任何歧视或区别对待，但没有生育的婚姻关系则会面临更多考验。在许多少数民族的心目中，繁衍后代乃婚姻最重要之使命，因此举行婚姻只是一个类似"订婚"的简单仪式，妇女怀孕才称得上真正意义上的"妻子"。[②] 从生育与婚姻的关系可以进一步揭示生育行为在黎族传统婚姻中的不可替代的重要性。

（二）渐受汉族生育文化影响

黎族传统生育文化重视生育、期待早生多子、多子多福，但没有明显的性别偏好，对男孩和女孩平等对待，是一种十分纯朴的生育文化。但在邻近汉族地区和黎汉杂居的地方，受汉族传宗接代观念的影响，重男轻女的思想在黎族中有所滋长。[③] 邢村老一辈村民的生育观念用"重男不轻女"来形容更为贴切，由于重视生育重视子女，村民希望儿多女

[①] 孙邵先、欧阳洁：《黎族女性文化专题研究》，南方出版社、海南出版社2008年版，第141页。

[②] 袁翔珠：《少数民族婚姻制度的一种法学史解读——以婚姻习惯不落夫家为考察对象》，《求索》2011年第7期。

[③] 同上。

多,劳动力多,对女儿较少轻视,邢村也从来没有虐待女婴甚至抛弃女婴的做法。但相比之下,对男孩数量有更多期待,认为男孩才能传宗接代繁衍家族后代。邢村一些传统习俗也从侧面反映对男孩和女孩的区别对待,如父母去世后耕地房屋等遗产只能由儿子继承,出嫁的女儿无继承权。

(三) 生育数量的选择

乐东县计划生育真正重视、落实是1971年,从1983年起计划生育开始走上了经常化和制度化的轨道。[①] 村干部介绍邢村计划生育政策正式实施是1983年。在政策实施初期,很多年长的村民持有不理解和抵触心理,他们觉得两三个孩子太少。但迫于政策及相应惩罚措施的严厉,大多数村民不得不接受政策的规定。也有部分文化水平较高的村民较快接受了少生优生的生育观念。

计划生育政策实施以来,邢村出生人口明显下降。政策实施以后绝大多数家庭的子女数都在政策规定的数量范围内,违反政策的超生现象属少数现象。随着城镇化进程的推进和社会经济的发展,黎族村寨与外界交流越来越多,青年一辈受教育程度整体提高,家长对下一代教育和成长更加关注并赋予更高期望,村民的生育观念也随之改变,他们对计划生育政策的认可度大大提高。

在计划生育政策稳定执行的背景下,黎族家庭对生育子女的数量似乎无需做太多商量和选择,至少生两个孩子是他们的默契共识。当问到"你想生几个孩子"时,邢村妇女和丈夫们高度一致的回答是能生几个就生几个,生够政策允许的最大数量。调研中邢村除了一户是母亲身体原因导致只有一个女孩外,笔者没有找到第二个办理独生子女证的家庭。

在生育数量问题上,由于政策规定的最大数量没超过黎族妇女及其丈夫的理想子女数,所以夫妻之间很少会讨论该生几个孩子,他们在这个问题上没有明确的决策意识。

二 "大家族"与"小家庭"

长期以来围绕家庭的含义存在各种不同的解释,如林耀华认为家庭

[①] 编写组:《黎族田野调查》,海南民族学会编印,2006年,第197页。

是由一定范围的亲属(如夫妻、父母子女、兄弟姊妹)所组成的社会生活细胞。①《社会学简明辞典》对家庭做出如下解释"以一定的婚姻关系、血缘关系或收养关系组合起来的社会生活单位,在通常情况下,婚姻构成最初的家庭关系,这就是夫妻之间、父母和子女之间的关系"②。

一直以来,黎族社会都是由以男性为中心,实行一夫一妻制的父系小家庭所组成的。据《海南岛黎族社会调查》记载,当时邢村内的"小家庭"不是独立的生产单位,对合亩还有很大的依赖性,它只是交换、分配、副业生产以及消费的单位。可见,当时的个体家庭还没有完全脱离合亩的襁褓,私有制和阶级仍然孕育在原始公社的母胎之中,呈现一幅家庭公社逐渐走向瓦解,而公有制和私有制因素交错在一起的奇特景象。③

随着合亩制的消失,邢村以各家各户为单位的"小家庭"在生产上已经成为生产经营的独立单位。但在各户心中,还是存在"大家族"观念,但是不以合亩的形式出现,而是采用"共同祖先"的形式,每个家族都确定一个能够代替"祖公"对族内成员进行管理的代理人。

日常生活中,邢村村民都是以"小家庭"形式单独进行生产和生活,只有涉及"大家族"的公共事务如祭拜祖先时,"大家族"的人才会聚集在一起。"大家族"举行祭拜或平时聚会活动,事前都会采用捐款的形式进行筹集资金,然后张榜公布资金使用情况,供大家监督。尽管"大家族"平时并不在一起生产或生活,但是族内的人不管谁家有困难,其他各家各户都会积极帮助和帮扶,这种帮扶都是免费的,不收取任何酬劳。平时在空闲的时候,一个家族内部的人也会积极开展一些文体活动,以增进感情。笔者在邢村调查期间,就充分感受到了家族内部这种团结互助、和睦相处的氛围,这种氛围不仅深深影响着世世代代的邢村人,而且还会影响着来到邢村的人。

---

① 林耀华:《民族学通论》,中央民族大学出版社1997年版,第302页。
② 上海社会科学院社会学研究所:《社会学简明辞典》,甘肃人民出版社1984年版,第392—393页。
③ 邢植朝:《黎族文化溯源》,中山大学出版社1993年版,第60页。

图 3-3 邢村的"小家庭"

三 家庭分工方式

在传统以父系社会主导的汉族家庭生活中,"男主外,女主内"是普遍的家庭分工模式,男性主宰着家庭和社会经济生活,而女性在家庭中处于从属地位,从事的也多是家务劳动等辅助性劳动,多为"主内"角色。但与此迥然不同的是,在我国古代许多南方少数民族中,"女劳男逸"是一种非常普遍的社会现象,女性不仅承担家务劳动,而且在社会生产中也扮演着重要角色,而男性却显得无所事事。这与汉族"男耕女织""男主外女主内"的情形是有很大的差异的。① 作为典型的南方少数民族,黎族传统时期也普遍存在"女劳男逸"分工模式。在古代黎族,女性在社会中几乎参与了所有的生产活动,扮演了不亚于甚至高于男子的社会角色,而且在家庭中也同样扮演着主要角色,是名副其实的里里外外一把手。②

黎族性别分工明确的习俗有悠久的历史。《汉书·地理志》载云:"男子耕农种禾稻、苎麻,女子桑蚕织绩,亡马无虎,民有五畜。"③ 另

---

① 张磊:《论中国古代南方少数民族中"女劳男逸"现象及其原因》,《岭南文史》2008年第1期。
② 陈丽琴:《民族旅游对黎族女性社会地位变迁的影响和思考》,《社会科学家》2016年第4期。
③ 陈立浩、于苏光:《中国黎学大观》,海南出版社2012年版,第14页。

据日本学者冈田谦和尾高邦雄 1942 年对海南岛乐东县重合盆地的调查资料显示，在侾黎中，男子从事狩猎、渔业、开垦、采伐、挖掘、木工、编制竹具、修葺屋顶等工作，而女子则从事纺纱、织布、裁缝、刺绣、制陶、插秧、除草、收割（使用特殊的镰刀）、脱谷、汲水等劳动。由于劳动中要进行这样的男女分工，所以只有夫妻二人齐心协力，才能维持家庭生活。[①] 新中国成立以前，黎族农耕活动主要就是砍山栏、种山栏。在山栏稻播种过程中，妇女和男子一起全程参与稻谷种植劳动，在后期其他农业管理收割等环节，妇女参与度更高。"稻田的插秧，'山栏'地的播种，及以后的除草、收割、储藏、加工等重要工作都是妇人为之。"[②] 由于山栏稻产量非常低，常常难以维持温饱。此时村民也广泛参与其他劳动获取别的食物来源。如妇女负责采摘野菜野果，男人主要负责抓田鼠捕鱼等。后来在种植水稻过程中，男人主要负责耕田翻地，女人则负责挑担插秧。直到五六十年代，黎族生产生活中的性别分工依然严格，男不帮女、女不帮男。[③]

从农业生产到经商贸易和手工劳动，黎族传统的性别分工思想都有充分体现，劳动性别分工的形成一方面反映了妇女在家庭经济活动中的广泛参与和不可替代的重要地位，另一方面也在一定程度上进一步固化了黎族家庭劳动性别分工，不利于两性平等参与灵活合作模式的形成。

改革开放以后，随着城镇化进程的推进，黎族传统严苛的劳动性别分工出现松动，妇女与丈夫共同养家持家、共挑家庭经济家务重担的局面开始出现。如在水稻种植劳动中，男人犁田，女人插秧，分工合作；在橡胶种植劳动中，男性作为主力进行割胶，后期的制作胶片、卖胶等工作常由夫妻双方合作完成；在家庭副业和手工业中，几乎是女人独揽。日常的生活中，这些分工也并非严格的遵守，比如在空闲的时间丈夫帮助妻子管教子女，挑水做饭，饲养家禽等。笔者在参观邢村一家制作糯米发酵饼（酿制糯米酒需要的一种发酵饼）作坊时发现所有工作人员都是妇女。从笔者与她们的一段对话中可以看出酿酒及酿酒相关工

[①] ［日］冈田谦、尾高邦雄：《黎族山峒调查》，金山等译，民族出版社 2009 年版，第 12 页。

[②] 黎族简史编写组：《黎族简史》，广东人民出版社 1982 年版，第 56 页。

[③] 孙邵先、欧阳洁：《黎族女性文化专题研究》，南方出版社、海南出版社 2008 年版，第 154 页。

图 3-4　邢村男人做家务场景

图 3-5　邢村妇女田间劳作场景

种依然是妇女的"专属"。

问：为什么做这个工作的都是女人呢？
妇女甲答：这是女人干的活啊。
问：男人不能接触这个吗？
妇女甲答：也不是。
妇女乙答：男人手硬不灵活，做的饼不好看，不圆。
笔者问：那如果有男孩要来帮忙，你们会同意吗？

一个小女孩笑着说：男孩来就是捣乱。（听了这话在场的女人都笑了）

图 3-6 邢村老年妇女

在家庭财产收支管理方面，传统时期，妇女在家庭中能够生男育女、发家致富，被看成是有身价的女子，受到丈夫的尊重，并享有支配家庭财产的权利。但那时家庭可支配收入低，妇女对家庭收入的管理和决策主要体现在精打细算维持家用等基本家庭消费方面，家庭收入管理模式也比较单一，意义不够突出。随着经济和社会的发展，家庭可支配收入大为改善以后，邢村家庭收入管理模式出现了新的特点，有夫妻共同管理、丈夫管理和妻子管理等多种模式。收入管理模式与夫妻双方的理财和消费观念、理财能力等因素有关，与双方的经济地位更有直接关系。如在夫妻共同管理家庭收入的家庭，重大消费也常常由夫妻双方共同决策，即使主要由一方购买，也通常会事先征求配偶的意见；在丈夫管理家庭收入的家庭，重大消费丈夫会视情况决定是否需要征求妻子意见，与生产投资等经济活动有关的常常不会与妻子协商，但涉及子女教育及婚姻大事的大额开支通常需要征求妻子意见；而在妇女独揽家庭收入大权的家庭中，家庭大额开支通常会与丈夫商量，听取丈夫意见，很多大额开支还需要丈夫出面购买。

第三节 城镇化对婚姻家庭生活方式变迁的影响

一 基于城镇化的性别与婚姻选择困境

为推进城镇化进程，国家提出了一系列政策措施来促进城镇化建设。由于城镇经济建设的需要，大批农村劳动力离开农村，来到城镇，邢村也不例外。一方面，这些人在城镇务工，极大缓解了农村闲置劳动力问题；另一方面，由于科技的进步，农村也引入更为先进的农业生产经验，逐步采用机械化生产模式，优化了农业生产结构。

在历史上，黎族经济社会一直比较落后，人们为了维持族群的延续与发展，不得不努力以获得基本的生活保障。随着国家各项优惠政策的逐步实施，黎族社会生产力水平得到了大大提高，生产生活方面也取得了较大进步。1992年以后，中国加快改革开放步伐，提出建立社会主义市场经济的目标。市场经济的浪潮席卷到中国每一个角落，海南黎族地区也概莫能外。市场经济讲究效率、竞争，提倡科技就是第一生产力，这些都对黎族传统生活方式提出了挑战。从20世纪90年代中后期开始，在席卷全国的民工潮影响下，邢村和全国大部分农村一样，大批青年男女（主要是初中毕业或肄业的青年）纷纷离开村寨，前往海南岛内如三亚、海口等较发达的市县及大陆沿海地区如上海及江浙地区打工。在外出打工的黎族村民中，存在明显的群体差异，突出表现在两个方面：性别差异和婚姻差异。

（一）性别差异

改革开放前经济生活的贫乏单一，使"男人做男人的事""女人做女人的事"的传统性别行为差异，在家庭分工的意识中逐渐被强化，而且成为维系家庭角色性别边界的一种约束机制。但从20世纪90年代初期开始，由于村民开放意识的增强，加上邢村人口增长相对较快，尽管村民也进行坡地和山林地的开垦，但耕地种植面积始终难有突破性增长，加上"退耕还林"政策的大力实施，人地关系日趋紧张，人多地少的问题越来越突出。为了提高收入，同时为了扩展视野，村寨剩余劳动力纷纷外出打工。

邢村外出打工人群中，从性别来看，从20世纪90年代开始至今，未婚女青年比例在不断上升，目前在邢村几乎看不到未婚年轻女孩在家务农的现象。这些小学及初中毕业或肄业的未婚女青年大多通过熟人介绍的方式外出打工，打工地区主要分布在海南岛内较发达县市及大陆东南沿海城市如江浙地区。行业主要涉及餐饮、商场和美容等服务行业。她们常年在外，平日村寨难觅她们的身影，只有每年春节期间，能看见一群群打扮时尚出手"阔绰"的女青年回乡团聚，春节过后她们又像候鸟一样飞离邢村。

与汉族等民族文化不同，相比女性，初中毕业或肄业的男青年虽然也有一定比例的人外出打工，但他们就业的地点和行业相对比较集中，大多在本县、海南岛内其他市县或广东一些市县，大多数从事一些体力劳动，只有少部分人进入工厂或服务行业。这种工种的选择与黎族男性家庭地位的传统习惯是相适应的。因为男青年们在农忙期间或家庭事务较多时，通常自己主动或应家里要求返回家中参加农业生产劳动或村寨集体活动。相比女性而言，他们打工的地点和时间也有很大的变动性，如许多青年频繁变动工作，经常往返于城乡之间，还有一部分男青年只有短暂外出经历或者从未外出。这种状态，导致他们普遍比外出打工的女性收入低。这种现象在海南农村地区普遍存在，邢村也不例外。笔者分析，黎族女性因吃苦耐劳、踏实肯干和善于沟通等优点更容易胜任工作，而一些男青年因喜爱喝酒和玩耍、吃苦精神不足或不够踏实等缺点外出就业容易遭遇困难。因此出现了外出务工人员性别比例严重失衡的现象，而且这样的情况已经持续多年。

（二）婚姻差异

就婚姻状况来看，黎族女性村民在婚前和婚后外出经历差别是很大的。婚前，未婚女青年绝大多数都常年在外打工，但婚后，已婚妇女则很少有外出打工的。这是因为受黎族村民多生生育观的影响，加上黎族当地生育政策相对宽松，每对夫妇可以生育两到三个孩子，家庭扩展期时间比较长，妇女婚后大多选择留守在家生子顾家。因受黎族传统文化及家庭结构的影响，男性婚后外出打工的比例也有明显的下降。按黎族家庭传统，一般除了家中最小的儿子跟老人一起生活外，其他儿子结婚后都应搬出去，单独建立自己的小家庭，因此男性结婚后要承担起农业生产及家庭事务的重担，一般不会远距离和长时间外出打工。

图 3-7　邢村黎族留守的妇女与小孩

随着社会主义市场经济的迅速发展，内陆地区对热带瓜果蔬菜的需求不断增加，邢村村民为了适应市场的需求，逐步转变传统的种植方式，增加了茄子、豆角、黄瓜、卷心菜等反季节蔬菜的种植。此外，橡胶和香蕉作为邢村最大两种经济作物，是村民农业经济收入的主要来源。村民不断增加这两种作物种植面积，农业收入也明显提高。在这种新形势下，邢村劳动力流动的方向和步伐也在发生变化。如近几年回归村寨，投身到橡胶和香蕉等经济作物生产的男性村民数量不断增多。虽然他们有的曾长期在外打工，有的曾频繁往返于城乡之间，但是现在他们外出打工的步伐不再坚定，是留守村寨务农还是外出打工，新形势下他们面临着更多更难的选择困境。

在追求更高生活质量的道路上，由于当地青年男女性别结构严重失调，黎族未婚男性面临的最大困难不是经济与生存压力，而是择偶困境。在邢村，由于农村未婚女青年大规模外出打工，常年在外，仅在春节或家庭重大事件时才短暂回乡，能够相互见面的机会都很少，更不要说了解了。而且，黎族未婚女性在面临众多择偶选择时，往往更倾向于选择比邢村经济更发达地区的男性。因此，邢村未婚男性无论出于经济还是生存理性而选择留守村寨务农生产都将面临这一残酷的现实。

近年来，受市场行情的影响，加上政府动员及在少数带头者示范作用下，邢村香蕉种植面积基本保持稳定，而橡胶树的种植面积在短短几年间呈直线上升趋势。近几年由于橡胶价格不断上涨，橡胶收入已经成为部分邢村村民的主要收入来源。目前邢村各村民小组的林地分布很不平衡，每户种植的橡胶树数量从几十棵到上千棵不等。以农户开割100

棵橡胶树为例,每个月收入可达 1000—1500 元。随着橡胶树将陆续进入成熟割胶期,邢村对男性劳动力的需求显得日益迫切。

图 3-8　邢村割胶的黎族村民

在邢村,由于种橡胶的山林地通常离村庄较远,处于安全和方便考虑,半夜或凌晨割胶工作一般都由男性劳动力承担,白天收胶负责人则比较灵活,男性和女性轮流或共同完成,也可以带着有劳动能力的孩子帮忙。后期制作胶片、卖胶等工作也主要由男性来完成。可见在橡胶种植方面,男性发挥着不可替代的主力作用。而且一年当中除了冬季几个月停割外,橡胶每年 4—11 月都可割胶。因此橡胶种植需要有常年稳定的劳动力。橡胶的生产特性以及割胶所带来收入的吸引力,促使年长的父母经常召唤在外的儿子回乡帮忙割胶,很多男青年回乡后,也很快发现了割胶的吸引力,是回乡安心种植橡胶帮忙割胶还是继续外出打工漂泊不定也是邢村男青年必须要面临的选择。

二　婚姻观念的开放性趋势

在城镇化进程中,由于在外学习和打工以及通过电视、报纸、书籍等传播媒介,邢村村民接触了很多新思想和新观念,促使他们不断改变原有的观念,去接受新的文化观念。另外,由于汉族和黎族之间通婚数量不断增多,相互交流交往不断深入,汉族的一些观念和行为方式对黎族的婚姻观念也起到了较强的冲击作用。

黎族婚姻制度变迁的开放性,一是表现在黎族民族生存的传统思维习惯影响。黎族人口数量不多,且大多处于相对封闭的地理环境中,为了繁衍后代,开放的婚姻形式是其理性选择。二是黎族对待外来文化采取兼容并包的态度,这使本民族的文化内容不断与时俱进,更加丰富多彩。长期以来,黎族与杂居在他们附近的汉族和苗族一直和睦相处,特别是与汉族杂居的地区黎族人的开放性更为明显,基本趋向汉化。如笔者调查的乐东邢村,这个地区不仅是一个建设社会主义新农村的试点,而且交通便利,离乐东县城仅6公里,因此地理位置和自身条件比较好,和外界的接触比较多,当地文化变迁比较显著,在婚姻制度方面的变迁也特别明显。

(一) 黎族妇女社会地位的提高

经济发展程度影响妇女的家庭地位,社会经济的发展的加速必然推动妇女家庭地位的变迁。从宏观上讲,生产力的发展及经济的增长是妇女婚姻家庭地位变迁的原动力。从微观层面来看,个体经济的增长是妇女婚姻家庭地位变迁的动力,也就是说,女性的经济地位的高低对其婚姻家庭地位变迁发挥着决定性作用。[①] 改革开放以来,特别是随着城镇化进程的推进,邢村经济发展水平一次次登上历史新台阶,社会生产力水平极大提高,黎村经济发展水平的快速提高直接推动了邢村妇女家庭地位的变迁。

进入21世纪,一方面,农业产业结构调整带来收入增加,另一方面外出务工队伍不断扩大,就近和外出务工成为新的收入增长点。在新的经济活动中,邢村妇女积极参与反季节蔬菜种植销售、经商贸易、务工等经济活动,为家庭增收做出直接贡献。其实,农村女性非常在意周围人怎样看待自己在家庭中的性别角色,这种变化本身对家庭角色性别边界构成了一种社会约束。女性如果能把日子过好,说明在持家上有所作为,将受到周围人的赞扬。在一些家庭中,收入增长主要靠妇女。有研究指出,伴随着妇女越来越多地参与经济生产之中,特别是她们在劳动力市场中占据上风后,妇女在家庭中的地位开始逐渐上升。[②] 在城镇化进程中,妇女逐渐成为家庭主要劳动力,获得了更独立而明显的家庭

[①] 曾淑萍:《社会性别视角下妇女婚姻家庭地位研究》,中南大学,2012年。
[②] 龚继红、范成杰:《农村妇女的家庭地位是如何逆转的——实践视角下的妇女家庭纵向地位变迁》,《华中科技大学学报》(社会科学版)2016年第3期。

经济地位，在家庭收入管理权和支配权方面，妇女比丈夫拥有更大发言权和决策权。另一方面，由于女青年大批外嫁引发男性婚姻挤压现象，使得婚姻市场转变为女性市场，女性择偶时拥有更大的选择权和发言权。

随着长期不断的男女平等观的宣传引导和村民文化水平与生活水平的提高，特别是随着妇女经济收入的增加及相应的社会地位提高，邢村大部分青年男女的择偶观念也在发生变化。20世纪90年代以后的青年，大多数择偶时更加看重的是"家庭条件优越""长相好"和"头脑灵活"等条件。

（二）黎族男性的择偶困境

在城镇化进程中，外出就业为女性择偶婚恋打开了一扇新的大门，她们在城镇有机会接触不同地区、不同家庭背景的男性，正处于婚恋年龄的未婚女性有了更多更自主的择偶选择。受择偶梯队影响，女性往往倾向于选择各方面条件优于自己的男性为伴侣，因此在面临众多择偶选择时，更倾向于选择比邢村经济更发达地区的男性，一批批黎村女孩陆续外嫁到外县外市甚至外省，而邢村男孩在外务工期间则很难牵手其他地区的女孩。留守村寨的黎族男性面临越来越严峻的婚姻挤压，当地婚姻市场上未婚女性数量急剧减少，大龄未婚男性越来越多。[①] 据《黎族田野调查》记载："外出打工的女青年90%的人都在打工的过程中恋爱结婚，这种情况的发生，必然导致一个新的社会问题，即本村的男青年在近距离范围内寻找恋爱对象的概率大为减少，除家境较好，本人也精明能干，身体、相貌各方面条件相对优越者外，不少青年无法找到对象，30多岁尚不能婚娶者大有人在，家庭经济状况和其他条件较差者，在这方面显得更为突出。"[②]

这种男女地位的互换现实迫使一些男性不得不改变过去传统的婚姻观念和生育观念，不苛求多生和生男来传宗接代，对于他们来说能够顺利结婚已属最大的追求。

在择偶日趋困难的现实面前，有些未婚男性追随女孩的脚步，进城

[①] 童玉英：《哈黎妇女家庭地位变迁研究——基于海南省邢村的田野调查》，中南民族大学，2016年。

[②] 编写组：《黎族田野调查》，海南民族学会编印，2006年。

打工。他们非常希望能去女孩比较多的地区或工厂打工，以方便接近女孩找到女朋友。

但本地女孩大部分选择了外嫁他乡，而由于存在经济和文化差异，外地女孩愿意嫁到海南邢村的也非常少，因此成功的比例并不多。当然有一部分邢村男性通过外出打工以求增加收入或者获得体面工作找到了合适的对象，在此过程中，男性的"中心地位"和"话语霸权"会受到冲击，这个立场很多男性虽然不能接受，但为了解决单身难题，现实迫使男性青年放弃了传统的婚姻观念。

三　家庭结构的合理化

近年来，国家在交通建设上投入巨资，极大改善了出行条件，打破了农村封闭的自然环境，使城乡之间的联系日益密切。通过与外界的接触，黎村村民也试图改变农村的落后面貌，如通过村容村貌的改变使得农村赶上城镇化的步伐，农业技术的改变迈向现代化。随着邢村社会生产能力的提高，生活水平的提高，个人价值取向的增强，以群体生活为特征的大家庭逐步解体，核心家庭成为主要模式。随着改革开放的深入，城镇化进程的推进，市场经济的发展，现代家庭生活观念的广泛传播，民主、自由、平等、团结的现代家庭氛围已经进入邢村黎族家庭。

家庭结构是家庭成员之间不同的组合关系和组成方式。[①] 它一般包括两个要素，一是家庭人口要素，主要指家庭规模大小和家庭成员人数等；二是家庭代际要素，主要指家庭成员的代际情况。要素不同，组合形成家庭结构也不同。

邢村家庭结构形式更加多样化和合理化。目前家庭分为三种模式：核心家庭、主干家庭和其他家庭。首先，由父辈和未婚子女共同生活的核心家庭是主要的家庭形式，核心家庭人口以三口到六口人居多。如3队XSF家共有五口人，夫妻二人和三个未成年的孩子。其次，是父母的一对已婚子女和其他未婚子女共同生活的主干家庭形式。主干家庭以三代同堂的家庭为主，另外两户四世同堂的大规模主

[①] 邓伟志、徐榕：《家庭社会学》，中国社会科学出版社2001年版，第37页。

干家庭。村干部 XQS 家有七口人，分别是夫妻二人、儿子、儿媳和孙子、两个未婚的女儿。主干家庭规模通常是五口到八口人，家庭关系也更复杂。

进一步调查发现，现在邢村的主干家庭有着与改革开放前不同的特点，最突出的特点是如今的主干家庭成员饮食不分，生产劳动也通常不分开，但收入和支出方面却有分有合。如 3 队 XQZ 家有八口人，夫妻两人，大儿子、大儿媳，两个孙子，小儿子和女儿，平日未婚的女儿常年在外打工，春节才回家，她的打工收入除了会给父母及家人购买礼物给父母补贴家用外全部由她自己储蓄使用；未婚的小儿子有一辆卡车在附近跑运输，收入他自己保管自己使用，农忙时节他会和家人一起参加生产劳动。大儿子儿媳也有自己的打工收入等非农业收入，他们的收入自己支配。年长的 XQZ 夫妇除了务农也有零星打工收入，由于全家人饮食不分，粮食种植不分，收割的粮食等农作物主要用于全家食用，剩余粮食卖的钱也主要用于改善伙食等全家人共同消费，因此农业生产和饮食消费是共同承担共同消费，农业外收入则由直接从事农业外经营的当事人单独支配。

除了这些主流的家庭结构外，邢村还存在单亲家庭、独居老人家庭、单身汉独居家庭、大龄单身汉与父母家庭、祖孙隔代家庭等其他家庭结构。与年老的配偶单独居住或一个老人单独居住的独居老人家庭比例有上升趋势，独居老人中有部分老人鉴于饮食起居等生活习惯考虑主动提出与子女分家，也有部分老人是子女长期外出或迁出本村等原因不得不独居。

由于部分大龄男性面临择偶难的问题，邢村出现了一些大龄未婚男与高龄父母一起生活的核心家庭及父母去世后只剩下大龄未婚男独居的家庭。这类家庭虽然数量较少，但因为家庭结构不完整，家庭功能不尽完善，家庭容易陷入经济和情感困境，值得关注。

雷蒙德·弗思说："社会结构中真正的三角是由共同情操所结合的儿女和他们的父母。"① 可见，内部只有三角关系的核心家庭是最稳定和最有效率的家庭类型。邢村的家庭结构顺应了时代发展的要求，核心

---

① ［英］雷蒙德·弗思：《人文类型》，费孝通译，商务印书馆 1991 年版，第 83 页。

家庭所占比重大。同时，村民家庭小型化速度十分缓慢。邢村黎族村民的家庭规模逐渐缩小，但减速缓慢，一方面是因为我国人口控制和对少数民族实行生育优惠政策的结果，另一方面与当地社会生产发展水平和家庭功能发挥的影响有直接关联。

第四章

闲暇交往生活方式的变迁

交往是人类特有的生存方式和活动方式，也是人类基本的社会实践形式之一，会随着人类社会的进步而产生改变。改革开放特别是城镇化进程以来，伴随着黎族经济社会的发展，黎村传统的闲暇交往生活方式必然会不断地发展变化。

第一节 闲暇生活方式的变迁

由于工作的特殊性，黎族村民大部分的时间都在庄稼地里劳作，闲暇时间很少，闲暇生活也比较简单，对他们闲暇生活方式的调查，笔者主要从闲暇时间、闲暇的方式与内容，以及节庆型闲暇活动等几个方面入手。

一 闲暇时间的增多

(一) 黎族村民的一天生活

黎族村民都起得特别的早，一般不睡懒觉。即便是在非农忙的时候，村民一般也都是天一亮就起床，起床后各干各的事情。若是农忙时节，天气适合割胶的话，夫妻一般在凌晨3—4点就起床了，准备好刮刀、小背篓和小电筒等工具就出发了。到了快7点的时候，太阳出来，气温也逐步升高，村民此时结束割胶工作，开始回家。在8点钟左右吃过早饭后，一般人选择出去走走，串串门，聊聊天。在9—10点，村民出发去橡胶园开始收胶。收完胶，已经快到12点，回家就可以吃午饭了。吃过午饭，可以睡个安稳的午觉，或者出门聚聚，大家坐在一起闲聊。到下午3、4点钟时，村民陆续开始出门干活，这个时候天气已经不那么热了。下午的时间村民一般都是在田地里度过，做一些诸如整地、除草、施肥的农活，下午大家一般不会去橡胶园里干活。晚上6点左右的时候，村民便收工回家，开始准备晚饭、喂养家禽、整理家务等。7点左右便陆续开始吃晚饭了。

吃过晚饭，大多数男人喜欢出门乘凉，找人聊天，偶尔还和其他人在村口、小商店喝酒，一般要到11点左右才回家睡觉。而黎族妇女则喜欢和子女一起待在家里看电视，基本上不出去串门，晚上9点左右就上床睡觉了。邢村村民早餐和午餐、晚餐比较简单，不是特别讲究，一般一餐只做两到三个自家种的青菜如地瓜叶、南瓜藤、豆角等，家里有什么就吃什么，有时候会到河里捕点鱼回来补充营养。有客人来或是过年过节时，家里才会杀鸡杀鸭、买猪肉，只有这时候才吃得比较丰盛。受环境和历史因素影响，邢村人平时喜欢吃稀饭，爱吃"鱼茶"（腌酸鱼）和"肉茶"（腌酸肉），特别喜欢喝自家酿制的米酒和山栏糯米酒，男女老少都能喝酒。

（二）闲暇生活的丰富趋势

邢村村民平时进行生产活动比较忙碌，很少有专门休息的日子。只有遇到下列几种情况，村民才会停下忙碌的脚步。一是村中有人办喜事丧事，留在主人家中帮忙；二是逢年过节；三是遇到台风或暴雨等恶劣天气，出不了门，只能待在家里休息；四是举办大型的祭祀活动，如祭祖活动。

20世纪50年代，由于生产力水平低，邢村村民的主要任务是解决温饱问题，因此即便是逢年过节，村里人也多局限于在一起对歌、跳舞，将此作为最主要的娱乐方式。随着现代科技的进步，现在部分黎族家庭购置了家庭音响设备，可以随时在家里唱流行歌曲。到了晚上，村里的年轻人，会赶到离村子不远的露天舞厅，跳充满现代气息的伦巴、恰恰等舞蹈。也有部分年轻人选择在小卖部门前打台球或者玩扑克等娱乐活动。

随着电视等传媒的逐渐普及，邢村村民生活中过去没事就只能串门聊天的生活被丰富精彩的电视节目所代替。现在人们晚上普遍的休闲活动就是晚饭后，一家人围坐在电视机前，观看新闻了解时事政治、欣赏电视剧丰富精神生活。

图 4-1　电视及卡拉 OK 设备走进黎族百姓家

此外，笔者在调查中还发现，篮球在邢村黎族村民生活的闲暇生活中越来越受到欢迎和重视，村委会会不定期举办篮球比赛。通过与村委会干部的访谈，了解到大致的情况：

图 4-2　邢村村民举办篮球比赛的场地

个案一：

XCH（邢村 6 队，男，42 岁）

问：你平时闲暇时都忙些什么？

答：主要看电视啊，过年看篮球的多，一般春天村里会举办篮球赛。

问：去年举办了吗？感觉如何？

答：去年腊月二十几举办的，很多年轻人都回来了。办篮球赛，冠军奖金是三千块，还有个大花瓶，请来的人也比较多，县上镇里的领导们也来参加呢，感觉特别隆重。

问：除了村里的人，还有哪些地方的人？

答：旁边万冲、大安镇的都有，还有抱由镇其他村里的。

问：你们在哪儿举办的？

答：在三平中学里面，新建的篮球场，新着呢。

问：除了篮球以外你们还有其他的什么文体活动？

答：篮球是主要的，男女老少都能看，也看得懂。

问：有没有其他的娱乐活动？

答：其他的活动就是唱唱卡拉 OK，打打台球，去城里网吧上上网。

（2013 年 8 月访谈记录）

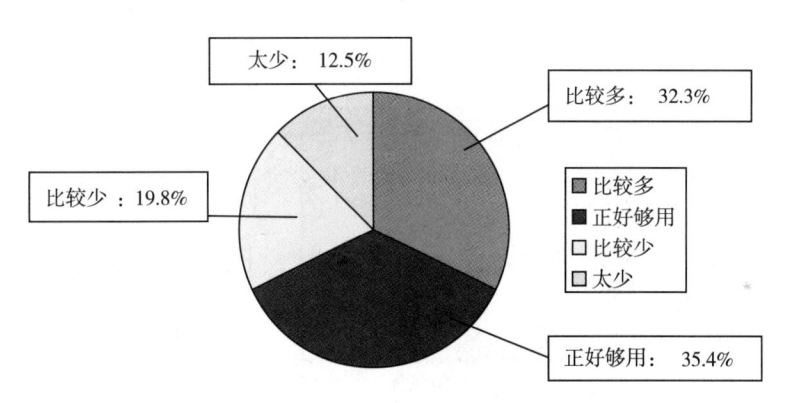

图 4-3　邢村村民闲暇时间统计图

在邢村调查期间，笔者从"黎族村民闲暇时间是否充裕"这一主题出发设置了问卷选项，提出了"您觉得自己的闲暇时间是否够用"这一问题，并设置了四个选项："比较多""正好够用""比较少"和"太少"。共有 96 人参加了问卷统计调查。调查结果如图 4-3 所示，选择"比较多"和"正好够用"的人数居多，分别占到了总数的 32.3%和 35.4%，两项合计人数超过了总人数的 60%，可见邢村村民大部分人认为自己的闲暇时间是够用的。另外，认为自己闲暇时间不多的人占总人数的 32.3%，其中闲暇时间"比较少"的村民比例为 19.8%，12.5%的村民觉得闲暇时间"太少"。这一调查结果说明，随着社会主义新农村的开展和农村改革的不断深入，农业技术的不断更新，橡胶园的科学种植，让村民们有了更多的闲暇时间。

二 闲暇方式与内容的变化

由于闲暇时间的增多，黎族村民有了更加充足的休息和娱乐时间，导致村民的闲暇互动活动方式也逐步增多。笔者设置了"您在闲暇期间主要活动方式"这一主题，设置了"串门和聊天""看电视""打牌下棋""走亲访友""上网"和"读书看报"几个选项。要求村民按照自己的实际情况依次选择不超过3个选项。调查统计发现，邢村村民闲暇活动主要是"看电视""打牌下棋"和"串门和聊天"，这三项人数分别占到总人数的59%、46.3%和34.6%。令笔者感到意外的，选择"读书看报"的村民人数比例达到了24.6%，这说明村民对于精神文化需求的重视。而选择在闲暇时间里"走亲访友"和"上网"两项的村民人数分别占到总数的19.6%和16.8%。

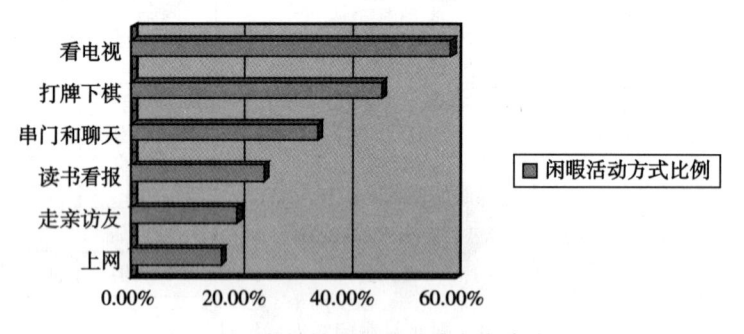

图 4-4 邢村村民闲暇活动方式统计图

从调查统计结果分析，由于黎族村民在性别、年龄、爱好和文化程度等方面的不同，闲暇活动方式也呈现多样性的特点。邢村黎族村民的闲暇时间活动方式以消遣娱乐方式为主，其中"看电视"和"打牌下棋"成为他们闲暇生活最重要的一部分，占到黎族村民闲暇活动总量的一半以上。电视之所以能成为邢村村民闲暇时间接触频率最高的活动方式，一方面是因为随着农村经济社会的发展，普通黎族家庭几乎都购置了电视，电视已经成了家庭的必备品；另一方面，随着国家文化产业的发展，电视节目日益丰富，能够满足不同年龄层的收看需求。此外，我们从性别和年龄分析，邢村男性在闲暇时间里希望通过与人沟通交流提高自己的社会交往地位和排除自己的孤独与寂寞，女性则更多地表现为丰富自己的业余生活和在生产生活上互相帮助为目的,青年人更注重思想和情感的交流,而老年人使用大众媒介的频率远远低于年轻人,他们以生产生活上相互帮助的比例最高。此外,较多的女性和年轻人希望通过闲暇娱乐活动来加强与他人的交往和交流,不断提高自身综合素质和能力,也有少部分年轻男子是以消磨时间为主要目的。

聊天是黎族村民闲暇时最喜欢的事情,黎族村民聊天内容比较广泛,主要关注农作物种植相关信息、邻里关系以及村里发生的大事小事等。从调查情况来看,大众传媒一方面促进了黎族村民休闲娱乐方式更加丰富化,另一方面也成为了他们闲聊时的公共话题。但黎族村民聊天内容因他们在年龄、文化程度和兴趣爱好等方面存在差异而表现出不同的内容偏好。

图4-5 邢村在一起聊天喝酒的妇女

过去很长一段时间,由于邢村条件的限制,黎族村民的生产生活的场所一般都在村庄附近,从事闲暇活动也多以家庭为主要活动空间,几乎所有闲暇时间都是与家人和邻里朋友一起度过。闲暇活动场所之所以局限于家庭的原因,除了黎族村民在经济消费支出上有困难之外,缺乏必要的闲暇设施和场所也是导致这种结果的重要原因,特别是专门性和公共性的闲暇场所较少。改革开放以来,地方政府一直不断加大对邢村闲暇活动场所和设施的投入,让越来越多的黎族村民在物质生活不断丰富的同时,精神文化生活也有了很大的提升。

近几年,黎族村民的闲暇场所也在不断增多。邢村逐步建立起了公共性的休闲健身场所,配置了专门的公共健身器材;此外,村里还建立

图 4-6　邢村黎族村民的台球活动

图 4-7　邢村黎族村民闲暇聊天场所

起自己的"农家书屋",通过购买、接收捐赠等各种渠道配备了近 3000 册图书,大部分都是与农村吃穿住行有关的书籍以及发展农村经济实用技术,改善乡规陋习等方面的书籍。村委会党员活动室配备了电视机、电脑等电教设备,村民党员有了自己专门的影像播放场所。黎族村民在劳作之余,会从农家书屋中借到自己喜欢的图书,茶余饭后也可以到休闲场所锻炼身体或是到村委会的多媒体播放室观看相关的影像。

三　节庆型的闲暇活动

邢村黎族有许多传统的节日习俗。从 20 世纪 50 年代的调查研究资

图 4-8　邢村村委会（有农家书屋和影像播放设备）

图 4-9　邢村"农家书屋"

料来看，邢村黎族的传统节庆，其起源原型因子有岁时活动（如春节）、时令（如三月三）等，大多与生产和宗教活动有关，多具有季节性、纪念性和祭祀性等特点。邢村黎族的传统节庆，其文化内涵包括喜庆文化、服饰文化、饮食文化、农耕文化、祖先崇拜、鬼神崇拜、宗教信仰等。

　　黎族人民特别喜欢吟唱歌谣。黎族歌谣，歌词内容丰富，曲调形式多样，既有优美抒情的，也有激昂高亢的，反映出黎族人民淳朴、乐观、耿直和刚毅的性格。黎族民谣多是独唱或对唱，讲究节奏韵律，易于上口传颂。大多数使用黎族特有的民乐进行伴奏，往往和音乐及舞蹈连在一起，歌谱曲，曲载歌，具有浓厚的古风和鲜明的民族特色。黎族民歌是随着黎族社会的发展和其他民族文化的交流和融合,派生出来的新黎歌,一般使用海南方言和黎族韵调进行吟唱,一般七言为一句,四句为一首,被称为"四句歌仔"。[①] 情歌在黎族民歌中所占比例较大,是黎族民歌中精湛的珍品。黎族人民吟唱歌谣,主要在诸如举行婚礼、建新房、访亲会友等喜庆的日子和场合,一般采取男女对唱的形式,往往吟唱到天明。

对传统节日的遗忘。据在邢村的调查显示,只有一部分年纪特别大的黎族老人对"牛节""禾节"等生产类传统节日才依稀有点印象,而现在大多数人已不知道这些节日。究其原因,主要有以下两个方面:一是这类生产类节日多是科技不发达时期人们对自然规律不能理性认识的阶段性产物。当代社会,人们能够认识这些自然规律,节日也必然会被慢慢淡化。二是这些生产类节日多产生于原合亩制时期,当时生产力极为低下,人们希望通过过节祈福的形式去祈求生产风调雨顺。但随着科技水平的提高,生产工具的更新,生产力大大得到了提升,这种表达祝愿和祈福形式的节日也必然会淡出人们的生活。

笔者与一位外出打工达 16 年之久的村民(1980 年生,黎族)之间的对话,可以代表黎族青年的心声。

个案二:

XXJ(邢村 5 队,1980 年出生,未婚),17 岁初中毕业后到三亚打工。

问:你在三亚打工,怎么有空回来参加活动?

答:是的,听家里人说村里要过青年节,就专门向老板请了两天假赶回来的。

问:你觉得值吗?或者你觉得回来过节的意义是什么?

答:当然值啊。平时和家里人在一起相处的时间实在太短,我们长期在外打工,对家里还是非常思念的。一家人在一起团团圆圆最重要了。我非常希望过这样的节日,既可以回家看看父母,也增进了兄弟姐妹之间的感情。你看村里的(年轻人),如果是过年,

---

① 刘厚宇:《黎族民歌分类探微》,《新东方》2010 年第 5 期。

无论多么困难，大家就是坐飞机也都要赶回来。

问：你参加了那场晚会吗？

答：参加了，很热闹，还跳了我们黎族的传统舞蹈，但是有点不熟练（笑）。我们黎族的歌舞其实都很有特色的，但现在大家（在外打工）平时见面少，也没有人组织了，所以大家很少再唱再跳了，很多都快忘记了。现在，我们一起跳竹竿舞、现代舞，感觉也非常亲切。

问：你以后还会继续参加吗？

答：只要请得动假，我肯定会回来参加的。

（2013 年 5 月访谈记录）

随着社会经济的发展，各民族文化的交流融合逐步增多。表现在节庆习俗方面，就是"你中有我，我中有你"。改革开放以来，随着邢村黎族与汉族交往交流的不断增多，经借鉴吸收，把一些汉族节庆风俗加以改造而成为邢村的节庆习俗。目前，主要有三种形式：一是借用汉族节日形式，将之变成自己休息娱乐的节日；二是借用汉族节日形式，将之变成自己的民族节日；三是借用国家法定节日，在其他节日基础上，叠加带有民族特色的民俗内容。

（一）借用汉族节日形式，将之变成自己休息娱乐的节日

汉族岁时节日比较多，邢村黎族受此影响，逐步接受汉族节日时序安排，也开始过节休息娱乐。这些汉族节日包括春节、端午节、中秋节等。但有些节日并不是全村所有的人都过。

笔者在邢村调查期间，有一次正值春节。大年三十 10 点左右，在村支书家吃过饭后，村支书带着我挨家挨户去串门。家家户户撕掉旧的春联，贴上新的春联，都以荤肴酒醴祭祀祖先，同时还放鞭炮、烧冥币、焚纸帛、点香烛等。大家围坐在一起，吃年饭、喝年酒、唱年歌，好不热闹。

（二）借用汉族节日形式，将之变成自己的民族节日

从 20 世纪 80 年代后期开始，邢村也过清明节，但与汉族清明节的内容却并不一致。第一，祭祀。在邢村，祭祀要在人死三年以后，因为邢村人认为人死后三年内仍是"不干净"的，还没有到祖宗的名下。

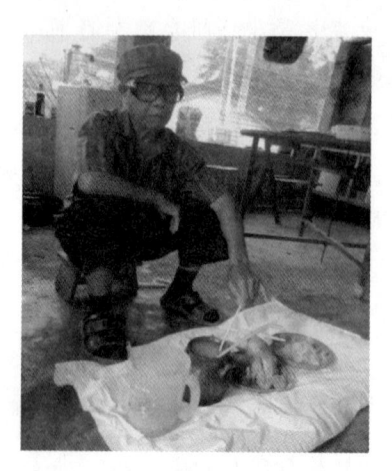

图 4-10　黎族村民用荤肴酒醴祭祀祖先

图 4-11　黎族村民吃年饭，喝年酒，唱年歌

人死三年后，同一族内的人，包括外嫁的女人等都要回到家里。族内的男人要在早上 11 点前到祖先的坟墓（在邢村，凡做事都要赶早，因为早上的天气比较适宜，容易做成事，而下午太热，人比较急躁，不容易做成事），然后请"大师"或自己主持祭祀仪式，请"土地公"保佑死者安静休息，请"祖先"收留自己的子孙。第二，扫墓。族内的人清扫坟墓，并修整在坟墓旁边的树枝。第三，聚餐。聚餐是过清明节的最后一个环节，要把杀的鸡煮熟，并要准备其他好酒好菜，请死去的人一同享用。

邢村黎族人过清明节的原因主要有三个方面：一是过去一直害怕

"祖先鬼",连祖先的名字都不轻易提,所以也就不可能过清明节。但1980年后,"祖先鬼"已经被彻底清除掉了,以后的生产生活、人畜平安要靠"祖宗神"保佑,刚好汉族有清明节,就适应了这个需求;二是邢村黎族传统的埋葬方式是不立碑的,而只用一块石头作标记,时间久了就不容易分清。现在的埋葬方式多学习汉族,有了固定的墓碑,也就有了祭拜的基础;三是20世纪80年代村里人请汉族的"大师"帮村里清除了"恶鬼",也请回了祖宗的牌位,也有了祭祀的必要,而汉族这一节日刚好能够满足这一需求。

(三)借用国家法定节日,叠加带有民族特色的民俗内容,将之变成结交朋友、增进民族感情的节日

改革开放以后,邢村外出打工和经商的人越来越多,与家人和朋友等之间的交流越来越少,但他们渴望交流和团聚的心情是非常急迫的。于是,日历本上标注的节日,成为他们聚会最好的借口。比如"三八"妇女节、"五四"青年节、"六一"儿童节等。

第二节 交往生活方式的变迁

交往生活方式是指在一定的社会生活条件下,在一定的价值观的指导下,满足交往主体的生活需要的主体之间相互联系、相互作用的具体的活动方式。[①] 与其他生活方式不同的是,社会交往生活方式渗透于消费生活、家庭生活、闲暇生活当中,对其他生活方式起着基础作用。从黎族村民的交往现状来看,黎族村民的交往方式已发生了明显的改变。

一 人际传播主导下的传统交往方式

邢村村址地势平坦开阔。往北2公里接三柏村,往南约200米接否店村,往西南1公里接公保村。邢村村委会现包括5个自然村,11个村民经济小组,在每个村民小组中居民住得相当紧密,有的住户甚至共用一堵墙,有许多住户仅一米之隔。在同一村民小组中,远的住户也才相距三四百米,各家相互交往密切,交往的频度很高。可以说,一天之中,每个黎

[①] 萨·巴特尔:《中国少数民族交往生活方式及其道德意义》,《道德与文明》2013年第2期。

族村民小组的成员之间"低头不见抬头见"。在 6 队小卖部门口,几个黎族村民忙完了一天的农活正在抽烟闲聊,我对 XGF 进行了访谈。

> 个案三:
> XGF(邢村 2 队,1968 年出生,已婚),在家务农。
> 问:您刚刚忙完吗?
> 答:对,刚犁完田,在这里抽烟休息。
> 问:你们平时都这样聊天吗?
> 答:一般(没事)大家就喜欢(聊天),热闹,放松。
> 问:你们平时在什么地方聊天?
> 答:这里(指小卖部),村头大树下,三平(集贸)市场。
> 问:大家喜欢聊什么呢?
> 答:啥都聊(笑),村里的事,橡胶片价格,电视(剧)……
> 问:开心吗?
> 答:当然,(大家)都熟,谈得来。
> (访谈时间:2013 年 8 月)

在传统的邢村生活中,夜晚是人与人接触、发展人际关系的时间。晚饭过后,串门聊天是邢村村民们的日常娱乐,这使得村民们的生活更融洽、更亲密。邢村黎族村民山吹海侃,无所不谈,说笑话、拉家常,讲述民族典故、历史传说、祖先来历和功德,当然也忘不了交流生产、生活经验,评论东家长西家短。

在这个过程中,黎族村民们在感受到乐趣的同时,获取了大量信息,也就是说,人际传播是当时最重要的信息来源。人际传播的效果主要在两个层面展开。首先是个人整合层面:串门聊天活动具有很重要的个人社会化功能,个人通过这种方式获取知识、身份地位和对于某些事物意义的理解。其次是社会整合层面:通过聊天,使地方的礼俗文化、社会规范得到了传承,生产、生活经验得到了交流,生活习惯上得以相互协调。[1] 村民们获得归属感和认同感。

---

[1] 顾炜程:《论人际传播对人的现代化的影响——基于发展传播学视角的效果研究》,硕士学位论文,复旦大学,2007 年。

邢村村民还有团结互助的传统习惯，各家各户之间能实现"守望相助，疾病相扶"，面对共同的困难和任务，一般都能很团结地携手解决。这与本村人的勤劳、质朴、重情尚义的品格有关，"坦诚相待"是邢村村民交往的基本社会规范。农忙季节，邻里乡亲不分亲疏，团结协作。经常有些农活不是仅靠自己一家的几个劳动力能够很好完成的。邻居们只要有空，都乐于出手帮忙。而接受帮助的人通常也会想办法找机会还这个人情。这种生产协作在邢村是经常和普遍的。在长期的你来我往中，彼此建立起水乳交融的感情。

当然，村民之间也会发生一些争执、冲突，有时甚至很激烈，但一般不会发展到相互厮打。千百年来，黎族社会尽管相对远离中原文化，但在长期的历史发展进程中形成了能够自我规范、自我调整的体系。邢村黎族也正是在这种制约冲突、解决纠纷的实践中累积形成了一套约定俗成的行为准则和道德规范。长期以来，邢村处理民间纠纷，维护良好社会秩序主要依靠"奥雅"。20世纪50年代初，虽然国家权力以前所未有的速度渗入到邢村，但由于惯性，村民的思想观念并没有发生质的改变，"奥雅"仍然发挥着重要作用。笔者根据访谈资料分析得知，邢村"奥雅"的作用主要体现在以下三个方面：一是协助国家权力在邢村的代表处理日常纠纷；二是参与村事务的讨论，有发言权；三是主持村中红白喜事等的宗教仪式。"奥雅"在处理纠纷时，第一，秉持公开处理的原则：不仅当事人双方要出席，还会召集全体村民参与。第二，不是一个人说了算，会听取各方的意见不断进行协调。旁观纠纷处理的民众在处理纠纷的过程中都有表达自己意见的权利，而且这种表达意见的权利人人平等，对每个人表达的想法，"奥雅"都必须一一加以考虑，然后再对纠纷进行处理，直到处理办法获得到场群众的一致认可，方能表示对纠纷处理的终结。此时的处理结果，才是双方当事人真正需要遵守和履行的。

现在，邢村一旦村民间发生争吵，其他村民会进行劝阻，这种劝阻非常有效，可以使怒气冲冲的双方有了台阶下，顺势结束争吵。争吵过后双方可能有一个星期或半个月相互不说话。为了缓和双方的关系，各自家庭中未参加吵架的成员或者双方家庭共同的好朋友就会极力营造一种亲密交往、和好的氛围，使双方冰释前嫌，和好如初。

笔者在邢村田野调查期间,就亲历了一次家庭争吵纠纷。晚上9点多,笔者正在整理当天资料,突然户外传来争吵声,并有大声敲门的声音。正想去找村支书XKM问个究竟,一问,他去帮忙劝阻去了。过了大约1个小时,村支书XKM回家,他说:"男人在外面喝醉酒了,媳妇不让进。媳妇抱怨他白天不帮忙干活,晚上还喝多了,很生气,不让他进门。我对双方都做了劝解,媳妇气消了,男人也保证今后少喝些酒。"第二天,当我们看到这对夫妇了解情况时,他们都不好意思,说和好了。可见,当村民发生争吵时,其他邻居会进行及时的劝阻和协调,邢村的村民之间是和睦、友好、亲密、互助式的伙伴关系。

二 交往途径的拓宽

随着大众传播手段的繁荣,手机和电视已经成为村民获取信息的最主要来源,也成为影响村民行为方式的重要因素。它们的普及与发展必然对村庄成员间的社会交往带来一定的影响,从而进一步地影响着乡村社会关系。

在邢村调查期间,笔者设置了"黎族村民在日常人际交往中的主要交往对象是哪些"这一问题,并提供了五个备选选项(可多选):"家人""朋友""亲戚""邻里乡亲"和"其他外乡人"。统计结果显示,除了与家人的交往最为频繁之外,黎族村民与朋友、邻居、亲戚的交往也较为频繁。其中,选择与"朋友"交往的人数最多,为52.9%,超过一半的人数;选择与邻里乡亲和亲戚交往的人数,分别占到了总人数的47.0%和33.8%。此外,与"其他外乡人"交往的频率占到了61.8%,说明黎族村民的交往对象在以同村人为主的基础上不断向外部扩展,黎族村民交往对象的范围逐渐扩大。

但随着时代进步,无论是从观念上还是空间上,人们之间的交往都发生了较大的变化。青年男女交往途径的拓宽,使"玩隆闺"活动的途径作用减弱。20世纪80年代后,青年男女通过上学、打工以及相互介绍而认识的机会越来越多。进入21世纪后,青年男女之间的交往更加主动、方式也越来越开放,更多青年男女选择电影院、公园、舞厅、酒吧、网吧等场所来相互熟悉、恋爱。随着信息技术的普及,更多人也选择通过电话、手机短信、微信或互联网等形式进行交流,交往方式更加现代而浪漫。

　　笔者调查发现，自2013年后，智能手机开始在邢村兴起。黎族村民的交往方式除了面对面的人际交往之外，借助于媒介成为主要的交往方式，其中打电话、发微信、发短信是黎族村民最常用的人际交往方式，收发微信是仅次于打电话而成为黎族村民尤其年轻人常用的人际交往的方式。由于手机微信具有实时互动的特点，能满足黎族村民的交往心理，微信内容完全按照自己的喜好向亲戚朋友和熟人发送，加上手机资源越来越丰富，像新闻娱乐类的、节日祝福类的、情感类内容等，让黎族村民的交往变得更加方便与及时。通过上网聊天来取得与亲朋好友的联系，加深彼此了解与传达感情也成为村民人际交往的一种方式。

　　个案四：
　　XYL（邢村4队，1980年出生，未婚），在外打工多年，2015年8月回家帮忙割胶。
　　问：你在哪工作？怎么现在在家呢？
　　答：我初中毕业就跟同村人一起打工去了，去过很多地方，现在在（江苏）昆山。家里农忙，实在忙不过来，我爸打电话要我回来帮忙割胶。
　　问：我看你一直在拨弄手机，主要玩什么呢？
　　答：（笑）微信啊，跟女朋友聊天，方便，还能语音，能听到彼此的声音（此时我发现他脸上露出幸福的笑容）。
　　问：你平时使用手机主要就是微信吗？
　　答：现在年轻人基本都是微信联系。但是我爸妈不会（微信），还是打电话，发短信。
　　问：我能加你微信吗？以后有什么需要还要向你请教。
　　答：当然可以。（他把手机递给我）这是我微信二维码，你扫扫吧。多宣传我们村（笑），我们黎族男孩很优秀的（哈哈）。
　　（访谈时间：2015年8月）

　　邢村村民自从能上网之后，一部分家庭开始使用网络，通过网络来拓宽人际交往还是不久的事情，黎族村民也对这一新鲜事物充满了喜爱和好奇。通过调查了解到，黎族村民上网主要是通过网络娱乐，QQ 语音或视频聊天也是他们喜欢的事情之一。

据在邢村的调查显示，平时与他人交谈的主要内容，都是围绕"子女教育""邻里新鲜事""家庭琐事"和"生产技术及农产品价格"等大家共同比较关注的话题。因为乡村社会，正如费孝通先生所描述的一样具有乡土性，是一个"熟人"构成的社会，人际传播占据着主要位置。黎族村民的交往在内容上更加贴近生活，交往时往往谈论子女的教育，这也成为了黎族村民永恒的话题，此外，由于大家都是"抬头不见低头见"的熟人，对相互邻里之间发生的事也很感兴趣。此外，对于橡胶种植技术、胶片行情、瓜菜价格等相关农业生产技术方面的讨论也是邢村人际交往的主要内容。

同时，随着城镇化进程的推进，国家加大了对交通基础设施的改造，如村旁公路和村内水泥道路的贯通，交通工具的加速改进，使邢村人的出行范围大大拓宽。现代交通工具的使用，大大缩短了邢村与外界的距离。走在乡间道路上，不时都会有村民骑着各种摩托车从身边经过。有到乐东县城交易蔬菜的，有到大安乡喝茶侃大山的，更有到黄流镇谈情说爱的。由此可见，过去封闭的生活彻底被打破，人们正在通过各种途径和渠道尝试改变自己的生活。人们在冲破封闭感受外在的精彩世界时，除了对各种信息和物品的选择之外，更多的是对自己内心世界的改变。黎族人民通过与越来越多的汉族、苗族等民族同胞之间相互接触、沟通与交流，文化交流越来越多，相互影响越来越多，真正是"你中有我，我中有你"，他们也逐渐认识到各民族之间平等、团结、互助、和谐的关系，并希望有更加深入的交流、交往，以达到交融。在邢村调查时，当问及部分打工回来的未婚男青年，是否愿意娶其他民族的女孩时，他们都表示非常乐意，只是怕别人不愿意接受他们。这说明黎族村民虽然走得越来越远，但内心里与其他民族越来越近了。

三 "奥雅"角色的转换

在传统黎族社会，村内的"奥雅"主持调解人们之间存在的纠纷，维持邢村村寨生活的基本秩序。① 新中国成立后，国家权力开始渗透进民族地区的基层农村社会，改变了原有的社会结构，"最重要的关系已改换成国家政权与农民的关系"②。在这种历史背景下，邢村社会也发生着巨变，村社公共权力格局逐步改变，"奥雅"在纠纷处理中的地位和作用也在发生变化。

随着 20 世纪 80 年代人民公社制度的解体，以集体经济为基础的"集权式乡村动员体制"逐步被村民自治制度所取代。③ 1987 年以后，邢村的纠纷由各村民小组和村委会解决。解决纠纷时，一般先由组长进行处理，如果双方当事人对处理结果不服，则交由村委会处理。如果涉及如土地纠纷、男女关系问题等比较大的疑难纠纷，也会请村里的"奥雅"出面判定。不过，"奥雅"仅限于协调和确认功能。按照他们的说法，就是"现在有政府和法律了，我们现在的任务就只剩下听了，有问题你们去找政府"。调查过程中，我们发现，过去维系整个村庄秩序的习惯规则，以及"奥雅"的影响力已经非常弱，邢村的村民有一些大的纠纷会直接找政府解决。究其原因有三：第一，法律宣传到位，深入人心。邢村经常用广播宣传时政及法律知识，"学法懂法用法"氛围正在形成。第二，科学知识的逐步普及使村民对神的依赖减弱。在传统黎族社会，"神"的观念成为邢村习惯法对村民进行习惯性强制保护极为重要的观念基石。随着科技的进步和人们认识能力的提高，邢村村民对"神"的信仰逐步在减弱。相比"奥雅"的公信力，村民们更加信赖政府和法律。第三，国家法律的公平与正义，纠纷解决机制的建构与完善，使邢村村民逐步接受并选择了这种纠纷处理方式。

特别是随着党的十八届四中全会提出全面推进依法治国，促进国家治理体系和治理能力现代化目标后，国家人民调解机构在邢村的建立和规范以及国家"司法下乡"活动的开展，人们的法律意识不断提高，能够清楚知道哪些行为是合法的，哪些行为是非法的。国家法律上行为的可预期性使人们的生活变得更加稳定、更加安全，于是村民们在反复适用后开始由被动适应法律治理逐渐过渡到主动接受法律治理。

---

① 罗涛：《黎族传统纠纷解决机制研究》，硕士学位论文，海南大学，2010 年。
② 黄宗智：《长江三角洲小农家庭与乡村发展》，中华书局 2000 年版，第 194—195 页。
③ 于建嵘：《岳村政治》，商务印书馆 2001 年版，第 231—233 页。

在邢村调查时，当被问及当地解决纠纷的方式时，无论是普通村民还是村干部，都非常坚定地回答道，他们是按照国家相关法律来处理纠纷的。当笔者询问村治保主任邢村治安问题时，得到的答案也非常肯定："我们是生态文明村，治安良好。"然而，不可否认的是，纠纷在邢村肯定还是存在的，但存在显性纠纷和隐性纠纷的区别，只是二者在处理的方式方法以及社会对其知晓程度上有所不同。显性纠纷一般被提交给村干部或者相关国家机关和机构进行处理，在较大范围内为人所知；而隐形纠纷普遍由当事人自行解决或局限在家庭及家庭内部解决，不为社会和外人所知晓。[①]

第三节　城镇化对闲暇交往生活方式变迁的影响

中国的城镇化既是中国现代化的载体，也是发展的潜力所在。大众传媒在城镇化进程中扮演了重要的角色，大众传媒将城镇化从单向度的行政推动演变成农民主动参与的自发行动，对于农民的闲暇交往生活方式变迁有着重要作用。大众媒体过分宣传关注城市日常生活的方便、体面与高成本，甚至炫耀消费主义的一面使城市有了一种不实的吸引力。[②] 农村人口或城市市民都想成为这种意义上的城市人，农民追求和向往大众媒体向他们展示的这种生活方式，因为他们认为自己有能力"享受"。如何借助大众传媒的力量，弥合国家发展目标与个体发展目标、国家行政力量与乡村社会关系之间的裂痕，让国家力量发挥合适的作用，是当下中国城镇化推进中的难题。[③] 作为同处东亚文明圈内的韩国新村运动，通过调适大众传媒在新村运动中的角色与功能，让城市传播系统与乡村传播系统有机互动，为以上难题提供了可资借鉴的经验。

随着大众传播的发展，大众传媒在黎族村民生活中也扮演着越来越重要的角色。大众传媒的普及和发展必然对黎族村民的闲暇交往生活方

---

　　① 张跃、周大鸣主编：《黎族（海南五指山福关村调查）——中国民族村寨调查丛书》，云南大学出版社2004年版，第276页。
　　② 秦玉友：《教育如何为人的城镇化提供支撑》，《探索与争鸣》2015年第9期。
　　③ 徐玲英：《大众传媒在城镇化进程中的角色与功能——对韩国新村运动经验的借鉴》，《当代传播》2014年第3期。

式带来一定的影响，从而进一步影响黎族农村的传统闲暇交往生活方式。

一 大众传媒与黎族村民闲暇方式与观念的变化

邢村黎族村民的闲暇场所较为固定，除了家里、本村及村落附近之外，很少有人去外地或者专门旅游去度过闲暇时光。在现代化进程中，尽管传统的闲暇生活难以在短时间内快速改变，但受大众传媒因素的影响，黎族村民的闲暇生活变得日益丰富多彩。城镇化对黎族村民闲暇生活发生的变化主要体现在闲暇方式与闲暇观念上。

（一）闲暇方式

城镇化对黎族村民闲暇生活方式的变化主要表现在三个方面：一是闲暇活动呈现多样化的趋势；二是用于闲暇消费的支出诸多增加；三是对闲暇意义的追求上逐步呈现多元化的需求。

第一，闲暇方式开始向多样化转变。过去黎族村民的闲暇方式多半是到邻居及熟人家串门聊天或者简单的日常往来，形式比较单一。而现在，黎族村民的闲暇方式发生了很大变化，由单一转为多样化。看电视、上网、手机聊天、读书看报也逐步成为村民日常生活中普遍的现象。同时，闲暇时间的增多成为黎族村民闲暇生活发生变化的一个重要体现，村民们开始思考如何度过多余的时间，大众传媒自然而然走进黎族村民的生活当中。可以说，大众传媒对于黎族村民精神生活的丰富起到了极大的推动作用。

第二，黎族村民闲暇消费支出逐渐增多。以前，黎族村民闲暇生活形式极为简单，基本没有什么消费支出。但是，随着电视、手机、网络等大众媒体在邢村的普及，闲暇生活项目的费用支出也相继增加了，如产生的有线电视费、手机话费、网络宽带费用等。这一方面反映黎族村民对于大众传媒的认可与接纳；另一方面说明黎族村民的闲暇观念发生了根本转变。

第三，黎族村民开始追求闲暇的意义，出现对闲暇活动多样化的需求。从邢村调查情况看来，因性别、年龄和兴趣爱好等的不同，黎族村民在闲暇活动上也呈现不同的目的。不同闲暇活动在各类人群中广泛开展。有些人侧重闲暇消遣，有些人追求闲暇娱乐、还有些人喜欢闲暇学习。在邢村，黎族村民对文化娱乐活动的需求不断增多，作为健身活动的主要工具，村里公共健身器材受到广泛欢迎。很多黎族村民开始利用闲暇时间进行学习充电，将闲暇与自我进步结合。如村委会每年都会邀请农业技术专家给村民们进行种植与养殖方面的专题知识讲座，受到黎族村民的普遍欢迎。邢村农家书屋的建成，也给喜爱读书的村民的阅读活动提供了诸多方便。总的来说，黎族村民闲暇活动方式、内容、消费及目的等方面的变化，反映村民自主选择能力的增强。

手机的普及对黎族村民的生活与生产产生了很大影响。手机是现代城市生活的一个"表征"，作为一种信息传播工具，在城镇化过程中迅速进入了黎族村民的日常生活之中。随着邢村生产力的发展和生活水平的提高，黎族村民手机的普及率和使用率逐渐提高。手机不单单是黎族村民们日常联络的工具，更重要的是，它已经成为年轻人闲暇时娱乐的主要工具。黎族村民使用手机考虑最多的还是实用交际功能，因此打电话、收发微信和短信的功能自然成为日常人们最常使用的功能，对年轻人而言，除了联络功能，他们更看中娱乐功能，喜欢用手机上网、看电子书和玩游戏。手机不仅是一种技术，而且在某种程度上它代表着一种人际关系和身份认知重新整合的可能性。因此，手机的普及和使用，消除了空间障碍，它通过提供虚拟的社会现场，加强了黎族村民之间血缘和地缘的联系。同时，手机还提供越来越多的娱乐功能，能够满足黎族村民们对于茶余饭后的休闲需求。

互联网在人们的生活中，已经不可或缺，它成功地改变了人们的生活方式。在邢村，网络的使用对于黎族村民来说并不陌生，但在使用的广度和宽度上仍存在一些陌生感，尤其是对于年龄大的一些黎族村民来说更为明显。互联网时代的闲暇生活，虽然在邢村，只是少数人的行为，但是随着信息的广泛传播和黎族村民外出经验的积累，在不久的将来，会逐渐普及开来。大部分黎族村民的闲暇娱乐由不花钱娱乐，走向消费型娱乐，尤其是年轻村民都去KTV、网吧等。

（二）闲暇价值观念

闲暇价值观是闲暇生活主体对闲暇生活的意义的价值判断，它指导着人们的闲暇活动，决定着人们的闲暇活动的目的、方式和性质。价值观属于文化的范畴,它反映闲暇活动主体的文化观念,验证主体的文化素质。①

马克思将闲暇时间分为消遣娱乐型时间和提高发展型活动时间。②以前,受传统小农社会价值观的影响,黎族村民普遍认为闲暇活动就是不务正业,或者是对日常劳动的排斥和逃避。而劳动效率反而不被村民重视。在黎族村民看来,一位农民应该整天忙碌于田间地头,这才是正经营生,才是最应该做的事情。因此,如果某位村民整天忙碌不堪即使劳作效率低下,他也会被看作勤劳肯干的代表,而受到村民们的称誉。相反,即使劳动效率再高,如果挤出闲暇时间用于休息、娱乐和其他交际活动,就会被视为游手好闲、不务正业的代表而受到村民们的鄙视。

大众传媒对黎族村民价值观的影响,也就是在闲暇消遣时实现的。根据调查发现,电视是黎族村民平时在闲暇时间的主要接触对象,看电视已经成为他们重要的闲暇娱乐活动。电视在中国一经普及,便成为影响最大的大众传媒,是现代性传入乡村、影响乡村居民生活的最有效的一种途径。③电视的普及可使传统乡村的人们了解更多外面的世界,感受与自身相异的文化与生活方式。以黎族村民观看电视节目为例,一方面,通过收看新闻和娱乐等节目,了解外面世界,熟悉国家的各项惠农政策,丰富自己的文化生活,可以消除疲劳和愉悦身心;另一方面,通过观看附带着现代价值观、社会道德观与人生观的电视剧等节目,这些内容传递的价值观将长时间深深地存在于黎族村民意识当中,让他们不自觉地去接受、去模仿,最后达到习得的效果。

村民对电视剧的解释实际上有两个层面,一个层面是真假,也即用自我的经历去评价和选择,其中更多地去关注农村生活相关的,特别是发达地区的农村生活;另一个层面是现实/理想层面的,也即关注哪些中央或地方政策,特别是农村政策。这些信息不仅仅体现在带给黎族村民更多的娱乐消遣内容,更重要的是向他们传播了一种享受生活的理念。于是,一些新鲜的、有趣的以及以前未曾获知的思想就从电视中走

---

① 袁涛:《影视传播对农民闲暇生活的影响》,硕士学位论文,华东师范大学,2008年。
② 余练:《去乡土性:失地农民的闲暇——基于L村的实地调查》,《长春市委党校学报》2013年第5期。
③ 原明明:《电视对乡村生活方式变迁的影响研究》,硕士学位论文,西北师范大学,2009年。

入乡村社会。换言之,当黎族村民在接触大众传媒的同时,也对他们的思想观念进行了引导与"培养",让黎族村民逐渐养成了影响性的判断方式。

二 大众媒介影响下的新型交往方式

人与人的交往是社会生活的重要内容。在农村社会生活中,一直以来都是以人际交往为主要沟通与互动方式。随着大众传播手段的繁荣,大众媒介在乡村生活中扮演着越来越重要的角色。[1] 特别是电视媒介,已经成为黎族村民获取信息的最主要来源,也成为影响黎族村民行为方式的重要因素。它的普及与发展必然对黎族成员间的社会交往带来一定的影响,从而进一步地影响着乡村社会关系。通过调查发现,电视对于邢村黎族村民社会交往的影响主要表现在以下两个方面。

(一) 黎族村民交往范围的扩大

人际交往是指"人与人之间沟通信息的过程,即人们运用语言或者非语言符号交换意见,传达思想,表达感情和需要等的交往过程,它是人类的特定社会现象"。[2] 人际传播分为两种:一种是指人与人进行面对面(如交谈、约谈、讨论、对话等)方式进行的信息传播,;第二种是借助传播媒介方式(如写信、打电话、发传真等)进行的传播。在过去,黎族村民日常交往的主要方式是人际交往。除此之外,还有朋友间的书信往来方式。在交往对象上,局限于亲戚或本村人,异性交往的频率很低,尤其是未婚男女之间的交往就更是稀少。但是,随着黎族村民与大众媒介接触的频繁,这些状况都发生了翻天覆地的变化,交往方式不再因距离而产生影响,交往对象扩大到更大的社会范围,通过电话和网络等媒介,可以认识和接触到不同的人。

通过大众传播媒介,交往范围扩大了,接触人群增多了,黎族村民拥有的社会人际资源也就越来越多,他们可以和村外或者外族的异性进行沟通与联系。而且,对于媒介某项内容的偏爱会获得与之兴趣相投的朋友的价值认同,可以结识到更多的朋友。如对某些电视节目或网络游

---

[1] 袁涛:《影视传播对农民闲暇生活的影响》,硕士学位论文,华东师范大学,2008年。
[2] 王甜甜:《大学生人际交往中的心理问题调适研究》,硕士学位论文,成都理工大学,2015年。

戏偏爱的，会让黎族村民交到更多有共同爱好的朋友。在调查中我们了解到，平时喜欢收看同类电视节目的黎族村民，聚在一起闲暇聊天的主要内容也是讨论电视节目，这样的聊天方式会让他们在轻松愉快的氛围中交到更多的朋友。

(二) 黎族村民交流内容更加丰富

在传统的社会交往中，黎族村民交流的内容仅限于大家熟知的本民族民间故事、神话传说及生产和生活经验等。电视的出现，不仅开阔了人们的眼界，而且扩大了人们聊天内容的范围，大大丰富了人们交流的信息。

据在邢村的调查显示，以前村民们晚饭后的串门聊天活动是非常频繁的，随处可见。自从电视在邢村普及之后，基本上看电视、谈电视成为了每家每户晚上主要的娱乐活动。吃过晚饭看电视是大家默认的一个程序规则。一家人，无论男女老少都围坐在电视机前，聚精会神地盯着电视机。邻里之间不再花大量的时间闲话家常，孩子们也不再喜欢在田野里嬉戏玩耍了。他们都热衷于看电视，花大量的时间在电视上。

电视作为一种形象直观、受众面广的媒介，通过占据人们大量的时间，向人们提供各种各样的信息和知识，提供各种不同的生活模式、价值标准、行为规范等。[1] 其中电视新闻是当代社会信息传播的重要枢纽，电视新闻成为了黎族村民了解外部社会和获取新资讯的重要途径。村民们之所以非常关注新闻时事报道，一方面是由于他们对新鲜事和未知信息有强烈的欲知晓心理；另一方面，与日常生活非常贴近的"社会新闻"也是他们茶余饭后最喜欢的谈资。

从邢村深度访谈中了解到，电视剧也是邢村村民普遍喜爱的电视节目类型之一。湖南卫视从晚上七点半到十一点半播放的几乎都是热门电视剧，是村民们收看较多的电视台。精彩纷呈的电视节目不仅满足了村民们消遣娱乐的需要，同时也成为村民们日常交流的重要内容。通过收看电视剧，村民的内心会形成一定的观念和看法，于是在社会交往中就会将自己的想法表达出来，和其他村民相互交流一下意见，比如对剧中角色和演员的评价、剧情的分析以及剧中人物的服饰看法等。可见电视

---

[1] 原明明：《电视对乡村生活方式变迁的影响研究》，硕士学位论文，西北师范大学，2009年。

剧为村民的日常交流提供了丰富的内容。

社会交往强调的是交往双方的互动。村民们在谈论时事新闻或者一部电视剧时，都倾向于和熟悉具体内容的人一起讨论。有村民表示曾有过这种经历——当其他人都在讨论一个新闻事件或者一部电视剧而自己又不了解时心里会很失落。我们可以看出，在黎族日常社会交往中，村民交流的内容越来越丰富，在一定程度上加大了彼此的交往深度。

（三）黎族村民交往方式的多样化

在交往方式上，人际交往一直以来都是邢村社会交往的主要形式，口头传播也是黎族村民最主要的交流方式。口语传播局限性在于受距离的影响很大，而广播的出现较好解决了这一问题，带给黎族村民很多方面的便利。大家可以通过广播来将信息传播到更远的范围内，现在村里发布开会通知、宣读政策文件，乃至寻找失物都通过广播形式进行，使得信息传播、交往交流更加便捷。

伴随着科学技术和现代通信事业的发展，电视、手机已经进入了黎族普通村民家庭。手机的应用，突破了距离和空间的限制，让人们的联系和沟通更加方便与快捷，原本通过传统媒介可能要花费很长时间才能传达到的信息，现在只需要几分钟甚至几秒钟的时间就可以准确传递。大众传媒不仅让黎族村民们的信息流通更加便利，而且也让他们的人际交往方式变得丰富多彩。手机、网络聊天等也成为邢村年轻人主要的交往方式与手段。

（四）黎族村民交往观念的改变

大众媒介带给黎族村民日常交往最大的改变，体现在他们交往观念的改变上。外部环境对农村的"示范效应"大多是通过大众媒介来实现的，特别是在当前社会转型时期，外部环境对相对落后的农村社区的"示范效应"越来越强烈，这种示范效果从根本上改变黎族村民的交往观念、规则和内容。[①] 大众媒介的"示范效应"对于处在社会转型时期且外部环境相对落后的黎族村民们来说，就显得更加的强烈。长期以来，人们对异性朋友的认识存在着某些误区，错误的认为与异性朋友的交往是不正常，甚至是不对的，这使得传统黎族村民在异性交往上表现

---

① 谭华：《大众传媒对农村社会交往转型的影响——鄂西南农村受众调查的启示》，《今传媒》2008 年第 6 期。

出固有的保守型与谨慎性。

  对于这一现象的改变，大众媒介在其中起着重要的作用，培养理论认为大众媒介对受众观念的影响是一个潜移默化缓慢的过程。黎族村民不断接触媒介让传媒的这种潜移默化的作用使黎族村民的交往观念也发生了改变，与异性交往的态度也发生了改变，无论是通过传统媒体还是新媒体，黎族村民之间的交往变得更加频繁，不再因性别、地区等原因而让人们正常的交往受限。

第五章

政治和宗教生活方式的变迁

政治生活方式是指处于一定的历史、社会、文化条件下的权利义务主体对政治体系、政治活动过程、政治产品等各种政治现象，以及自身在政治体系和政治活动中所处地位和作用的态度与倾向。[①] 中国各民族当代政治生活方式和国家政治运作具有和谐冲突的特点，正是这一特征反映了当前政治生活方式的动态结构。政治生活方式反映了人们对政治体系和政治行为导向的态度，揭示了人们政治行为和政治体系活动的相互作用关系。

宗教是人类历史上的一个非常古老的现象，其复杂性可以在不同于学者的定义中表现出来。黎族村民以其独特形式传递着信仰和生活方式，甚至不需要对其做出任何解释，但实际上却生动地存在着。他们依靠宗教，仿佛不是相应的宗教知识，而是知识得以阐明的形式。在城镇化进程中，伴随着黎族经济社会的发展，其传统的政治和宗教生活方式必然会不断地发展变化。

第一节 政治生活方式的变迁

一 政治组织的沿革与结构变迁

（一）政治组织的沿革

相当长一段历史时期内，由于交通闭塞，和外界联系甚少，中央国家权威在黎族社会影响微乎其微。由于距中央平原文化相对较远，因

[①] 刘俊凤、吕波：《20世纪三四十年代西北地区社会政治生活方式的变迁》，《榆林学院学报》2004年第4期。

此，社会关系的调整和社区的管理主要依赖于民间传统的社会组织和规则，黎族地区在长期的历史发展过程中形成了自我调节和自我规范的制度。邢村也在这个制约冲突中、解决纠纷的实践中累积形成了传统的社会组织、道德规范与行为准则。传统的社会组织及结构主要有峒和峒长，村和村长，家族和族长。这些组织突出体现了黎族社会血缘性、地方性、民族性和民间自治的特点。

1. 峒和峒长

峒即"一定人群集团共同居住的地域"，是黎族社会中原始古老氏族的部落组织，具有鲜明的民族特点。峒有大峒和小峒之分，一般大峒包括几个小峒，一个小峒包含几个村，黎语称之为"抱""蕃"，而且都有自己的固定地域。新中国成立前，一个村一般只有二三十户人家，超过五六十户的很少，成员基本都是单一血缘。

峒的始源，目前尚无法考证。据记载，不同的峒之间一般以山岭和河流等自然环境为界，然后通过砌石、立碑、种树、栽竹、埋牛角和立木板等形式作为分界的标志，峒内领地神圣不可侵犯。同一个峒的人为同一血缘关系，大家不仅有共同保卫峒疆域的义务，更有保卫全峒人不受外峒人欺负的责任。如果要到别的峒进行"砍山栏"、狩猎、捕鱼、伐木等，就必须征得该峒首领的同意和许可才行，并且要缴纳一定数量的礼物和礼金。如果没有征得对方的同意就擅自闯入，则会引起纠纷，严重的会产生械斗。

峒长即一峒的首领，在黎语称之为"毕寡"，意思是"像母亲一样照管大家的人"，其人选一般是从有威望的"奥雅"中自然产生。封建社会政府为了实现对黎族地区的控制，往往会对峒长进行赐封，如封为"总管""哨官"等，把他们作为基层行政组织首领，而且峒长是一种能够世袭的官爵。有史书记载：五指山地区"皆黎族盘踞，聚而成村者曰峒，峒各有长，父死子继，父亡妻及"。20世纪30年代，当时国民党政府又在村之上设置了相当于峒、峒长的乡及乡长。峒和峒长是历史的产物，是一种特殊的基层社会组织形式，到了民国政府就逐步被现代社会组织形式所替代。新中国成立后，峒这一社会组织完全消失。

2. 村和村长

历史上的村相当于自然村，实际上是由氏族组成的地域性组织。清朝时,村长一般是村民推举有威望和办事能力强的年长之人来担任,称之为"头家"。"头家"还必须经过上级"总管"或"哨官"批准才能获得管理村中事务的权利。民国时期,村之上设置了乡,村长负责管理几个或十几个小的自然村,而乡长则要管理几个或数十个大的自然村。村民的主要社会关系和社会活动均是村落当中进行的。因而村内社会关系的调整和公共事务的管理主要是靠村组织和家族组织来完成的。据邢村老人回忆,在新中国成立之前,村中很多家族事务主要靠各大家族自己管理。但是若涉及村与村之间,本村家族与家族之间的事务,则是必须由村长出面处理的。村长处理重要事务时,不仅要征求村中老人的意见,还要听从"总管""哨官"等上级的命令,特殊情况下直接提交给他们处理。

3. 家族和族长

黎族由于没有本民族的文字,因此家族对于祖先的记忆无法通过家族族谱形式记载。在邢村村民心中,他们往往将一个家族理解为上至曾祖父下至曾孙以及他们的旁系兄弟的血缘群体。在"合亩制"时期,一个合亩有时就是一个家族。"亩头"就是族长,并不通过选举产生,而是按照辈分和长幼轮次担任。"合亩"不仅是经济生产的单位,也是家族生活的单位。家族成员之间有互相帮助的责任和义务,家族里的成员无论是谁,在生产上和生活上都要互相尽力帮忙,从而形成一个紧密的团体。

在笔者调查期间,邢村传统的社会组织大多消失殆尽,但黎族村民强烈的家族认同感给我留下了深刻的影响。在他们心中,由家族组织以及由此产生的家族意识仍然存在,并且发挥着非常重要的影响力。

和传统相比,城镇化、现代化背景下形成的政治基层组织更具合理性,更能够体现治理功能。头塘村委会现包括5个自然村,11个村民经济小组。它们分别是:头塘第一、第二、第三、第四、第五、第六村民经济小组。

邢村作为头塘村委会辖区内的一个自然村,历史上,该村所属的行政区域有过很多次的变更。在1912年前属地为琼州府崖州乐安营邢峒(1950年前黎族社会独具特色的一种社会组织)。1912年崖州改为崖县,1935年成立乐东县,县以下设区、乡、保、甲的基层政权,邢村隶属于乐东县二区头塘乡。1951年邢村编入三平区头塘乡，1953年邢村农民在自愿互利下成立农业生产互助组。1955年村生产互助组合并，成立生产合作社（初级社）。1958年三平区改称上游公社（不久后改称三平公社），乐东县把区、乡、村改为公社、大队、生产队。1983年乐东县撤销公社、大队、生产队，恢复区、乡、生产队制。1987年1月行政设置再做改动，实行区改乡、镇制，改乡为管理区，生产队不变，同年12月乐东县更名为乐东黎族自治县。1991年再做改动，改为乡（镇）、村民委员会、村名经济小组。2002年8月乐东县把三平乡、万冲镇合并为三平镇，村委会、村名经济小组不变。

综上所述，自民国统治时期，行政区划频繁变化，包括地名变动、地域变动等。新中国成立以后，变化频率更为加剧。这种激烈的变化，可以说是农村社会动荡的反应，因为政府没有找到适当的组织，适当的土地和人口规模以及适当的行政隶属关系和管理方式来整合农村社会。

（2）政治结构和社会组织的变迁

新中国的建立和海南岛的解放，黎族村落的村治结构和社会组织发生了翻天覆地的变化。一些传统的社会组织消失了，有些留存下来了，但其性质和功能已经发生了较大的变化。邢村现在的村治和社会组织制度主要有村民大会制度、村民代表大会制度、支部党员大会制度、"两委"联席会议制度、村委会会议制度等。

1. 村民大会制度

村民会议由本村18周岁以上的村民组成，是全村最高的权利机构。村民会议是村民参与最多、规模最大的会议。能够最直接、最全面地表达村民的利益和愿望，因而也是村民自治组织中最高级、最完整、最有权威的组织形式，村民会议在本村享有最高决策权。

村民会议具有以下职责：选举、罢免和补选村民委员会成员；听取审议村民委员会工作报告、村财务收支情况报告，评议村民委员会成员的工作；讨论决定本村发展规划和年度规划；讨论制定和修改村规民约和村民自治章程；撤销或改变村民代表会不适当的决定；讨论决定村务重大事项和涉及全村村民利益的重要问题，主要包括：本村享受误工补贴的人数和补贴标准、村集体经济所得利益的使用、"一事一议"的筹资筹劳方案、村集体经济项目的立项、承包方案及村公益事业的建设承包方案、村民承包经营方案、宅基地的使用方案、计划生育指标安排方案、村民会议认为应当由村民会议讨论决定的涉及村民利益的其他问题。

村民会议的召集一般由村委会根据工作需要，或 1/10 以上的村民提议，即可由村委会召集并主持召开村民大会，村民大会的议事程序主要是：村委会主任召集并主持召开会议；对会议的议题进行研究、讨论，作出决定；村民会议所作的决定必须由参加会议的村民半数以上通过；村民会议要做好会议记录，作好原始资料的积累保存。

2. 村民代表会议制度

村民代表会议由村民代表、村委会成员组成。村党组织和经济组织成员、居住在本村的各级人大代表、政协委员可以列席村民代表会议。村民代表的推选工作由村委会主持。由各片（村民小组）会议民主推选产生，村民代表因故缺席时，按原推选方式补选。村民代表会议在村民会议闭会期间，经村民会议授权，可行使以下职责：听取和审议村委会的年度工作报告，并提出意见和建议；审议通过本村社会发展、村庄建设规划和年度工作计划；批准较大公共事务和公益事业项目建设方案及资金筹集、管理和使用办法；决定由村民承担的各项具体义务及涉及村民利益的事项；改变和撤销村委会不适当的决定。

村民代表会议由村委会召集并主持，每季度召开一次，特殊情况可随时召开。会议召开前，村委会应向村党支部报告会议议题，并经批准后方可召开。召开村民代表会议前，村委会要提前三天将会议时间、地点及议题通知村民代表，使村民代表能就会议议题征求村民意见。村民代表会议须有 2/3 以上通过方为有效。会议所作的决定或决议，如不违背有关法律、法规和政策，任何组织和个人不得改变。对村民代表会议决定的涉及村民利益的重大事项，要通过村务公开栏、板报、"明白纸"或广播等形式向村民公开，并随时向村民通报工作进展情况，接受村民监督。

村民代表任期一届，每届三年，村委会均由全体村民代表选举产生，村民代表可连选连任。

3. 支部党员大会制度

支部党员大会是支部的领导机关。凡属支部内的重要问题，都应提交支部党员大会讨论决定。支部党员大会一般每季度召开，如遇紧迫问题需要讨论和决定的，可随时召开。支部大会任务一般有：学习讨论党的路线、方针、政策和国家的法律法令，以及上级党组织的决策指示，检查贯彻执行的情况；听取和讨论支部委员会的工作报告；选举支部委员会和出席上级党代表大会的代表，讨论罢免、撤换不称职的支部委员和党员代表；讨论本村的生产（工作）实施的保证监督的措施；讨论发展党员和预备党员转正，以及表彰和处分党员等。

支部党员大会会前要做好充分准备，对形成的决定、决议要进行表决。票数应超过应到会有表决权的党员半数以上方为有效。党员大会作出的决议、决定，每个党员都要认真贯彻执行。

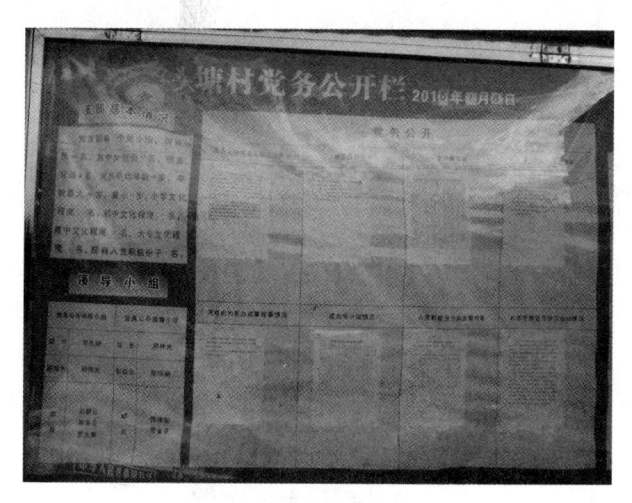

图 5-1　邢村党务公开栏

4. 村委会会议制度

村委会是日常办事机构。村委会组成人员由村民大会或村民代表会议选举产生，并向其负责及汇报工作。村委会每届任期三年，组成人员可以连选连任，下设专门的委员会和机构承担相应的职能。村委会全体会议一般每月召开一次，必要时根据工作需要可临时召开。总结本月工作，布置下月工作计划，传达上级有关文件精神。村民小组组长会议根据农业生产情况，及时布置工作任务，听取村民小组组长汇报，反映村民意见和要求，布置村民小组有关工作。村民代表会议每季度召开一次，年中组织部分代表、村民小组长听取村委会上半年工作报告，讨论完成年度工作计划措施，年终由村委会向村民代表会议汇报全年各项工作完成情况，提出下年度工作设想。

村委会下设的专门委员会和机构有人民调解委员会、治安保卫委员会、计划生育协会等。

5. "两委"联席会议制度

图5-2 邢村"两委"干部工作任务分解表

"两委"联席会议是非常重要的议事机构。会议成员为村党支部和村委会全体成员，参加会议的人数须超过应到会人数的半数。会议由村党支部书记和村委会主任共同召集，由党支部书记主持。会议至少每月召开一次，也可以根据上级党委、政府的要求以及本村的实际情况随时召开。会议主要研究的内容是：贯彻落实上级党委、政府有关决议、指示的实施办法；本村的长远发展规划、年度工作计划；村级组织有关工作人员的调整和奖惩；计划生育、宅基地指标分配和村务、财务公开等群众关注的热点、难点问题及其他重大事宜。

邢村现有的社会组织大体具有以下特点：一是种类更多，功能更全。基本涉及了邢村政治和社会生活的方方面面。在这些社会组织中，村党支部、村民大会或村民代表会议选举出来的村委会处于核心地位，其中以党支部的政治领导最为关键。传统的家族组织不再像过去可以处理公共事务，公共事务全部由国家制度规定而建立起来的村党支部和村委会等现代组织处理。二是现代社会组织的制度化和规范化水平较高。传统的社会组织由于是自然形成的组织形态，不成文的道德规范、村规民约是其主要的规则形式，而现代社会组织是受到国家正式制度的影响，在政府的指导下完成规章制度建设，都能做到有章可循，因此比传统组织更具制度化、规范化。三是现代社会组织的权威主要是来自国家，而非传统。传统社会组织由于自然形成，权威组织来自传统，因而具有更多的民族性和血缘性。四是国家权力或权威已经成为邢村生活的重要组成部分。过去由于地理、交通和经济落后，传统封建政权对黎族村所起影响力非常有限。而现在国家权力或权威在黎族村落具有决定性的影响力，国家意识随处可见，黎族村民对国家政策有较强的服从和遵从意识。

但是在调研中笔者也发现，现有的社会组织也存在诸多问题，如有些规章制度形同虚设，"有章不循"的情况时有存在；村干部消极怠工的情况时有出现；一些黎族村民对村干部缺乏足够的信赖和好感。

（3）政治结构下村民生产经营模式的变迁

新中国成立以后，和全国其他农村一样，邢村也经历了合作化和公社化改革的道路。邢村村民在政府的号召和呼吁之下，开垦荒地，使得土地面积有所增加，但依然没有从根本上解决当地土地资源稀少，土地利用率不高的问题。

1957年前后实行人民公社化，村里以生产队为单位发展经济生产。1978年实行改革开放以后，全国实行农村经济体制改革，邢村也不例外，开始实行家庭联产承包责任制，逐渐从"大公"经济走向"个体"经济。但邢村黎族村民一开始就不能充分适应，原因主要在于邢村在长期生产活动中是以集体的合作形式，如生产、周期、步骤由公社集体统一安排，形成了相对稳定的生产实践习惯。但邢村黎族村民对党和政府的号召仍然非常积极的响应，克服了所有困难，逐步适应了农村经济体制改革。

直到20世纪80年代开始实行农业家庭承包经营责任制以后，村里的土地全部以承包的形式分配出去，农民家庭经营成为主要的经营方式，邢村的土地使用率明显得到提升。一是由"粗放低效"到"集约高效"。土地资源稀少一直困扰着邢村的黎族村民。人口的增长，加上"退耕还林"政策的实施，因此，人均占有耕地量呈逐步减少的趋势。随着科技的发展和农业生产技术的进步，人们所掌握的知识越来越多，生产技术越来越先进，对土地的利用也告别了过去单一粗放低效的方式，逐步向集约高效型转变。村民们说，虽然现在每人所占耕地较少，但现在的土地产量比以前要高得多，加上种植项目的增多，导致土地的空闲时间减少,提高了土地利用率,因此相比以前日子要过得好得多。二是由"无人管理"到"精心呵护"。土地虽然属于非消耗性资源,但如果在使用过程中不注意保护它,土地的使用效率会大打折扣。邢村村民在不断的生产实践中也逐渐懂得了这个道理,20世纪50年代中期,就有了经过人工加工的稻田,对田地仅停留在简单的整理和反复的耕作基础上,造成了土地的生产效率很低,基本上还是主要靠天收。20世纪80年代以后,根据水田增多的现状,邢村村民开始不断修建水渠,引入昌化江或者南木溪的水对耕地进行灌溉。2000年以后,村民们开始在土地中施用磷肥和尿素。除此之外,村民还会经常给土地除草、松土等。邢村这一系列"呵护"措施的施行,大大提升了土地的循环利用率,也使得单位土地的产量大大增加。

图5-3 邢村手持荣誉证的老党员,经历了所有制结构的变迁

新中国成立以来的70年中,邢村在阶级压迫和阶级剥削已经消灭的大背景下,生产关系的变化更多地体现在所有制结构的变化上。从20世纪50年代至今,邢村的所有制结构经历了合作化集体(初级社和高级社)→公社化集体(大队和生产队)→组(3户为一组)→个体(以家庭为单位)的变化过程。当然,从调查中发现,目前邢村实行以家庭承包经营责任制为主的农业经营模式,家族内部帮工互助的现象十分普遍。如在农业生产中,犁田耙地常有亲戚朋友过来帮忙;拔苗插秧时,有空的人经常会主动去别家询问是否需要帮忙,也有自己忙不过来时请人帮忙的情况，所有的帮助行为都是无偿的。

从"单一经营"到"多种经营"。随着家庭联产承包责任制的实施，农业经营由集体化转型为家庭经营。随着科学技术的发展以及外来文化的渗透，极大地调动了邢村家庭生产经营的积极性，村民为了提高生产效益，争取获得更大的收入，开展了多种经营的尝试：一是由"一稻两熟"到"一稻一菜"；二是大力发展橡胶业；三是其他多种亚热带作物的补充；四是家庭养殖业的发展。

邢村从20世纪80年代开始实行农业承包经营责任制（那时是分田到队，队再分到组，一般3户为一组）。1998年村里的土地全部以承包的形式分田到户，承包期是30年。家庭个体经营模式即作为土地承包经营责任制的主体，邢村村民在自家承包的土地上根据自己的需要和能力自主地发展农业，实施投入，多劳多得。长期以来，村民们根据当地的气候和地理条件形成了自己独特的种植习惯。在水田的利用上，"一稻两熟"是当地传统的耕种模式。近来，不少农户开始尝试实行"一稻一菜"的耕种方式：即在雨季，还是按常规种稻，而在旱季（当地通常是冬季11月至次年1月）时节，水田被用于种菜。如今，所有田地已经分田到户，加上相关坡地、荒地已经被村民开发殆尽，全部种上了橡胶、香蕉等经济作物。除种植业，大部分村民还从事家庭养殖业。

合股联营模式是联合经营，包括组织之间的联合，也包括个人之间的联合。由三明村委会、第六、七、八村小组与村民高进忠、邢少君和邢恩忠（邢村村民）签订的《河道清理协议书》，其中高进忠、邢少君和邢恩忠联合承包进行河道清理就属于合股联营的模式。协议双方在2010年12月30签订了一份10年的协议书，内容如下：

河道清理协议书

甲方：乐东黎族自治县万冲镇山明村民委员会及第六、七、八村小组

乙方：高进忠、邢少君、邢恩忠

由于山明村委会第六、七、八村小组辖区内昌化江河道段长期污泥、沙石积累，每逢雨天，河床暴涨，严重危及周边村民的生命

财产安全。经村委会及小组成员一致决定，要求我方为其清理所辖河道的污泥及沙石。

经甲、乙双方友好协商，本着利民、互惠原则，达成以下共识：

1. 甲方要求河道清理范围：东至向阳水中桥，西至河喇叭，南至七组橡胶园，北至昌化江以南止。至所清理河道长约3000多米，宽约80米。河道归山明村委会所管辖。

2. 清理河道前期，甲方应做所辖范围村民的民事问题，并安排好日后所清理出污泥及沙石的放置场地交通运输，以避免以后与村民发生纠纷或干扰乙方工作正常进行。

3. 经双方协定，乙方所清理河道过程中所有费用由乙方负责，但所清理出的沙石归乙方所有，且乙方有权出售清理出的沙石，甲方无权干涉（所得收费用于弥补乙方安民及其他所有花费）。

4. 由于清理过程中会出现影响村民的问题，乙方给予甲方村民补助费（干涉费）。村委会、村小组按每年付款，其中村委会伍仟元整，第六小组贰仟元整，第七小组贰仟伍佰元整，第八小组贰仟元整。

5. 付款每年12月30日前一次性付清当年费用。若乙方不按时付款，甲方有权终止乙方清理河道协议。

6. 清理河道期间，若出现纠纷或其他影响乙方工作正常进行的情况，甲方必须及时协助乙方处理妥当，若拖延乙方正常工作所造成经济损失反作用，则由甲方负主要责任。

7. 乙方开工前，甲方有义务协助乙方处理好水、电道路的畅通无阻工作。开工后，乙方负责运输车辆所经过路段的修复、养护以及拓宽的所有费用，由甲方应保证乙方运输车辆在此路段畅通无阻不受干扰。

8. 双方协议已经签订，乙方所负责清理河道的范围之内，甲方不允许再与其他个人或单位签订类似合同，甲方负责不准其他人在指定范围内施工，否则由此造成乙方的经济损失由甲方全部承担。

9. 在开工期间，如遇特殊情况，乙方有权进行联营承包甲方不得干涉，并且办理河道清理相关手续及其他所需材料甲方必须无条件提供。

10. 经双方协定，清理河道期限暂定壹拾年，即 2010 年 12 月 30 日至 2020 年 12 月 30 日止。

11. 协议期满后，若甲方仍有此类合作，在同等条件下，乙方有优先权。

12. 本合同一式三份，甲乙双方各执一份，山明村委会一份，如有未尽事宜，双方另行商定，补充附件与协议条款具有相同法律效力，协议自签订后生效。

甲方（盖章）：乐东黎族自治县万冲镇山明村民委员会、六组、七组、八组

代表签名：

乙方（盖章）：高进忠、邢少君、邢恩忠

2010 年 12 月 30 日

联合承包大炮荒山用于种植橡胶的 XXL 和 XXD 都是邢村组的村民，两人系堂兄弟关系。承包时间为四年，从 2011 年 6 月至 2015 年 6 月止。荒山承包费（地租）为每年每亩 600 元，每年（6 月）一次性付清。

二 乡村治理的冲突与调适

人类学、社会学对我国传统乡土社会的管理与控制的研究很多，费孝通先生在描述乡土社会的秩序维持中曾指出，乡土社会是"礼治"的社会，乡土社会的政治管理是以无为政治为主的，并且由"长老统治"来实现管理，而乡土社会的秩序之所以可以由"礼治"来维持，主要是因为"礼治就是对传统规则的服膺"。[1]

（一）"奥雅"在乡村治理结构中的作用

相当长一段历史时期内，黎族社会虽然距中央平原文化相对较远，

---

[1] 费孝通：《乡土中国》，北京大学出版社1998年版。

但在长期的历史发展过程中形成了自我调节和自我规范的制度。邢村也在这个制约冲突中,解决纠纷的实践中累积形成了传统的道德规范与行为准则。

新中国成立之前,邢村处理民事纠纷,维持良好的社会秩序主要依靠"奥雅"。20世纪50年代初,虽然国家权力以前所未有的速度进入邢村,但由于惯性,村民的思想观念没有质的变化,"奥雅"仍然起着重要的作用。根据对文献和访谈资料的分析,邢村的"奥雅"作用主要体现在以下三个方面:一是协助国家权力处理邢村处理日常纠纷;二是参与村务的讨论,有发言权;三是主持村中红白喜事等的宗教仪式。在邢村纠纷处理过程中,独具特色的调处者——"奥雅"凭借其出色的组织协调能力,及时和有效地化解了各种纠纷,保证了当地的社会生活秩序。其发挥的作用有以下几个方面。

1. 召集作用

当纠纷发生时,各方一般会主动邀请"奥雅"解决纠纷,"奥雅"出于维护社会秩序和社会生产的需要,积极参与介入纠纷的处理。"奥雅"会根据纠纷的类别和大小要求不同的人参与。如果情节轻微,事实清楚,"奥雅"仅召集当事人双方解决;如果情节严重的纠纷,"奥雅"则会让其他民众参与讨论和确认。

2. 调解作用

调解这种简单的方式可以概括为:"讲道理的第三人与听别人讲道理而从内心表示服从的当事人表演的戏剧。"[①] 历史上,邢村基本上是按照习惯法来处理纠纷和治理社会,而调解则是其主要方式。黎族传统村落,在群居的村寨生活、互助的生产方式之下,和睦相处、团结友爱、同享幸福是村民们共同的精神追求。但正是人们处在一个物理和精神上都十分接近的圈子里,所以纠纷容易发生,同时也正是因为彼此共同生活在这个圈子里,所以纠纷也容易平息。[②] 因此,纠纷的双方当事人总是想方设法与对方达成和解,避免影响融洽和谐的关系。但是纠纷超越了当事人自力解决的范围,或是当事人协商不成,纠纷返回到原初

---

① [日]高见泽磨:《现代中国的纠纷与法》,何勤华等译,法律出版社2003年版,第212页。

② 同上书,第206页。

第五章　政治和宗教生活方式的变迁　　155

状态，此时就需要第三方"奥雅"的参与。①"奥雅"不管是以什么角色参与，他都会认真询问当事人，和大家一起讨论，听取各方意见，起到调解作用。

3. 监督作用

在邢村这个熟人圈子社会中，纠纷当事人双方一般都会在"奥雅"主持的调解中做出一定让步，以期圆满解决纠纷。如果是涉及重大人身财产赔偿纠纷时，当事人不能当场赔偿的，会约定在一定期限内执行。在这期间，"奥雅"会监督赔偿的进程，一旦超过期限仍没有圆满解决，"奥雅"则会出面询问并督促当事人按照约定履行赔偿义务。在习惯法的背景下，"奥雅"的监督作用是依靠社会舆论而发挥的，因此一般会促进纠纷的顺利解决。

在邢村乡村治理结构解决纠纷过程中，"奥雅"能够一直发挥重要作用，主要源于三个方面的原因：一是对秩序效益的追求。生活在相对封闭"熟人"圈子的邢村村民一般希望在不影响邻里关系前提下，选择较为简便的方式来处理纠纷，以期得到纠纷的圆满解决，这是追求秩序效益的正当体现。二是对经济效益的追求。邢村经济落后的经济生产方式使得村民收入水平低，邀请"奥雅"出面处理纠纷，是一种"经济实惠"的做法。三是"奥雅"在黎族人民心目中所具有的崇高地位。"奥雅"被认为有智慧、高尚道德和办事公平的人物，他们获得人们的普遍认同和尊重。

（二）乡村治理结构与纠纷处理方式的变迁

历史上，为了维护社会秩序和公共利益，黎族传统社会形成了独特的习惯法来解决纠纷，主要包括神明裁判，调解等。一般来说，黎族村民选择调解的方式来解决纠纷；但在人力无法确定的时候，采取神判的方式来解决矛盾。

如今，对于黎族乡村治理，国家在邢村从文化、制度和技术上都作出了相应的安排。纠纷一般分显性和隐形纠纷。对于显性纠纷，一般由村干部或相关国家机关和机构来处理，而隐形纠纷，一般不会提交给公

---

① 梁聪：《清代清水江下游村寨社会的契约规范与秩序》，人民出版社2008年版，第135页。

共社会组织来处理，而是由当事人自行解决或被限制在家族或家庭内部解决。

1. 神明裁判

神明裁判的核心是崇拜不可知的超自然力，是不能利用自己的能力和智慧来搜寻犯罪证据或被迫揭露真相，不得不采取相信超自然力审判的方式。[1] 20世纪70年代以前，邢村依然存在着由神明裁判的例子。神明裁判主要是应用在盗窃案中，因为财物主人没有当场抓到偷东西的人，而是依靠主观的怀疑，拿出尖刀对着太阳发誓，凭借当事人的身体某些部位抵抗外力伤害的结果，或者是心理上的恐惧和羞愧，对案件进行验证，结果就是最终的裁决。

随着人们认识能力的提高，神明裁判的方式也逐渐消失在人们视野中，但主导这种方式存在的心理观念却远远落后于具体的外在形态。

2. 调解

历史上，邢村基本上是依俗而治，政府很少介入，由习惯法组织按照习惯法来处理纠纷、治理社会，而调解则是实现这一过程的最常见的方式。

邢村调解程序一般是这样的：召开一个由"奥雅"主持的会议，与一些村内德高望重的老人讨论，对当事人进行调查和质疑，如果双方达成和解，调解成功，如果双方没有和解，则由他们一起判决，最终决定的结果要得到群众的确认。这种简单的模式可以归结为：讲道理的第三人与听别人讲道理而从内心表示服从的当事人表演的戏剧。

黎族传统的农村治理结构，有效控制了"民主改革"前邢村的社会秩序。在现代国家统一法律制度，社会观念和国家诉讼机构的背景下，今天，现代以诉讼为中心的解纷手段已经取代了传统纠纷解决方式。但通过调查，我们发现传统的调解机制仍然存在一定的范围，具有顽强的生命力，比如因地界划分引起的纠纷等。

3. 国家正式纠纷解决方式——诉讼制度或行政性纠纷解读制度

法院解决法律纠纷所适用的诉讼制度是国家为社会提供的一种解纷方式，突出国家法律的重要性，最基本的原则是"万事以事实为根据、

---

[1] 陈金全：《西南少数民族习惯法研究》，法律出版社2008年版，第92页。

法律为准绳"，因此，民族习惯法对这一方式是没有适用空间的。但是笔者调查发展，这种纠纷解决方式在邢村是很少使用的。究其原因，一是村民的法律意识比较淡薄，对人民法院的职责和处理纠纷的特点、程序缺乏必要的了解；二是在城乡文化和价值方面存在差异，不敢轻易去城市尝试较大风险的行为；三是花费较大，法律诉讼相对行政机关和村里解决纠纷的方式，需要较大成本。四是太伤感情，更期望采取一种温和的协商方式解决纠纷，尽量维系感情关系，没有必要到公堂上闹得势不两立。

相比人民法院，政府机关和机构所主持的行政性纠纷解决方式在解决纠纷时，具有更多的灵活性和主动性，因此政府机关和机构在黎族村落纠纷的解决方法依然发挥非常重要的作用，是邢村解决纠纷的主要方式之一。

4. 非国家正式的纠纷解决制度

这种纠纷解决方式大多是民间自然形成的解决社会成员间纷争的方式和途径，代表的主要是邢村全体成员的意志和利益，处理纠纷的程序也较为灵活、机动，更注重失衡社会关系的恢复。

村民委员会解决纠纷的工作主要是由村委会人民调解委员会来负责的，主任通常由村委会主任或副主任担任；除村委会一级的调解纠纷的组织外，各村民小组还设有人民调解员在负责本村民小组民间纠纷的解决。在处理民间纠纷的方法上，一般是调解。调解前，调查清楚，充分了解纠纷产生的来龙去脉。调解时先介绍按照国家法律如何处理，再说明按照传统的民族习惯法如何处理，最后提出自己的处理建议供双方当事人参考。

三 基于习惯法的乡村治理结构变迁

20世纪80年代初期，随着家庭承包责任制和村民自治制度的实施，国家对村庄的控制有所"减弱"，在这种背景下，传统习惯法得以部分复苏，一些思想形态和内容顽强地生存下来。直到1987年，《村民委员会组织法》（试行）颁布实施以后，传统习惯法以村规民约的形式存在，获得了另外一种形式的认可。根据该法第十六条的规定，村民公约由村民会议决定，提交乡镇人民政府备案，是村民自我管理，自主学习，自我服务的行为准则。

邢村村规民约

（2015 年 6 月）

为了稳步推进我村社会主义建设的步伐，进一步推进民主法制建设，维护社会稳定，树立良好的民风、村风，创造安居乐业的社会环境，促进经济发展，建设文明卫生新农村，按照"生产发展、生活宽裕、乡风文明、村容整洁、管理民主"的要求，制定本村村规民约。

1. 热爱祖国，热爱中国共产党，热爱集体，学法知法，遵纪守法，同一切违法犯罪行为做斗争。

2. 爱护公共财物，不得损坏水利、交通、通讯、供电、供水、生产、休闲场所等公共设施，未经批准，不私自安装用水用电设施，节约用水用电，严禁偷水偷电，发现违规人和事，要积极制止并及时向村委会报告。

3. 团结友爱，相互尊重，相互理解，相互帮助，和睦相处，不打架斗殴，不诽谤他人，不造谣惑众，不拨弄是非，不仗势欺人，建立良好的邻里关系。

4. 大力弘扬社会主义核心价值观，提倡社会主义精神文明，移风易俗，喜事新办，不铺张浪费，丧事从简，不搞成规旧俗，不搞宗族派性，反对家族主义，反对封建迷信及其他不文明行为，树立良好的社会风尚。

5. 搞好公共卫生和村容整洁，做到人畜分离，垃圾不乱倒，粪土不乱堆，污水不乱流，柴草不乱放，房前屋后不积水，檐沟处处要疏通。

6. 依法使用宅基地，服从村镇建房规划，不损害整体规划和四邻利益。

7. 严禁私自砍伐国家、集体或他人的林木，不准在村附近或田边路旁乱挖土，严禁损害庄稼、瓜果及其他作物。

8. 自觉养路护路，维护道路畅通，不准在村道、主道边搭建违章建筑、堆放废土、乱石、杂物，不准在路道上乱挖排水沟，不准在路肩上种植作物，侵占路面。

9. 积极主动参与"三清六改四普及"，搞好门前"三包"，绿化美化环境，义务投工投劳。

10. 计划生育，晚婚晚育，优生优育，男女平等，尊老爱幼。

黎族社会没有文字，因此黎族习惯法大部分不成文，一般采取口头相传的方式。在邢村，村民自出生就受到各种形式的习惯法的影响，当有纠纷发生的时候，他们参与观摩纠纷处理的过程，在积累过程中不断了解、认识和熟悉习惯法。现代习惯法的形式是一种国家承认的形式，即根据其固有的习俗和文化传统，风土人情和客观环境等要素，而自发订立的调整该群体成员行为的规范和公约。随着经济和社会的不断发展，黎族习惯法不仅在形式上变化，而且内容也发生了很大的变化。这些变化都符合国家政策或法律的需要，积极适应不断变化的社会需求的需要，反映在对习惯法部分内容的添加，修改和消失等方面。

新增的内容主要有：一是社会主义核心价值观、精神文明建设及社会公德等方面的相关内容，如富强民主、文明和谐，自由平等、公正法治，爱国敬业、诚信友善等价值观，还有如尊老爱幼、团结邻里、勤俭持家、助人为乐、保护环境等民族新风尚，这些都是国家所强烈提倡的；二是由于黎族生产和生活方式发生深刻变迁而增加的相关内容。随着社会主义经济体制改革，特别是落实家庭联产承包责任制以来，黎族农村生产生活方式发生了重大变化，出现了一些新的生产生活方式，有力推动了邢村经济和社会发展，同时也引起了土地承包、环境保护和计划生育等方面诸多新的纠纷，这些都在新规约中进行了相应的说明和规定。

修改的内容主要有：一是对正常的宗教活动与封建迷信活动进行严格的区分。在传统习惯法中，对于宗教与迷信之间没有严格的区分。伴随着科学技术的不断进步，人们认识水平大大提高，思想观念逐步转变，加上国家相关法律对以上内容都进行了相应的规定，并不断进行普法知识的教育和宣传，此外，人们也逐渐认识到了邪教组织和封建迷信活动等的危害，人们对于正常宗教活动、邪教组织活动和封建迷信活动已能明确进行区分，因此在新规约中对其进行了严格的区分，增加了如禁止参加任何邪教和反动组织活动，反对封建迷信等内容。二是对相关事项罚金数额进行了模糊处理。邢村以前村规对罚款数额有些偏高，不合理，为了与《中华人民共和国治安管理处罚条例》规定相一致，2015年新的村规民约不再叙述相应事项的罚金。

消失的内容主要有：一是部分国家明令禁止的比较残忍和不人性化的惩罚方式。新规约中删除了处死等粗暴残忍处罚手段，也废除了开除村籍等不合时宜的处罚方式，保留的方式除罚款外，主要是批评教育；二是部分生产和生活方面的禁忌。由于人们认识水平的提高，有些禁忌被认为是封建迷信，对生产和生活百害而无一利，必须要被废弃；三是维护旧的土地制度的规范。我国现行的土地所有制为社会主义土地公有制，土地的社会主义全民所有制由社会主义国家代表全体劳动人民占有属于全民的土地，行使占有、使用、收益和处分等权利。有关旧的规范早已丧失了生存的土壤。

总之，20世纪80年代，随着农村公社和生产大队的解散，家庭联产承包责任制和村民自治制度在黎族地区的逐步推广，对于黎族基层农村的代表——村党支部来说，国家权力控制的经济资源减少，国家权力的强度有所减弱。将国家相关政策法规直接传输到民族地区和社会基层，有力加速了旧的政治制度的蜕化和新政治制度的普及。新中国成立以后，尤其在现代化进程下，我国不断加强法治化建设进程，努力地建构了一套完善的法律制度，促进国家治理体系和治理能力现代化。2011年10月27日，《中国特色社会主义法律体系》白皮书发布。白皮书指出，截至2011年8月底，中国已制定现行宪法和有效法律共240部、行政法规706部、地方性法规8600多部，中国特色社会主义法律体系已经形成。除了以上法律和法规，还出台了许多部门规章和地方政府规章，以及产生了一定数量的自治法规。这些法律、法规和规章的颁布实施，构成了一个庞大的法律体系框架，调整着社会生活和公民生活的方方面面。然而，由于民族地区的历史传统不同，自然环境不同，经济发展水平千差万别，千篇一律地强调国家法制的绝对统一，完全排斥地方习惯法也许不是明智的做法。

第二节 宗教生活方式的变迁

宗教是各民族传统文化的重要组成部分，影响着信教群众的思想观念和生活方式。宗教可能在稳定社会、推进社会变革方面发挥积极作用。[1] 如果民族之间在宗教信仰、礼仪和生活习俗等方面存在很大的差异，就可能直接影响民族之间的日常交往和民族关系，而且不同宗教在对待其他宗教的宽容度上也各有不同。所以要了解城镇化进程中黎族村民宗教生活方式变迁情况，应先了解当地群众对不同宗教的认知和认同情况。

一 黎族村民的信仰与崇拜

黎族信仰文化有一个产生、形成、演变过程，是逐渐由低级向高级发展变化的。在长期的历史发展过程中，黎族形成了多种多样的民间信仰文化，这种文化渗透到黎族社会生活的方方面面，既反映了人与人之间的关系，又反映了人与自然的关系。

（一）自然崇拜

在原始社会，由于生产力十分低下，人们无法合理解释各种自然现象，认为自然界的万物都是有灵魂的，而且威力非常强大，可以主宰和支配人类，并能改变人类的命运。在这种思想影响之下，黎族人认为世界万物均有神灵。[2] 自然崇拜实际上主要是以自然事物和自然力为崇拜对象。这种原始宗教观念，在黎族村民中主要表现为下面几种崇拜：对"天鬼"的崇拜、对"地鬼"的崇拜、对"水鬼"的崇拜、对"山鬼"的崇拜、对"火鬼"的崇拜、对植物的崇拜和对动物的崇拜。

（二）祖先崇拜

"祖先崇拜是中国传统宗教信仰形态最重要的特色"[3]，在悠久的中华文明史上，其"生，事之以礼。死，葬之以礼，祭之以礼"[4] 的礼俗

---

[1] 郑生忠：《社会转型时期我国西部少数民族宗教问题研究》，陕西师范大学，2012年。
[2] 王挺：《黎族的文化适应：特征、影响因素及理论模式》，华东师范大学，2013年。
[3] 李亦园：《人类的视野》，上海文艺出版社1996年版，第275页。
[4] 李学勤主编：《论语注疏·为政》，《十三经注疏》标点本，北京大学出版社1999年版，第16页。

和观念不断发展变化,"在很长时期内极大地影响着中国社会的民俗和精神生活"。①

对"祖先鬼"的崇拜实际上是"鬼魂"观念和血缘观念的结合。邢村人平时禁忌念祖先的名字,怕祖先灵魂回到人间,导致家人生病。在邢村,祭祀祖先是经常性的,而且祭祀的形式多样,一般可分为年节祭祀、大事告祖、平日祭祖三种类型。总之,邢村黎族对于家祖的供奉和祭祀,尽管由于时代条件的不同,在供物的种类上有所差异,但在形式和内容上大体上没有很大的变化。

图 5-4　邢村家庭中供奉祖先的神龛

因此,邢村黎族的宗教信仰仍停留在原始宗教阶段,"以祖先崇拜为主,其次是自然崇拜"②。黎族原始宗教信仰多种多样,并渗透到社会生活的各个方面。

(三) 预兆与禁忌

在这种祖先崇拜以及自然崇拜的观念影响下,邢村人把幸福与收获、苦难与不幸都看成鬼神在起作用。预兆是用神意或神秘力量来解释或预卜前兆现象和未来事物之联系的迷信观念和活动,有凶兆和吉兆两种。③ 它是人类生产力水平低下,受自然力威慑,对未来的遭遇和行动

---

① 牟钟鉴、张践:《中国宗教通史》,社会科学文献出版社 2000 年版,第 57 页。
② 王尧主编,杨权等撰:《侗、水、毛南、仫佬、黎族文化志》,上海人民出版社 1998 年版,第 515 页。
③ 练铭志等:《排瑶历史文化》,广东人民出版社 1992 年版,第 491 页。

图 5-5　邢村黎道公在神龛下祭祖

后果无从预知或控制的情况下产生的一种心理反应。20 世纪 50 年代，邢村对预兆的解释包含的内容非常广泛，比如看见大树自行倒下，则见者将会病死；晚间听见猫头鹰在树边乱叫，就是"报病"的信号，村中将有人生病；梦见打破锅子、碗碟是凶兆等。

禁忌是人们对某种神秘力量产生恐惧而采取的消极被动的预防行为，渗透在生产、生活的各个方面。20 世纪 50 年代，邢村黎族禁忌主要分为生产禁忌、生活禁忌、生育禁忌、节日禁忌、丧葬禁忌、婚姻禁忌、宗教禁忌七大类。其中，宗教活动上的禁忌主要体现在"做鬼"宗教习俗上。

二　原始宗教与道教结合体的变迁

据 20 世纪 50 年代的调查资料显示，1927—1928 年，是黎族信仰道教最盛的时期，佛教、基督教等其他宗教对合亩制地区影响非常小。"民国时期是道教逐步深入黎区，并与其原始宗教相融合的过程，在这个过程中道公逐步走入黎族的宗教活动，不断成长，地位不断上升。"[1]符和积在《道教在海南黎族地区的传播与民族化》一文中，归纳了黎族化的道教宗教信仰的六大特点。[2] 正是因为信仰道教相对原始宗教来

---

[1] 张秀坤：《民国时期黎族的宗教信仰研究》，海南师范大学，2016 年。
[2] 符和积：《道教在海南黎族地区的传播与民族化》，《中国道教》2006 年第 3 期。

说简单、实效,所以道教对整个黎族地区来说影响是非常大的。但是我们从对邢村黎族人的采访中发现,他们从未听说过有道教。

实际上,他们正在经历着从原始宗教向原始宗教与道教的结合体的深刻转变中。这种结合并不是简单的相加,它体现的是作为本土文化的原始宗教与作为外来文化的道教之间结合时所表现出的一种自我调适,其调适过程主要体现以下几个特征:一是学习道教法术的人文化层次普遍不高,他们在学习的过程中很少依靠书本,基本都是靠记忆,因此学习难免会有遗漏,学习得并不到位;二是由于道教主要用海南话进行传播的,而海南话在翻译成黎话的过程中也存在着不是十分准确的情况,导致在实际操作过程中存在一定的偏差;三是人们并没有非常统一的信仰,只是出于实际效益的考虑,才有目的性的进行信仰选择。

三 宗教的新代言人——道公

原始宗教文化影响下的邢村黎族,是以频繁的祭祀祷祝、降神附体、跳神驱鬼、卜问神灵、施行巫术等来祈福禳灾的。在这些宗教活动中的表演者是"三伯公""奥雅都"等。但随着20世纪80年代邢村的"圣"术取代"罗反"术,"道公"也正式取代了"三伯公""奥雅都"等传统宗教活动表演者。笔者通过对邢村一位"道公"XTY的访谈,了解到目前该村"道公"的基本情况:

XTY(邢村4队,1963出生,已婚)
问:你当初怎么会选择去学这种法术?
答:小时候,经常看到村里的"道公"作法,开始是好奇,觉得非常神奇,自己就想尝试着做,后来因为兴趣很大,就慢慢学会了。
问:政府对你的这种行为会进行管理吗?
答:第一,我想说的是,这是我们黎族社会的传统习俗,大家了解后,会尊重我们的。第二,有一段时间政府想管,但是发现真的很管用,现在政府基本上不管了,而且有的人还请我们帮忙作法。
问:现在你已经成为了"道公",你有什么想法和打算?

答：现在最大的心愿就是希望自己长期坚持，尽可能帮助有困难的人。比如有些人打针打很久都不能进入时，我们就通过作法帮助他们，减少他们的痛苦。

问：现在邢村共有多少人是道公？有没有妇女？

答：共12人。以前有妇女也学习，但后嫁人，都自愿放弃了。

问：平时一年有多少人会请你作法？

答：这个没有具体统计，有时候多，有时候少，但是平均一个月有3到4次吧。

问：除了保佑平安之外，你还会作哪些法术？

答：比如有人生病，长期不好，我们也会帮忙作法。

(2013年12月访谈记录)

"道公"在邢村地位较高，受人尊敬，村里无论大事小事，都要请"道公"祈福保佑，比如婚丧嫁娶、乔迁新居，甚至小孩夜里啼哭等。

尽管道教、佛教、基督教及伊斯兰教等外来宗教早在唐代就已经登陆海南岛，但邢村对这些外来宗教却并不熟悉。实际上，邢村正在经历着外来宗教本土化的过程。这个过程包括以下几个方面：一是外来宗教的神灵观念在邢村已深入人心；二是黎化"道公"获得了普通的尊重与信任。

笔者在邢村的调研中发现，尽管黎族宗教信仰和宗教仪式仍然存在，并且渗透到社会生活的各个方面。但是随着科学知识的普及、认识水平的提高及马克思主义思想的引导，黎族的宗教信仰已经在逐渐弱化，这种弱化在黎族新一代中体现得更为明显。但是黎族人民仍然重视祭祀祖先的礼仪，因为这不仅代表他们对自己文化的认同，而且也代表他们对祖先的敬畏。

第三节 城镇化对政治和宗教生活方式变迁的影响

我国的城镇化进程给少数民族地区带来了跨越式发展。新中国成立后，当时处于各种社会形态的少数民族都在民主改革后过渡到社会主义社会，但落后的经济社会基础使相当一部分少数民族人民依然生活在贫困落后的状态之中，与贫困落后相适应的就是传统落后的生活方式和某些观念。走进城市的少数民族在寻求生存与发展的过程中，不断调整着自己原有的生活习惯和思想意识，以逐步适应城市的多元化和现代化。同时，他们的生活方式和思想意识对家乡的政治和宗教生活方式又具有很大的影响力和带动力。

一 村民政治参与途径的拓展

在城镇化进程中，中国人口流动变得非常频繁。外出流动人口的管理已经成为各地各级政府管理制度的重要内容，电视、手机和网络等大众传媒成为政府管理的重要延伸，同时也为黎族村民参与政治拓展了渠道和途径。

（一）政治关注程度的增强

历史上，由于"天高皇帝远"，海南黎族地区长期远离中央王朝的控制，传统黎族村民一般不太关心国家政治，更不会去关心与自己命运不相关的政治组织，他们觉得国家政治对他们来说太遥远，与自己关系不大，只要自己的家庭和家族不受影响，谁统治国家都是一样的。因此当他们遇到问题时，他们首先想到的就是通过家族来解决问题。但是在城镇化进程中，情况发生了非常大的变化。邢村村民开始越来越关心国家政治，关心国家形势，关心国家政策特别是跟农民、农村、农业相关的"三农"政策。

在城镇化进程中，邢村村民们开始关心国家政策形势以及各种社会问题。据在邢村的调查显示，村民在选择"你最喜欢观看哪些类型的电视节目"时，位列首位的是新闻类节目，占到了总人数的55.9%，电视剧类节目次之，再次是综合文艺类节目，排在最后的是体育类节目。在新闻类节目中，村民们尤其喜欢看《焦点访谈》和《新闻调查》这样深层次调查并进行分析探讨的节目。他们在闲暇聊天时，平时议论最多的也是各类电视新闻。由此我们可以看出，邢村村民总体对国内外政治形势的关心程度是比较高的，此外，他们还对国家政策法规和反腐倡廉也表现出了足够的关注程度。这说明在城镇化进程影响下，邢村村民对国家政治的关心程度正在不断增强。

笔者在邢村做了一项关于村民对近五年内重大事件了解程度的专题

调查，共有36人参与了调查。以2008年四川汶川大地震为例，当被询问你是通过什么途径知晓这一突发重大事件时，有22人（占比61.1%）说是通过电视新闻知晓的，特别强调说当时中央电视台全程滚动播出，大家都非常关注；而通过手机、广播和报纸知晓的人分别有10人（占比27.8%）、3人（占比8.3%）和1人（占比2.8%）。尽管由于调查人群总数不多，但基本还是可以分析出，邢村村民对于国内重大事件的了解，主要通过电视、手机和广播等大众传媒等渠道。邢村村民们通过看电视、看手机、听广播不但知道了国家领导人的名字、长相和履历，而且了解和熟悉国家正在实施的相关政策以及跟黎族村民利益攸关的每项举措。此外，电视台、广播电台和报社还设立了群众上访部门解决群众遇到的各种问题。大众传媒已经成为广大黎族村民参与基层政治、参与自治管理的重要渠道。

2015年12月笔者在邢村调研时，有一件新闻最令村民津津乐道，他们说，中央电视台集中宣传了乐东县深入践行"三严三实"、从"后进"到"先进"的经验做法，引起了社会很大的反响。现在乐东出名了，成为践行"三严三实"的有效样本，看得见、摸得着、响当当、过得硬，海南其他县市的，甚至大陆部分省区县市都来我们这里学习经验，我们老百姓高兴自豪啊。此外，村民们有时候会拿着报纸宣传的重要政策去对照村委会的相关工作，有的还直接写投诉信寄给相关媒体，对一些不合理和不合法的做法提出质疑。

（二）政治维权意识的增强

长期以来，黎族社会传统习惯法在处理纠纷和维持秩序方面发挥了重要作用，对于村民的各种矛盾和纠纷，一般按照习惯法来处理。这种做法导致黎族村民法制观念比较欠缺。新中国成立以后，特别在城镇化进程中，国家法制部门联合有关部门，通过多种生动、丰富、形象的手段和形式，如通过电视、广播、报纸等媒介，以案例讲述分析、歌舞、小品等多种形式对法制内容进行广泛宣传，加强了黎族村民法制观念的教育，增强了黎族村民的法律与维权意识。

当被问到"你们最喜欢看什么法治节目"时，几乎所有的人都说中央电视台的《今日说法》和《道德与法治》等节目。这些节目之所以受村民的欢迎，主要原因在于：一方面，节目非常接地气，都是选自现实生活中真实的案例,有权威专家的详细分析和点评,很具启发性;另一方面,村民由于自身法律知识的不足和维权意识的增强,有强烈的学习法律相关知识的愿望和需求。还有村民提到《金牌调解》等节目,笔者分析,村民们爱看,是因为它顺应了当前民间争议纠纷较多而期待更多的法庭外和解以提高社会和谐效率的社会需求;它运用媒介的力量更好地推动了社会尤其是普通民众的和谐感。

近年来,伴随着互联网的迅速发展,人们的思维观念和行为方式都发生了巨大的变化。如何运用互联网手段和互联网思维,加强对农村党员和村组干部教育,提升农村基层党组织服务群众效率,逐步引起大家的重视。邢村也在实践中不断积极探索农村党员和村组干部教育的新途径,如组建村"两委"班子成员微信群,充分利用手机微信或短信给广大党员和村干部发送学习内容。在用好远程教育网点党员教育资源的基础上,邢村建立了"短信党校"教育平台,把党课教育、"三严三实"及"两学一做"等内容整理后,编成通俗易懂和精炼简短的民谣,同时还为村民们发送了许多关于农业科技、务工技能、市场行情的信息。

在邢村调查时,当被问及如何解决纠纷时,无论是村干部还是普通村民,都非常坚定地回答到,他们是按照国家相关法律来处理纠纷的。当笔者询问村治保主任邢村治安问题时,得到的答案同样非常肯定:"我们是生态文明村,治安良好。"但不可否认的是,在邢村,纠纷是肯定存在的,但有显性和隐性之分,只是两者的处理方式和社会知晓范围不同而已。显性纠纷一般被提交给村干部或者相关国家机关和机构进行处理,在较大范围内为人所知;而隐形纠纷普遍由当事人自行解决或局限在家庭及家庭内部解决,不为社会和外人所知晓。[①]

近年来,由于国家的重视,民生问题被社会各界所高度关注。媒体新闻报道视角更加集中基层,民生问题开始成为大众传媒报道的重要方面。在相关新闻媒体的干预下,一些难以解决的民生问题得到顺利圆满解决。随着城镇化进程的推进,村民们的维权意识逐步增强,他们还意识到可以利用大众传媒这种方式保护权益、伸张正义。在现实生活中,利用大众传媒进行维权已经成为了邢村村民的一种重要途径。以前,村

[①] 张跃、周大鸣主编:《黎族(海南五指山福关村调查)——中国民族村寨调查丛书》,云南大学出版社 2004 年版,第 276 页。

民如果遇到不合理和不公平的事情，首先想到的是找村干部说理，无法协调的就上诉到镇政府，若还是解决不了，就没有其他办法，一般只能选择忍气吞声，甘愿吃亏了。但现在黎族村民已经认识到了新闻媒体的监督作用影响是很大的，舆论的作用非常有效果，很多不合理、不公平的事情一经新闻媒体曝光，就会引起相关政府部门重视，问题就有可能得到解决。

在邢村调查过程中，有部分村民表达如此诉求：希望新闻媒体可以给他们提供报料或"告状"的渠道，然后新闻媒体有权利和义务对政府相关部门不作为和乱作为的现象进行监督和曝光。近年来，随着对民生问题的强烈关注，对基层政府和服务部门的监督作用进一步增强，一些群众反映比较集中和强烈的民生问题一经见诸媒体，或者一些群众把有些投诉和意见发布在网络上，一经查实，相关部门和人员就会被追责，受到相应的处理。因此，现在政府部门转变了工作作风，变得越来越民主和人性化了。大众媒体通过记者调查、新闻报道和发函等方式就人民群众在日常生产和生活中遇到的各种问题进行批评和监督，极大地方便了群众与政府的互动和沟通渠道，取得了很好的成效，主要体现在两个方面：一是对当事人或单位进行了法制教育，提升其法治思维；二是极大增强了广大人民群众的法治观念和维权意识。因此，邢村村民的政治维权意识逐步增强。

（三）多元纠纷处理方式的构建

新中国成立后，伴随着国家行政司法等各种权力的深入，邢村基层组织建设也日趋完善。为了维护法律权威，构建正常而稳定的法治秩序，国家通过其行政司法机关逐步建立了相应的纠纷处理机制。在邢村，纠纷处理机制包括以下几种：司法诉讼、司法调解、行政裁决、行政调解、行政复议和人民调解等。经走访相关部门了解到，邢村几乎很少有人通过司法途径解决纠纷，一般涉及刑事犯罪时才会选择。相对司法诉讼而言，行政处理纠纷一般通过镇政府、镇司法所和派出所处理，因此显得更加主动和灵活。但是行政处理纠纷的方式范围有限，大多适用于处理村与村之间、村委会与村民之间以及个人涉及刑事犯罪或治安违法的纠纷，加上它被许多村民认为是民间解决方式的"救济手段"或"上诉程序"，所以行政方式在邢村也不常见，只有经过多种调解方式无效的情况下才会选择。

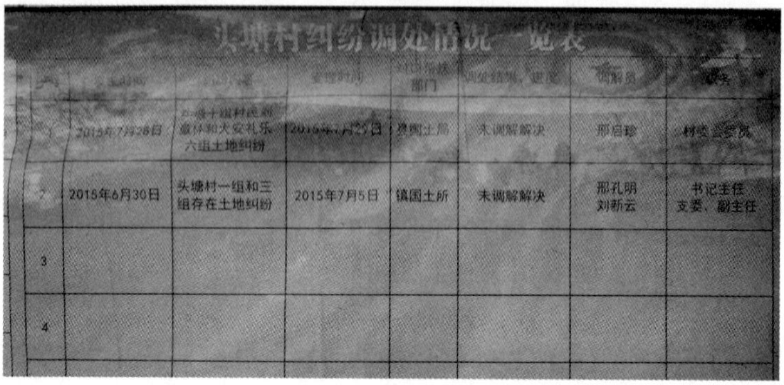

图 5-6 邢村黎族村民纠纷处理公示栏

目前，邢村最常见处理纠纷的方式就是人民调解。人民调解主要由村委会人民调解委员会及各村民小组的人民调解员来负责。村干部也是人民调解委员会成员。人民调解是自我管理，自我教育，自我约束和解决纠纷的有效制度。邢村村民如果有纠纷和争议，大多数人会选择这种方式。调解的时候，调解员会介绍有关的法律规定，然后介绍按习惯法如何处理，最后提出自己的建议，供各方参考。调解员根据当事人的意见和纠纷的性质决定调解结果。在调查过程中，村民普遍同意这样操作，对这种方式表示高度认可，主要基于以下三个原因：一是方便，在最短的时间内容易解决纠纷；二是为了省钱，调解过程没有什么开支，大多数只是请调解员简单吃饭；三是也可以按照习惯法或者依法进行调解，满意度相对较高。

笔者在邢村调查期间，就亲历了一起村委会人民调解委员会处理纠纷的事件。如图 5-6 所示，2015 年 6 月 30 日，邢村一组和三组因为四亩山林地的归属问题产生纠纷。20 世纪 80 年代初期，政府在对山林地权属进行划分时，按照"林业三定"原则及相关政策，给重新分配的山林地所有权和使用权进行了登记造册，并颁发了相应的自留山使用证或承包合同书。但由于当时时间短、任务重、条件艰苦，加上一些方法上的粗放和工作上的麻痹，难免出现界址不明、权属不清，甚至重复填证等种种现象。这四亩山林地刚好处在交界处，当时并未开发，现在要进行开垦种植，从而形成了权属纠纷。具体负责调解此纠纷的是村支部书记、主任 XKM 和村委会支委、副主任 LXY，他们咨询了镇国土所相关政策，提出处理方案，但是双方都不接收调解方案。后来笔者返回单位后，XKM 书记打来电话，说村委会人民调解委员会进行了第二次调解，双方同意接受各自两亩的调解方案。

但需要注意的是，虽然邢村有各种各样的纠纷解决机制，但涉及土地所有权和个人隐私等问题的时候，一般由村组长负责，解决不满意的话，才交由村委会处理。如果各方对村委会的处理仍然不满意，就要请村里的"奥雅"来判定。法治国家的建设是一个系统的工程，不可能一蹴而就，因此不能急功近利。由于长期处以习惯法的影响下，黎族社会处理纠纷需要思考三个主要问题：一是如何选择解决纠纷的方式；二是如果选择传统习惯法处理，应该怎样看待国家法；三是选择国家法处理时，如何提供更方便、快捷和节省成本的服务。由于每个人的价值观不同，理解水平不同，但这些问题都可能出现，因此需要我们认真思考，慎重对待。笔者认为，在我国推进法治现代化进程中，我们既要学习借鉴国外的先进法律制度，还要探索和利用我国各个地方本土的法治资源，包括我国少数民族习惯法。

二　宗教生活的理性化趋势

宗教生活作为人类精神文化的重要组成部分，是当前世界各国普遍存在的社会现象，是社会结构中的一个重要子系统。宗教是随社会的发展、演变而发展、变化的。随着城镇化的发展，黎族村民的宗教与社会的关系也发生了深刻变化，黎族村民的宗教信仰也在发生变迁。

（一）现代化观念的变革

新中国成立以后，黎族社会经历了各种政治运动的洗礼，人们宗教信仰习俗也受到强烈冲击。在城镇化进程中，黎族村民的生产技术水平大大提高，科学文化水平也大大提高了，生活逐步走向现代化，促进黎族村民宗教生活呈理性化趋势。宗教信仰作为黎族村民精神生活的一部分，同经济生活及民族习俗融为一体，相互渗透。随着人们思想观念越来越开放，黎族村民在宗教领域精神生活方式也呈现令人瞩目的某些微妙变化。一是越来越多的人对信教与否表示理解和宽容，持"不能容忍"的人越来越少；二是黎族村民参加宗教活动的自由度比过去大很多,都可以根据自己的实际情况比如身体状况或者工作忙闲自主决定活动方式。

文化与经济是同生、互动、同构的,马克思主义者认为,经济基础的变革是文化变迁的根本原因;奥格本则宣称物质文化是现代社会文化变迁的源泉。[1] 因此,文化一方面影响经济发展,另一方面,社会经济的发展必然也推动文化领域各方面的变迁。随着现代科学技术的发展,它已经渗透到黎族村民生产和生活中的方方面面,这种普及和推广,使得邢村黎族村民逐渐摒弃一些传统落后的生活方式,可以正确面对宗教和科学的相互冲突和矛盾,从困惑中走出来。以前黎族村民生病了,大多选择宗教方式来消灾避邪。而现在当黎族村民身体有恙时,绝大多数人会选择去医院或诊所看医生。这种明显的变化,充分说明黎族村民可以理性看待宗教信仰和科学医疗之间的关系问题。也就是说,随着科学技术的日新月异,和教育事业的蓬勃发展,黎族村民的文化和认知水平不断提高。在城镇化进程中,在科技知识面前,宗教渐渐趋于边缘化的地位。

(二)社会结构的转型

宗教作为一种文化和社会意识形态,必然受经济发展水平的影响。20世纪90年代以来,由于人口数量的不断增长,而土地资源有限,人多地少已成为制约农村经济发展的关键问题。为了适应城镇化的进程,黎族村民许多富余劳动力开始外出打工或者经商,导致越来越多的村民开始从土地经济中"解放"出来。由于社会主义市场经济的不断发展,经济和文化市场进一步繁荣,人们生活水平大大提高,加剧了人们发展生产力和相互竞争的意识。这些年,"挣钱"成为村民们的重要奋斗目标。这种由城镇化进程带来的深刻变化,必然导致人们对原始宗教看法的改变。

由于经济结构的转型,黎族传统社会结构发生了根本性转变,呈现多元化的发展趋势,给黎族村民们提供了更加广阔的就业和择业机会。新中国成立以后经过70年的发展,特别是城镇化进程以来,海南现代工业不断发展和壮大,目前已建立包括能源、轻工、建材、食品加工等

---

[1] [美]威廉·费尔丁·奥格本:《社会变迁——关于文化和先天的本质》,王晓毅、陈育国译,浙江人民出版社1989年版,第138页。

20多个门类较为齐全的现代产业发展结构。同样,乐东县一、二、三产业结构不断优化。依托得天独厚的资源禀赋,具有较强竞争力的特色产业初步形成。第一产业方面,初步形成独特热带高效现代农业模式;工业方面,制定了"西部工业走廊"战略,工业资源丰富;第三产业方面,占据着得天独厚的区位优势,作为黎苗族少数民族聚居区,展现着多彩独特的黎苗族文化,旅游资源十分丰富,生态旅游前景十分可观。在这种背景下,邢村黎族村民为了获得更好的物质和精神生活,会逐步在生存与信仰之间、现实与虚拟之间学会找到平衡。

特别是20世纪90年代以后,在城镇化进程的不断推动下,黎族社会出现了越来越多的农村剩余劳动力,面对着生存生活的压力,面对着竞争激烈的择业问题,黎族村民已经没有太多的时间去参与宗教活动。正如笔者在邢村调查时发现,很多黎族村民平时主要忙于工作,几乎很少参与宗教活动。只有在举行传统宗教节庆时,他们有些人才能抽出时间参加。此外,他们还要花费较多的时间参与到娱乐活动中去。在日新月异的今天,黎族宗教信徒为了适应现代生活节奏,既要赚钱养家追求物质生活,又要满足正常的宗教信仰生活,因此面临着对两者关系的平衡和协调问题,但绝大部分黎族信徒往往把生存和赚钱放在首要的位置,导致从事宗教活动的时间越来越少。据笔者在邢村调查的现实来看,年轻人几乎很少参与宗教活动,日常宗教活动几乎已成为老年人的专利。

(三) 宗教信仰的代际差异

第一,思想观念代际分化造成宗教活动方式的差异。由于现在大众传媒的广泛传播,面对外面的"信息",邢村村民不得不对他们所处的社会及信仰的宗教进行反思。这种反思使他们作为一种精神存在的、本不容易发生改变的思想观念出现了代际分化。对这种分化,德国著名社会学家卢克曼在研究宗教与现代社会的时候有所论述:"'宗教'与'世界'的彼此冲突,或至少截然不同的主张,促使个人经常会'停下来想想'。这种反思会产生各种答案。其一是'信仰的飞跃'……另一个答案则是,由于发现自己不能系统的给出一个可信的答案,于是回归到反思之前的态度,个人以这种态度从'世俗'滑向程式化的宗教行为。第三种可能性有赖于系统的提出一个明确的'世俗'价值体系:

因此或者出于'机会主义'原因而扮演宗教角色,或者干脆丢弃宗教角色。"①

在社会急剧变迁的背景下,由于成长环境、社会阅历以及社会角色都有所不同,导致黎族村民老年一代和中青年一代在政治观念与理想信念、人生观与价值观、文化取向与文化态度、经济收入与资源分配、思维方式方面都存在着巨大的差异。宗教观念存在着代际差异,这是黎族村民宗教生活方式变迁的重要现象。具体来说,黎族村民老年一代和中青年一代的宗教观念有很多不同,存在着较大的差异。比如黎族老年一代作为宗教活动的主体,严格遵守宗教伦理规范,参加宗教活动,他们的行为方式处在宗教教义的严格束缚和控制下。而青年一代村民将主要精力放在生产和经营发展上,都在忙于改善自身的经济生活,不仅从事宗教活动的时间非常少,而且很多人对宗教教义缺乏基本的了解,更谈不上系统的熟悉了。中青年一代与外界接触多,处事比较灵活多变,因此行为方式呈现注重自我感受的特点。

第二,知识结构代际分化造成宗教活动方式的差异。黎族村民老年一代和中青年一代在教育背景上有很大的不同,造成了他们在知识结构上严重分化。中老年人普遍科学文化知识水平不高,对新事物、新思想接受意愿不强,甚至是排斥,接收程度弱,因此其知识结构一般以经验认知为指导,主要以浓厚的宗教知识为基础;而中青年一代喜欢并容易接受各种新事物、新理念、新知识,他们的知识结构普遍以学校讲授和新闻媒体传播为来源,以科学文化知识为背景,而不愿或没有条件学习宗教知识。

通过我们在邢村的观察和访谈,我们发现,邢村村民参与宗教活动的大致情况如下:黎族中青年人特别是80后青年一代很少参加宗教活动,与老一辈相比,他们身处信息高速传播的现代社会,接受教育程度较高,生活水平较好,特别是男人外出打工,接触到各个民族的人民,各个阶层和各种文化程度的人们,面对更多的社会互动和生活方式的变化,他们处在职业生涯的开始或发展阶段,担负着养家糊口,照顾家庭的责任和重担,所以他们更注重现实生活,宗教观点有逐渐弱化的趋

---

① [德]卢克曼:《无形的宗教》,覃方明译,中国人民大学出版社2003年版,第80页。

势。但老年人相对于村里的年轻人来说，一方面，他们对宗教有着强烈的感情，但随着年龄的增长，他们与外界的联系较少，生活单一。

（四）民族认同的变化

千百年来，因为地理位置闭塞，对外联系较少，邢村黎族村民过着"日出而作日落而息"有规律的平静生活。村民的身份认同局限在家族、家庭和村庄的村民范围内。在现代社会，报纸、杂志、书籍等大众传媒几乎每时每刻都以不同的方式向村民提供各种信息，这些信息对村民产生微妙的影响，进而通过国家意识、民族意识和文化传播，影响邢村村民的民族认同。

城镇化的主流社会价值观促进了邢村村民和主流社会相融合的身份意识和思想观念。通过主流社会价值观的传播，使邢村村民认知到国家政治、经济和社会生活的各方面，并在主流舆论导向的帮助下，引导村民，融入主流社会认同的意识和思想观念。当前，在各级党报党刊、电视台、广播的政治宣传下，"三个代表"、构建和谐社会、实践科学发展观、"中国梦"、"习近平新时代中国特色社会主义思想"等核心政治概念成为邢村村民所熟悉的政治词汇。

语言文化教育功能，促进邢村村民与外界的跨文化交流与继承。语言文化是国家认同的基础，大众媒体以各种生动形式的帮助，在传播知识信息的同时，促进了汉语在全国的普及，促进了跨文化交流的村民，塑造了村民们对中华民族认同的意识。另一方面，通过发展，利用大众传媒的民族语言，促进邢村村民们对传统文化的继承和外来文化的吸收，从而提高了邢村村民民族认同感。

城镇化主流在社会经济信息化中，鼓励村民参与国家总体社会经济活动。当今是知识经济时代，信息技术对于村民的生活日益重要。邢村黎族村民要参加国家和地区经济活动，就必须学习更多，不断更新信息和技术。而越来越多的黎族村民参与国家、区域社会经济活动，国家向心力更强，村民们往往能更加融入主流社会的认同感。在城镇化进程的影响下，在邢村传统生产方式的转变下，我们可以看出，越来越多的村民重视市场信息化和新技术的使用，通过各种媒体仪式强化和引发民族认同感，重塑民族认同感。

此外，笔者在调查中发现，由于黎汉语言文化存在较大差异，使得黎族中小学生普遍感到适应困难,学习自信心不强,压力较大。建议黎族中小学生的民族认同教育应该从低年级开始,通过开展"民歌民舞民服"及民族体育等活动,使黎族学生在学校里也经常有机会接触到本民族灿烂的文化,增强双重身份的民族认同和民族自信心、自豪感。同时,通过开展心理健康教育课程和相应活动,帮助他们在面临文化适应压力时选择积极有效的应对方式,促进其完善人格,达到自我同一性的形成。另外,在学校教育中,应该增加与黎族民族政治经济、历史文化、传统习俗等密切相关的校本课程,通过经常性地开展民族交流、举办民族教育讲座等活动,使黎族学生更全面地了解本民族的历史发展及现实状况,培养具有民族特色的心理素养,增强其积极的民族认同感。

第六章

城镇化进程中黎族生活方式变迁的动因分析

新中国成立后,海南岛黎族社会经济发展迎来新的阶段,但仍处于较低水平。本书考察黎族村民生活方式的变迁,于20世纪70年代末80年代初开始的改革开放则是这70年间黎族农村社会变迁的重要分水岭,而其中,城镇化进程的加快无疑是生活方式发生深刻变迁的催化剂。

我国的城镇化推进,既有国家政策的推进因素,又有农民自我发展的需求因素。作为推动城镇化的政策在推动农民进城及改变农民生活方式方面确实发挥了无可替代的作用。但要指出的是,生活方式作为人们在一定社会、文化、经济条件影响下形成满足自身需要的一系列的生活习惯、生活制度和生活意识,是一种长期以来形成的生活"样式"。生活方式既是经济发展水平的直接表征,又是文化价值观念的外部体现,总是和某种非正式制度相联系。非正式制度作为"个人或社会对有关的某些关系或某些作用的一般思想习惯""公认的生活方式"和"精神状态"[1],是"生活在一定地域范围内的居民在长期的生活中自然形成的、社会共同认可的、不成文的行为规范,包括风俗习惯、伦理规范、道德观念、意识形态等无形的约束规则"[2]。这种非正式的制度对生存与特定地域的民众具有内在强制性,并且和特定的地域文化和地方性知识具有非常复杂的勾连关系。和正式制度相比,"非正式制约的改变是一个长期的过程"[3]。黎族村寨社会方式的形成与黎族固有的民间信仰习俗

---

[1] [美]托斯丹·本德·凡勃伦:《有闲阶级论——关于制度的经济研究》,蔡受百译,商务印书馆1964年版,第139页。
[2] 张继焦:《非正式制度、资源配置与制度变迁》,《社会科学战线》1999年第1期。
[3] [美]道格拉斯·C.诺思:《制度、意识形态和经济绩效》,载詹姆斯·A.道等编《发展经济学的革命》,上海人民出版社2000年版,第110页。

有着密不可分的关系，其传统文化几千年的历史变迁延续至今，其中所承载的丰富历史文化内涵已经充分体现在村民的民俗信仰里，植根于他们的现实生活中，黎族村民传统习俗是村民在长期生活中所形成的生活方式与行为习惯，具有鲜明特色的民族乡村文化，它既反映了黎族村民生存、生活状态与精神面貌，又维系着其农村生活秩序与邻里关系。

因此，生活方式变迁的原因，要具体问题具体分析。根据马克思哲学理论，事物的变化都是通过内因和外因共同发挥作用，就文化本身而言，黎族村民生活方式的变迁也有内因和外因。内部原因和外部原因是辩证统一的，外部原因是生活方式发生变迁的外部条件，外部原因通过内部原因发挥作用。鉴于此，我们在具体分析黎族村民生活方式变迁原因时，应将其放在特定的时空作综合性的分析。本书认为城镇化进程中黎族村民生活方式变迁的动因主要包括了以下几个方面。

第一节　内部动因

马克思主义观点认为，生活方式变迁的内在原因主要是生产力和生产关系之间的矛盾运动。生产力决定生产关系，而生产关系反作用于生产力。生产力包括人、生产工具和劳动对象。生产力进步的主要衡量标准是生产工具的革新，生产工具的革新主要取决于人类的发明和发现。当新发明和新发现转化为实际生产力时，它们将改变人们的生活方式。内因变迁是指生活方式变迁的原因来自内部，是由社会内部的变化所造成的。内因变迁的一个显著特点是，人们生活方式生计活动的结果首先使其生活环境发生变化，然后改变的生活环境又反作用文化系统本身，从而相互促进，使演变不断向前发展。

一　生产力发展的内部动力因素

黎族村民生活方式变迁的内因，主要取决于人们的需求和利益是否得到满足，以及预期利益引起的利益冲突是否得到缓解。生产力与人们的需求和利益是两个密切相关的方面：生产力的发展是改变人民生活方式的根本动力。人们的需要和利益是人类历史活动的内在动因，二者利用利益的双重结构实现动力传递。利益机制是动力结构中的动力传递机制，利益冲突是生活方式发生变迁的最直接动因。

根据马克思的需求理论，人的需要是人的本质，它与生命一样，是人类与生俱来的"内在规定性"。人类的需要会以思想动机和意识的形式引导人们的活动，成为人类行为的欲求动因。"就个别人说，他的行动的一切动力，都一定要通过他的头脑，一定要转变为他的愿望的动机，才能使他行动起来。"① 因此，追求人的需要和利益，是生产力发展和制度变迁的主要内在动因。同时，马克思的利益理论认为，利益的基础和前提基于人的需要，是人和人之间因为对需求对象的相互依赖而产生的关系。

在社会生活中，人的需要采取利益的形式，利益是人的需要在社会生产关系中特别是在经济关系中的体现。因此在社会关系中，"人们奋斗所争取的一切，都同他们的利益有关"。② 利益是一个关系范畴，是两位一体的统一，它包含利益主体和利益客体。利益主体是指在某种特定的社会关系下，从事生产活动或其他社会活动，以便直接或间接地追求自己的社会需要满足的人；利益客体则指利益主体追求并实现满足的客观对象。

在城镇化进程中，无论是以什么作为主导产业的村落，在城镇化过程中都无一例外地遇到了农民视野变化和生产力推动所带来的利益问题，农民利益诉求也从不同的方面表现出来。

首先，市场化体制催生了农民个体经济利益诉求保护意识。在传统农业生产中，土地是农业生产发展的唯一资源，由于缺乏规模化的农业生产条件及科学化的农业技术指导，农民的生产积极性并不高，生产力水平也较低，农民的思维意识更拘束于方圆之内，对于走出栅栏，探视墙外的世界总是低矮人三分，封闭思想和保守意识分外坚固。小农只是更注重自留地的产品积累，承担风险的能力缺乏，甚者，敌视嫉恨发财致富者，所以易出现悲观保守情绪；而在近代农村，由于受到国家整体政治经济的强制性干预，农村开启社会秩序及社会基层的构建的转型。因此，农村的市场化改革带领农村走向乡村经济发展的道路，农村社会

---

① 《马克思恩格斯全集》（第1卷上），人民出版社1995年版，第345页。
② 马克思：《第六届莱茵省议会的辩论（第一篇论文）》，《马克思恩格斯全集》（第1卷），人民出版社1956年版，第82页。

不再是单一的集合体,逐渐开放,农村人口进行流动。这体现在农业生产技术的提高及生产力水平的大跳跃,同时市场化改革推动了劳动力的解放,家庭单位不再局限于土地,剩余农村劳动力涌向城市,这些人群成为沟通城市与农村的一道桥梁。这些剩余劳动力不仅为城市的经济发展提供丰富的劳动力资源,同时也将城市的开放观念和文明思想带回到农村,新的思想观念是一种活跃的社会影响力,逐步将农村的共同体意识打破,并且瓦解了农村与城市之间的屏障,最后深刻的改变了农民的思想观念和心理结构。

其次,农民的个体化现实弱化了利益维护的组织依赖。就像某些学者把我国农民阶层比喻寄生阶层那样,一直以来,农民阶层都是我国社会阶层的弱势阶层,他们没有独立的行动思想,内部涣散,缺乏凝聚力、团结性,经济上大多以单纯的第一产业为主,产业单一。但是经济飞速发展下带动的是农民个体化的日趋强烈,个体化是指在当代经济活动、社会生产和劳动、就业方式及社会生活进一步开放和快速流变的条件下,个人作为社会关系体系中的一个基本单元,作为社会行动过程中的一个实体单位,他的独立性、独特性、主体性日益得到显示和表达的过程。

再次,国家与村镇的制度缝隙弱化了农民利益保护的平台。在我国农村,农村基层党支部是我国农民与基层组织之间的连接纽带,其大多由具有党员身份的农民组成,在一定意义上讲,农村基层党支部应该可以,也必须可以表达我国农民的利益诉求。然而就目前而言,我们农村的基层组织内部结构涣散,工作方法比较简单粗暴,忽视农民的利益诉求,乱用国家与人民给予的信任与委托,背道而驰又或者不作为,基层组织处于非良性运行乃至瘫痪的状态,基层组织不但不能发挥其应有的作用,反而恶化了基层与农民的联系,农村干部与组织的威信不断下降,影响力感召力不断匮乏,基层组织原有的维持农村社会良性运行,整合农村社会资源以及表达农民利益诉求的功能不断削弱,这无疑增加了农民利益诉求的成本。

在大多数情况下,基层组织变成了自己利益的代表。也正是因为基层政府存在的自利性目的,使得其实际行使的职能有所异化,有时候背离了为人民服务的宗旨。因此,很多时候,地方政府在响应国家政策制定相应的地方行为时，往往只重视效率而忽视公平，在决策过程中往往采取封闭的运行过程，从而促使农民利益诉求的起点滞后，成为了事后诉求而非事前诉求，从而弱化了农民利益诉求的能力。

复次，私欲的过度膨胀弱化了农民利益维持的动机。随着我国社会主义市场经济建设的不断推进，在社会生产力不断得到解放的同时，公共利益高于一切的社会思维模式也发生着改变，私欲与公欲之间不断的摩擦碰撞，与此同时，两者之间由从单纯的互相博弈转换为互相交融混合多维模式，总之公欲与私欲两者的内容得到了极大的发展的同时，两者之间的关系也日益错综复杂。当然两者的关系具体展现在我国农村则为私欲的过度膨胀，公欲不断的被扭曲模糊化。

我国农民在基本生活水平得到保障的情况下，在自身不完善的个人价值意识的判断下，越来越重视其他的新的财产性利益，私人利益的内容不断丰富，私欲的外延不断的膨胀，甚至有部分农民就将自身利益等同于公共利益，私欲与公欲之间的界限不断的被翻越，在当其利益受损时，以模糊的公欲界定来不断的满足逐渐膨胀的私人欲望，导致农民利益诉求的社会价值合理性不断的下降，弱化了农民利益诉求的价值与能力。

最后，公欲的模糊性弱化了农民利益诉求的价值。无论从哪个角度谈公欲，说到底还是要回到公欲的界定问题上。然而由于它的抽象模糊性而难以形成统一的界定标准，使得公欲的外延愈发的模糊，然而正是由于公欲的模糊性（有部分人认为公欲其实就是部分私欲的总和，公欲是私人利益的特殊部分或特殊的私人利益），导致农民利益诉求的价值不断的弱化。

这种利益诉求的变化是全国的普遍规律，也必然会影响黎族。从生产工艺而言，20世纪50年代，黎族村民大多数从事简单的农业生产，整个黎族社会以农耕产业为基础。但随着改革开放和城镇化的不断发展，改变了黎族村寨的产业结构，人们试图改变村落生活的落后状况，例如使用独特的气候种植橡胶等。其次，随着村落人口的增加，日益增多的人口与日趋稀缺的土地之间的矛盾变得越来越突出，在这种情况下，人们开始尝试使用先进的种植技术提高土地的生产力，或通过分类栽培方法，提高农村土地利用率。

二 城镇化进程的内部催化因素

生活方式变迁的动因是复杂的，包括经济、政治、宗教、伦理和科学技术等因素，但最重要的因素是人，因为各种因素都是通过人这个价值主体来实现的。所有的文化都是人为了满足价值需要创造出来的，当某种文化不能满足人的需要时，或者当人意识到某种文化不能满足他们的需要时，文化的变迁就是不可避免的。因此，从某种意义上说生活方式的变迁是一种主观行为，是一种有意识的社会历史活动。

在人类社会文化发展的过程中，城镇化发挥着不可替代的重要作用。特别是改革开放后，城镇化的快速发展对全社会产生了巨大的影响。城镇化对生活方式变迁的内部催化效应体现在物质、制度和精神三个方面，是渐进的，即从文化结构的最外层开始，经由中间层到最内层，最后完成整个过程。

首先，城镇化对生活方式结构的物质层面产生作用。当城镇化作用于生活方式系统时，物质层面将首先引起反应。一些具有先进性、实用性和高效性的科技产品，会使人类的社会生活和行为方式得到极大的改善，人们可以直接从这些科技产品中感受到好处，这种吸引力是巨大的。

其次，城镇化对生活方式结构的制度层面产生作用。生活方式结构的制度层包括人类精神产品的非物质形式的对象化，如政治制度、教育制度等。[①] 制度层面不如物质层次活跃、易变，比较稳定，因此，城镇化不会很快动摇到制度层面，它是现代城镇化产品本土化的过程。

最后，城镇化对生活方式结构的观念层面产生作用。观念层面在生活方式结构的最里层，是其最核心的部分。它主要是指文化心理状态，包括价值观、道德、宗教情感和民族性格等。价值观是人们对自身的需求和外部事物满足自身需求意义的认识，随着社会历史的发展，价值观也会逐渐变化，因此价值观具有一定的社会性和历史性。

综上所述，城镇化首先影响物质层，进而影响制度层，最后才会影响到观念层。例如，在邢村，现代化、城镇化的应用大大提高了生产

---

① 徐祥运:《论科学技术影响文化变迁的微观机制——兼论我国传统文化所面临的取舍》，《东莞理工学院学报》2009年第2期。

力，给人们带来丰富的物质产品，人们有更多的闲暇时间，精神和文化需求不断扩大，人们的消费观念也正在从以物质消费为主转变为以精神消费为主，人的价值观有很大的变化。

三 城镇化异质文化传播的内部加速因素

里弗斯（W. H. Rivers）在《美拉尼西亚社会史》的序言中就宣称："各族的联系及其文化的融合，是发动各种导致人类进步的力量的主要推动力。"[1] 笔者认为这种观点忽视了接受文化系统本身的因素，有其不科学的地方。从邢村实际情况来看，异质文化的传播是加快其生活方式变迁的外在动力。城镇化异质文化传播是生活方式变迁的重要途径。在每个民族的文化中，都有很大部分是由传播而来的。大众传媒在黎族村民的生活中扮演着越来越重要的角色。

城镇化异质文化传播在黎族中的传播，除了政府和媒体推介外，族际互动也是一种主要形式。越来越多的人通过升学、婚嫁等方式，进入汉族地区和城市中。特别是在城镇化进程中，外出打工的人逐渐增多，他们的文化观念和行为不仅通过族际互动得到改造，而且通过探亲、返乡等各种方式将城市和汉族地区的文化带回原地，改变着家乡人的传统生活方式和观念。

城镇化异质文化传播对邢村黎族生活方式变迁的影响主要体现在以下两个方面：一是大众传媒极大地丰富了黎族村民的精神生活。大众传媒让更多的黎族村民的生活有了更多的选择，从而改变了过去除了做工就喝酒的生活习俗。同时，许多年轻人通过大众传媒学会了现代舞蹈、现代音乐，晚上也会到村里的露天舞厅休闲交友；二是大众传媒加快了黎族村民与外界的沟通。报纸、杂志、广播和电视为农民传播了现代道德，开阔了村民的视野。

在现代社会文化的较量中，文化宣传力是构成文化实力的重要因素。通过城镇化异质文化传播所呈现的各民族先进的文化、先进的思想及先进技术，使黎族村民不断的在调适自己的生产生活。当然，面对城镇化异质文化传播的侵入，黎族村民作为文化的传承主体，他们所表现

---

[1] ［苏］C. A. 托卡列夫：《外国民族史》，中国社会科学出版社1983年版，第167页。

出的对本土文化的认同程度以及面对文化选择时的情绪状态是影响文化走向的关键因素。比如，道教在邢村的传播，直接反映邢村黎族对原有民间信仰习俗所存在的认同问题。"花更少的代价，实现更好的效益"是邢村人普遍的价值选择标准，而道教文化恰恰迎合了邢村黎族人的这一思维逻辑，因此很快被接受。但在精神层面，却并没有完全受其影响，而是处于不断的试探过程中，从而才有了目前所存在的原始宗教文化与道教文化共同存在的状况。

第二节 外部动因

在人类历史社会的发展中，任何历史事件的变化和生活方式的变迁都是复杂的，如恩格斯所说："伟大的发展过程是以互动的形式进行的，……没有绝对的东西，一切都是相对的。"[1] 除内部动因之外，笔者认为影响黎族村民生活方式变迁的外部因素也很重要。

随着我国改革开放步伐以及城镇化进程的加快，导致各民族之间的文化交流和碰撞更加频繁，当然不可避免引发激烈冲突，从而使社会生活方方面面都发生剧烈的变化，而作为社会生活方式重要组成部分的民族文化，同样会随之发生根本性的变革。

一 农村土地制度

城镇化进程中涉及土地、人口和产业等相关要素，这些要素在有了合理的制度设计时才能得以发挥功能，制度体系的构建是极其重要的。制度和政策支持因素就是推动城镇化进程的主观因素。法律制度的设计虽然是人的主观行为，可以通过人的行为来改变它，但是对于一般的经济主体来说，在制度面前是无能为力的，也就是说，制度的作用是具有刚性的，往往比基础设施等"硬件"的作用空间更大。

原《农村土地承包法》（2003年3月1日起施行）规定："通过家庭承包取得土地承包经营权可以依法采取转包、出租、互换、转让或者其他方式流转。"

---

[1] 《马克思恩格斯全集》（第37卷），人民出版社1974年版，第291页。

首先，有必要讨论土地转让的方式。土地承包经营权主要包括两部分：承包权和经营权（或使用权）。转包是自主流通的土地使用权的主要形式，原有的土地承包关系不变，承包商应继续履行原土地承包合同权利和义务；出租是指双方同意保持原承包农民的权利和义务，接包者只付租金给原承包农民或社区；互换即承包农户和社区之间为便于耕作的需要而相互交换地块，主要是解决土地细碎化和分散化问题；转让指农民经由社区同意将承包期内的所有土地或部分土地转让给第三方经营，由第三方履行土地承包合同的权利和义务，转让后原承包关系终止。[①] 可以说，转让是承包权与经营权的同时流转，是放弃了土地承包权，转包和出租是经营权的流转，而非承包权的流转。互换则与前几种流转方式不同，只是土地方位的变化，而不是权利的流转，这种土地方位的变动直接带动了农民职业的选择自主性，进而在客观上促进了农民生活方式的变迁，从而带动农民价值观认知的变动。

其次，于生活方式的变革而言，这种文化价值观转型成功的主要标志之一就是传统文化价值的演变和改造的完成。新中国成立以来维系农民文化价值观的农村社会基础发生了两次大的变革，即前30年的人民公社体制与后30年的市场化改革。特别是改革开放以来农村社会已经完成了农民职业的多元化转向、生活场域的个体化和社会交往的功利化趋势三个方面的转变，其后果是农村群体存在的文化精神纽带发生变化。在这个转型时期，农民的价值观正在由传统价值观向现代价值观转变，出现了价值观的断层和混乱[②]，其特点主要表现在：一是传统价值观的破碎，传统价值观的约束力下降；二是新的社会主义价值观遭到扭曲，部分人一切以自我为中心，不讲公德、无视公共秩序现象及代际矛盾也经常出现；三是思想观念不适应。小富即安、满足现状，实现农村现代化的观念还未形成。

但无论如何，随着眼界的开阔，价值观的变化使农民有了改善生活方式的要求；收入的增加又为实现这种要求奠定了基础，从而从根本上

---

① 张红宇：《中国农地调整与使用权流转：几点评论》，《管理世界》2002年第5期。
② 具体参阅秦刚《中国特色社会主义理论体系》（中共中央党校出版社2008年版）、刘善仕《精神共同体的建构及其伦理意义》（《广东社会科学》1998年第2期）、申晓纪《低层次需求——中国民众的特征、问题和自我改造》（学林出版社2004年版）等论著的相关分析。

推动着他们生活方式的变迁。

二 城镇化政策的推动

新制度经济学的鼻祖之一诺斯（Douglass C. North）认为："发明、规模经济、教育、资本积累等等是经济增长本身，而非经济增长的原因。"[①] 制度因素是经济增长的关键，有效率的制度安排促进经济增长和发展，无效率的制度安排则会抑制甚至阻碍经济增长和发展[②]。城镇化作为一项重要的制度和政策设计虽然是人的主观行为，可以通过人的行为来改变它，但是对于一般的经济主体来说，在制度面前是无能为力的，也就是说，制度的作用是具有刚性的，往往比基础设施等"硬件"的作用空间更大。

在中国城镇化水平滞后的状况下，过多的农村人口生活滞留在有限的土地上，面临最严峻的现实问题就是人多地少。在这种现实状况下，首要目标是解决温饱问题，促使人们农业生产以提供生存所需要的食物产品为主，又由于产品剩余和市场需求有限的双重制约，农业的市场化进程举步维艰[③]。即使农业部门可能维持一定的稳定与平衡，但总体经济可持续发展却无从实现。然而，城镇化的结果使城市的人口数量、经济规模和占地面积等不断扩大，这一过程将有助于农产品数量不断增长，质量不断提高，从而有利于农业生产能力的持续提高。第一，城镇化人口的持续增加和规模的不断扩大，将增加对农产品的总消费需求；第二，城镇化所引起的城乡居民消费结构的差异调整，将导致对农产品需求数量不断增加，对农产品质量要求更高；第三，城镇化引起居民食物消费方式的调整，同样对农产品数量与质量提出了更高的要求[④]。黎族村落的变化很大程度上源于当地的城镇

---

① 转引自李效梅《城市化进程中的制度障碍分析》，《中南财经政法大学学报》2002年第1期。

② 刘传江：《中国城市化发展：一个新制度经济学的分析框架》，《市场与人口分析》2002年第8卷第3期。

③ 孔祥智、李保江：《城镇化影响农业可持续发展的机理分析》，《人文杂志》1999年第5期。

④ 贺建林：《试论城镇化对农业可持续发展的影响与政策取向》，《农业现代化研究》2002年第23卷第3期。

开阔了其眼界,使黎族村民有了改善生活方式的要求;收入的增加,使这种要求有了实现的可能,进而从根本上推动着他们生活方式的变迁。

三 农村劳动力的释放和流动的影响

城镇化政策的实施引发了农村劳动力的自由流动,这种流动不是简单地发生劳动力的空间变化,更为直接的影响是带动其价值观念的变革。黎族村落由于长期囿于封闭的环境中,固守着传统的生产方式、交往方式和分配方式,知识经济社会的显著特征之一就是"集聚经济",在这种特征的经济社会中,一切经济行为和政治行为都是以城市为中心的,城镇化提供知识共享的环境,提供了信息和交流的基础,而作为知识经济增长的源泉——城市,它的影响力越来越大。由于人口集聚和流动带来的外来文化和多元文化的汇集引发了黎族农民生活方式价值观的变迁,提供了其生活方式变革的文化支持。

人口流动是社会经济发展到一定阶段的必然结果。20世纪80年代中期开始,我国严格的户籍制度开始慢慢松动,这使得不同地区之间的人口流动变得日益频繁,当然少数民族地区的人口流动也不例外[①]。少数民族的人口流动不仅对民族地区人口分布格局产生影响,而且对当地经济和社会发展具有重要的影响,更为重要的是,这种流动和交融对当地人们生活方式的变迁具有重要的推动作用。无论流出还是流入的这些人口,他们将自己在外务工和经商所学习到的先进专业技术和管理经验,以及能体现现代化水平的生活方式的观念和物品带到民族地区,从而推动当地经济和社会的发展,促进当地传统生活方式发生变迁。

四 民族政策的带动

在民族政策方面,新中国成立后,国家制定了一系列扶持少数民族的政策措施,以帮助少数民族经济和社会发展,取得了良好的效果。但是与汉族相比,其经济发展速度仍然缓慢,经济发展动力

---

① 吕红平、李英:《流动、融合与发展:少数民族地区人口流动研究》,《河北大学学报》2009年第6期。

仍然不足。特别是人口较少民族，人口数量的不足、地理环境的艰苦等，以上历史和自然条件的限制，在一定程度上制约了他们的发展。改革开放以后，随着中国经济的快速发展，国家将解决人口较少民族的发展问题作为国家的发展战略给予了高度的重视。2000年，我国进行了中国人口较少民族经济和社会发展的调查研究，并根据调查结果制定了《扶持人口较少民族发展规划（2005—2010）》，开始了对人口较少民族的全面扶持[①]。海南省当地政府在扶持黎族发展过程中针对黎族的具体特殊情况，有针对性地提出了民族传统文化保护与旅游开发相联系的思路，在强化黎族村落的改建和保护工作的同时，引导黎族农民外出打工与本地就业相结合，在政策方面给予特殊性优惠。这些政策加快了黎族的经济社会发展，同时也促进了其生活方式的变迁。

五 组织资源、经济资源和文化资源的有机协同作用

黎族村落的快速发展是一个综合性的社会变迁，这种变迁不仅体现在诸如交往方式、生产方式、生活方式等外在性表现形式，更多体现为组织资源、经济资源和文化资源的有机协同。国家对黎族发展的政策性支持带动了黎族村民扩大发展空间的直接动力，国家的城镇化政策的推进直接引发了黎族交往空间和视野的扩大，黎族社会经济发展又提升了其生活空间、习俗和思想观念，黎族的独特民族特征赋予其旅游经济的快速发展。这些变化在外部构建与影响和内部谋划与选择下得以实现，也表明黎族地区社会变迁是一个在内外双重力量的作用下，对于自身历史、现实和未来的抉择过程。因此，组织资源、经济资源和文化资源的有机协同作用是黎族村寨社会变迁的综合动因。

新中国成立以来，中国社会经历了高度集中的计划分配、计划调节与市场调节相结合以及社会主义市场经济三个阶段，每一步变革对于普通百姓而言，最能体现他们生活方式变革的就是人民群众在衣食住行方面的变化。在城镇化政策的推进中，制度设计的作用和功能主要体现在四个方面：一是依托工业化的拉动，通过有效推进第二和第三产业的制

[①] 王子文：《文化传播与人口较少民族生活方式变迁》，博士学位论文，兰州大学，2010年。

度设计，为农村劳动力的转移创造必要外部动力；二是通过有效推进农业发展的制度安排，促进农业生产水平的提高，使农业部门在维持本部门再生产的同时，农产品的总量和剩余总量可以同时增加，为非农产业和城镇化的健康发展提供推力；三是通过有效的经济要素流动机制，使农业部门各要素流出的推力和非农业部门要素流入的拉力合二为一，形成城镇化和谐发展的新动力；四是通过建立有效推进城市建设的制度，发挥城镇化的内化效应，促进城市基础设施和城市相关产业的开发，以满足城市各种要素集聚的现实需要。

在近年各种政策引导下，黎族村民的生活环境发生了巨大的变化，整洁舒适的生活环境也进一步提升了黎族农民的生活质量，农民的生活理念也悄然发生变化。随之而来的是农民的文化娱乐生活的多样性，例如，村民三五一群唠家常，不亦乐乎；青年唱歌跳舞、健身旅游等；孩童娱乐的节目也是五彩缤纷，娱乐活动更丰富多彩。显然，黎族农民正在朝着科学、文明、健康、和谐的农村生活方向发展。

生活富裕的农民在物质生活方式方面发生的变化主要表现为，农民的饮食观念由只求吃饱向追求健康营养转变，服饰观念由只求穿暖向追求款式新、个性化转变。在住房方面，则由过去的安于寝居之地向追求舒适宽敞转变，家庭用品观念由讲究经济实用向追求高档耐用转变。改革开放前，我国实行的是单一的计划经济体制，文化也是为政治所服务的，所凸显的是文化的政治功能，而文化的娱乐、审美功能都被淡化甚至是抹杀了，使得文化成为政治的附庸。农民很少有时间、有条件去享受精神文化生活。现在电视进入乡村带了文化结构的重大改变，除了带来对外界世界的认识上的改变之外，对乡村社会而言深层次的长时段影响在于以往日常与娱乐的二元对立的时间结构被打破，娱乐已经深入到日常生活的每一天。电视成为农村文化生活的主要媒介形态，并对村民的心理和行为产生了深刻的影响。

伴随农村经济社会发展，那种从事传统依附于耕地的农业生产所需的劳动力比重日益下降，使越来越多的农村居民走出农村，向现有的城镇迁居。[1] 随着劳动力、资金和技术等要素在土地上的有效投入不断增

---

[1] 王利华：《基于产业集群的农村城镇化模式研究》，硕士学位论文，西北大学，2004年。

加，农村劳动生产率的不断提高，促使更多剩余劳动力转入非农产业，并最终促进了城镇化的发展。因此，只有农村剩余劳动力得到妥善安置，才能真正解决农村人地矛盾问题引致的一系列问题。①

---

① 蔡雪雄、林少伟、夏文顶：《农村城市化与社会主义和谐社会》，《当代经济研究》2006年第12期。

第七章

生活方式变迁中存在的问题及其对策

生活方式的形成与发展"既取决于社会,又决定于个人,从而显现出集体公共性与个人独立性的二重特征"。① 生活方式的形成是人类在长期的生产、生活实践中,逐步适应人与自然、人与社会的关系中形成的,是客观历史过程的产物。一方面,它体现着人的社会性存在,即任何社会的存在都必须遵守一定的秩序与章法,而处于该社会中的个体必定要受到传统的规约。

人的社会性存在规定了人不可能脱离某种社会关系而存在,必然会受到社会传统的约束;人的自然性存在又使得人不得不面对各种现实需求,从而体现"活跃"的一面。② 两种力量的合力决定着各种社会习俗文化的"走向"。其中,个体在整个实践过程中所起的作用至为关键。人类学家其实很早就注意到个人在群体生活方式变迁过程中的重要作用,并认为个人是变迁的真正单位,也是变迁的根本机制所在,城镇化进程中黎族村民生活方式变迁中也出现了一些问题,所以研究生活方式变迁应当更加关注微观的个体,以探讨对策。

第一节 生活方式变迁中存在的突出问题

通过对黎族村民生活方式现状的调查分析,我们可以看出,城镇化进程中,黎族经济社会在国家政策的帮扶下,有了很大的改变,过去传统生活方式中落后的、阻碍人们发展的部分有所改善,但是仍有一些问

---

① 张蕊:《从市民社会到公共领域——重建普遍利益与个人利益的一致性》,硕士学位论文,黑龙江大学,2012年。

② 董美:《个人与社会关系问题研究》,硕士学位论文,东北师范大学,2007年。

题长期存在。随着全球信息化的发展，城镇化越来越迅速广泛，在给黎族村民带去更多丰富的新鲜文化要素、拓宽人们获取信息渠道的同时，也带来了一些不利于社会发展的负面要素，使其生活方式变迁出现失调现象。

一　老龄少子化与发展空洞化

随着当今中国经济不断发展，城镇化越来越普及，老年人口比例增加少儿人口减少与发展空心化的现象在中国黎族农村普遍存在。老龄少子化，顾名思义就是村子里的老年人数越来越多，新生儿童人数比例过低，这一点在上文我们就已提到。很多学者对农村发展空洞化有着自己的理解。其中广为流传的是李中在《新农村建设背景下我国农村空洞化问题研究》里的论述，他认为农村空洞化主要表现为农村人口空洞化、住宅空洞化、经济空洞化、科技空洞化以及资源空洞化。这一论述比较全面的说明了我国当前农村地区尤其是黎族人民经济人口发展情况。城镇化的发展促进大量劳动人口向城市涌动，从大局上看，这些劳动力为城市工业经济发展提供了便捷，但是事物往往具有两面性，大批具有劳动能力的人口背井离乡导致农村空洞化，黎族村民空洞化导致的问题不仅使农村人口结构畸形还让农村经济发展的重心消失。

第一，城市基础设施的完备和农村工作人口数目的饱和促使黎族村民流入城市，黎族村民在这种对提高生活水平的诱惑力下大批涌入城市，使得城乡经济差距缩小。然而现状却不容乐观，城市经济工业对劳动力有着大量需求，劳动者在城市和农村之间往往选择前者，这就导致了农村总人口下降，年轻劳动力匮乏，导致了"留守老人""留守妇女"和"留守儿童"现象严重，该群体的生活保障、学习教育、心理健康都是难以解决的问题。

第二，农民是"三农"中农村和农业的根本。黎族地区经济发展最优越的条件就是具有劳动力和农业发展良好，但由于城乡贫富差距较大，使得农村的生活水平，医疗保障，教育事业都无法和城市比较，因此黎族村民要想致富只能选择去城市；另外，随着劳动力的不断外流，黎族劳动人口数量减少，农业缺少劳动力支持，使得土地资源严重浪费，农业发展不断被阻碍。

少数民族经济结构及经济水平的变动能够对他们村民的生活方式与价值观念产生改变，人口向城市涌动的趋势直接改变了他们的人口结构生活观念。邢村里的青年劳动力的性别比例和婚姻传统受到城市文化熏陶，父母决定子女的婚姻大事的现象已经逐渐消失，女青年大量外流乃至留在城市生活，导致留守村寨的青年男性单身比例过高；虽然外出的男青年对婚爱对象选择更多但他们同时也无法时时刻刻照顾家庭还要独自挑起经济生活的重担，负面情绪在所难免。生活水平方面，不论是农村单身男性还是城市单身男性都有最基本的生活保障；经济水平方面，显然是在城市务工的男性青年占据绝大优势，社会方面上，黎族村寨未婚单身男性对城市与留守之间从家庭责任角度考虑比较难权衡，此外，还有照顾家庭，父母养老等一系列的因素都会影响着青年劳动人口在城市与留守之间的选择。

二 贫富分化与变迁程度不平衡

不管是什么样的国家和社会都存在贫富差距这一普遍存在的现象，黎族社会同样也是如此。即便黎族地区整体经济发展较慢，但是仍然存在个别人通过自己的聪明头脑和勤奋努力富裕起来，在经济方面他们有多于普通村民的优势，便于他们在城镇化过程中获得先机制造财富。信息资源获得的速度对于人们生活方式变迁的程度起到了重要作用。这些先富起来的人就会先接触到互联网、智能手机等媒介，就会先了解形势政策、信息动态等，就导致他们先于普通村民进行改变，反过来，普通村民由于没有这些资源和条件就会导致生活方式的改变极其缓慢。这种失衡可以通过对比两类人的住房条件及家具装潢显现，富裕的人都盖起了楼房，装潢追求时尚、现代元素，而普通村民住房还是以砖瓦为主，屋内没有什么装修，基本还是毛坯房的样式。

城镇化进程中，国家一直给予少数民族各项优惠政策和帮扶措施，对于黎族社会的发展起到了巨大推动作用。虽然这些优惠政策在一定条件下起到了不可替代的作用，但是长期靠政府的资助就会造成黎族村民没有自主努力和奋斗的意识，没有自我发展的观念。在邢村进行调查时，有部分村民以为我们是实施扶贫政策的，就故意捏造自己家庭条件特别贫苦的情况，希望从我们身上获得好处。除此之外，黎族村寨里，商业发展还是非常缓慢，就更不要说什么村办企业，只想依靠政府资助，不想自主创新和发展，这就导致"等、靠、要"的思想比较严重。若只靠物质扶贫就不能根治落后现象，同时也不可能加快人们生活方式的现代化转型。

在黎族村民传统观念里，教育并不是最重要的，于是造成人们的文化水平普遍很低，这种情况在以前那种比较传统的小农经济时代不会出现很大问题，可是相对于今天的知识经济快速发展时期来说，就远远不能适应形势了。当今社会，只有知识才能创造财富。然而黎族村民由于思想观念跟不上时代发展的节奏，导致村民文化低，技术差，这就大大降低了他们的劳动生产力水平，以致他们只能从事收入低微的简单劳动，这种状态造成了本来就落后的生活方式变迁更加缓慢。

家庭知识贫乏，儿童受教育程度不高。由于父母没有受过良好的教育，能够给予孩子的教育就相对较少，并且如果家长在很长一段时间内不关注孩子的教育，孩子们就会形成轻视知识和教育的意识。另外，随着外出打工人员的不断增多，使得越来越多的儿童成为"留守儿童"，这些儿童基本上都是被爷爷奶奶照看，但是老一辈人的教育观念比较落后并且都过分宠爱孩子，这些行为对孩子的成长起了一定的阻碍作用。儿童是民族的未来，教育对民族的发展有着十分重要的意义，因此儿童的受教育程度对民族的发展起着关键作用。要促进黎族的现代化发展，黎族村民就要从根本上摒弃"读书无用论"的落后教育思想，从思想上和行动上重视教育，尤其是孩子的教育。

在对黎族村民的消费支出进行调查分析后发现，村民在精神文化方面的消费远低于物质文化方面的消费。在物质文化消费支出中，盖新房与结婚的支出占很大比例，并且吃穿的支出所占的比例很小，这是因为黎族村民的小农经济以及安土重迁的思想根深蒂固，十分注重居住的条件和环境，村民们生活节俭，只要攒够了钱就会把房屋重新装修或者盖新房，但是建房或装修房屋的成本越来越贵，使得村民们的负担也会越来越重；而且随着现代化建设的发展，现在城市里大部分年轻人结婚必须要准备新房和现代化的家电设备，从而导致村民们也纷纷效仿，给孩子们盖新房、买现代化家具和家电。有的家庭为了孩子结婚四处借钱甚至重新返贫。以上两方面的不明智消费，导致很多家庭长时间摆脱不了贫困，成为黎族村民经济社会发展道路上的绊脚石，同时也阻碍着生活水平的提高。

三 产业结构单一与农村合作削弱化

在前述分析中看到，邢村的产业结构是以农业为主导产业，支撑着邢村的经济模式仍然是农业经济，其生产方式主要是个体性经营。农业中以种植业为主，养殖业为辅。其中，橡胶种植已经成为邢村村民的主要经济来源。农业产业结构比较单一，邢村村民主要靠个体自主发展农业生产，在农产品的选择上由于忽视农产品市场需求，加上缺乏政府和专家必要的指导，种植的农作物基本一样，跟风现象非常严重，因此没有建立相关产业的优势。其生产总量仍然不足，结构性处于过剩状态，综合效益不高，黎族村民收入渠道狭窄。

正如专家所说，发展市场农业面临的最大困难，就是千家万户分散的小生产与千变万化的大市场的矛盾。[①] 如何把农户和市场有效联结起来，从发达国家实践看，就是大力发展农村中介组织，通过农村社会合作组织引导和帮助农户走上专业化、社会化、一体化、集约化经营之路，形成较大的区域规模和产业规模，产生聚合规模效应，依仗农村社会合作组织来防范自然风险、市场风险和社会风险，特别在黎族剧烈社会变革与贫困问题胶合在一起的特殊情况下。实践证明，农村社会合作组织是农村社会由传统的计划经济转变为社会主义市场经济、由传统农业转变为现代农业、从粗放数量型增长转变为集约效益型增长、由农民个体生存到群体联系的有效途径，是引导农户家庭经营进入市场经济、提高农村有序发展能力、形成农村和谐发展机制、实现自立进步的必然选择。如何采取有效的组织方式，大力提高农民的组织化程度，使分散的小农户家庭经营模式得以与国内外的社会发展趋势接轨进而转变其生产方式的变革是一个重要问题。

四 传统文化传承面临挑战

传统与现代的问题一直是社会学、人类学探讨的一大主题。主流观

---

① 许孝华：《大力促进农民小生产与大市场的对接》，《中国合作经济》2006年第4期。

点普遍认为，城镇化、现代化要与传统文化相互结合，才能顺利地推动社会实现转型。任何企图割裂传统与现代之间的关系，或者抛弃传统片面追求现代化，或者过分保守，怕丢失传统而对现代化充满徘徊与怀疑的观点都是不科学的，也是不可取的。

黎族习俗的文化价值主要来源于黎族人的感情趋向、社会心理和价值观念等内在核心层面，其文化价值主要体现在以下几个方面：一是黎族习俗是黎族文化的重要组成部分。黎族习俗是黎族人智慧的结晶，蕴含着丰富的文化信息、艺术养分和生活素材，是黎族文化不可或缺的营养元素。黎族习俗的传承，保证了黎族文化的延续性和持久繁荣。这样特殊的民族村寨如何在转型进程中结合民族文化与主流文化，促进城镇化，从而实现社会顺利转型，适应必然的变迁过程，是我们应当重点加以关注的。生产方式决定民族生活方式，反过来，生产方式的改变也会引起黎族村民生活方式相应的变化，邢村经济文化类型的变迁引发了民族文化的变迁，并逐渐呈现多元化的趋势。同时，邢村也面临着民族文化的传承、发展和保护问题。邢村黎族传统文化的影响力越来越小，汉族文化的影响力越来越大，很多优秀的民族传统文化正处于消失的边缘。

黎族文化的发展是建立在对传统文化进行实地调查和科学研究基础上的扬弃和超越。传统文化在创造中形成，又在创造中被突破和被创新而不断发展。比如，黎族习俗中所包含的人与自然之间、人与人之间和谐共生的精神内涵，如大公无私、助人为乐、尊老爱幼、廉洁自爱等文明风尚，恰恰能对现代文化的发展具有重要的启示作用。黎族习俗真实反映了黎族人民群众生产、生活的实践，是他们易于并乐于接受的，也更容易使他们形成对于本民族文化的认同感。黎族传统的民俗活动，常常融入了人们的各种感情。民俗活动的开展过程中，人们可以通过娱乐、宣泄、补偿等方式，调剂生活和心理。同时，在某些黎族习俗中，通过对一个特定事物或事件的褒奖或鞭挞，完成价值观念的宣扬，也可以教化人心，匡正风气。

随着邢村大批农村人口步入城镇务工、读书和生活，原本僻静、简单和安逸的生活环境及生活方式发生了根本的变化，曾经靠世代相传的民族风俗和宗教信仰等也随之失去了赖以生存的传承土壤。造成此问题的原因也是多方面的,如机构不健全、保护经费不足、专业人员缺乏、意识僵化、主导性不够,缺少深入系统研究,媒体导向失误、过度商业化、传承人老龄化、后继无人等,都是当前和今后相当长一段时期内,传统文化传承保护需要加以重视并解决的现实问题。

社会发展必然带来社会文化要素之间的暂时失衡,文化失调是社会发展过程中的必然现象。[①] 社会变迁越剧烈,文化失调也就越严重。在城镇化背景下,其变迁的复杂性可想而知,因变迁所带来的种种社会问题也会不断出现。比如,法国国家社会科学高级研究院研究员阿兰·图雷纳(Alain Touraina)就曾敏锐地观察到:"我们身在追求成就的社会,可也目睹人们向归属,向民族、族群、宗教、地方、性别和家庭的认同回归。所以就出现了脱钩——不妨说是身体与头脑、记忆与判断的脱钩。我们惯于称之为现代性、人道主义或民主的东西,请许可我重复一句,其特征乃是整合,绝不是如某些人所声称的那种一分子对另一分子的侵略和胜利。今天,以在不断变化的市场社会中生活的人们为一方,以在富于侵犯性认同的个人或集体的文化中生活的人们为另一方,二者之间的鸿沟正在扩大。"[②]

同样,邢村黎族习俗在城镇化的过程中也必然会遇到同样的问题。城镇化一方面促使邢村黎族传统习俗的正向变迁,使民族传统文化从现代文化中吸纳积极健康的因素,从而使民族文化与民族经济协调发展;与此同时,城镇化所带来的一些负面效应也诱致着习俗文化逆向变迁,使其健康的肌体不断被现代文明滋生出的一些不良现象所侵蚀。这其实是人们在不完全具备面对生产与生活方式转型所必要的适应能力时所产生的问题。在一个社会习俗生活方式变迁中,正常的逻辑是以正向变迁为主流,负向变迁不会处于主要方向。如果一个社会负向变迁的现象大量出现,就说明这个社会的文化选择机制已经不再起作用。

[①] 刘文俭:《我国社会转型期的文化失调及其调适》,《国家行政学院学报》2008年第4期。

[②] 中国社会科学杂志社:《社会转型:多文化多民族社会》,社会科学文献出版社2000年版,第32页。

第二节　黎族村民新型生活方式目标构建

　　生活模式是典型化、定型化的生活方式，它是对一个社会生活方式基本特征的总体把握，体现着社会生活系统的全部稳定特征。某种生活方式一旦被确定，会对人们的生活具有指导功能和规范功能。一个国家、一个民族选择怎样的生活模式，充分体现着这个生活共同体的价值理想和对幸福生活的追求。对如何通过指导变迁促进生活方式模式，西方的相关观点主要有 RobertChi 的经验理性策略、规范化再教育策略和权力强制策略；RichardE. Walton 主张的巧妙运用权力策略和增进互信友好的态度转变策略；PhilipKotler 的权力策略、说服策略和教育策略；GeraldZaltlnan 和 RobertDuncan 的促进策略、再教育策略、说服策略和权力策略。这些策略分别适用于不同的社会文化环境，并不完全适合于黎族村民的生活方式变迁，但从中我们可以获得很多的启示。

　　就中国社会而言，由传统生活方式向城镇化生活方式转型的基本走向是由依附型生活方式向自主型生活方式转变、由封闭型生活方式向开放型生活方式转变、由僵固不变的单一生活方式向不断变动的丰富多彩的生活方式转变，同时还包括由贫困的生活方式向富裕的生活方式转型、由愚昧的生活方式向科学的生活方式转型，等等。对于任何一个民族而言，习俗传统都是无法彻底割舍的，习俗文化所内涵的魅力与价值，使得其必然会长期地存在于人们的现实生活中。作为一种历史范畴，传统的习俗文化与现代文化的冲突也是不可回避的。习俗文化的发展要与时代同步，并不断注入新时代的元素，否则，任何一种习俗文化都会因为缺乏生命力而枯竭。因此，黎族习俗的变迁是必然的，这类变迁或是"自适应"的，或是"他适应"的。

　　我国社会生活方式的现代化任务十分艰巨，当然不能在短时间内实现。而生活方式现代化本身就是一个不断上升的过程，无法确定一些固定的指标。生活方式现代化实际上是一个持续不断的过程，我们可以分别为这一过程来确定一个切合实际的目标和长期目标。现实的目标是目前社会现实生活的理想化模式，应具有完整性和系统性，可以反映当前社会发展的客观要求和全民族的价值理想，有学者将它概括为"文明、健康、科学、和谐、优雅"。①

综合前人的研究,笔者认为黎族村民新型城镇化生活方式的构建的目标模式应该是"科学、文明、健康、节约、合作、民族"的现代生活方式。尽管这些还不足以将现代化的目标尽数包含在内,但应当说这是在现阶段黎族村民生活方式的更为现实的选择,易言之,这正是生活方式现代化的当前目标。

科学,是指黎族村民的工作与闲暇、物质生活与精神生活、个体生活与群体生活等生活活动结构的合理性,以及生存资料、享受资料和发展资料等生活资源配置的有效性。

文明,是指黎族村民的生活活动和行为方式逐步消除小农社会的和传统行政统属的计划经济体制下形成的陈旧落后、封闭、僵化的生活方式,向着发展、开放、变革、自主的现代化社会生活方式转型,达到同现代工业社会的物质文明、精神文明、政治文明、社会文明成果相适应的水平,并体现在新世纪人类文明所取得的成就中。

健康,即黎族村民在物质需求之外更多地享受文化教育、科学技术的熏陶,扩大健康的文化娱乐活动,培育高尚的道德情操和审美情操,自觉抵制各种愚昧的生活方式,形成合理的工作与闲暇、物质生活与精神生活、个体生活与群体生活等生活活动结构,有效配置生存资料、享受资料和发展资料等生活资源。

节约,即保持勤劳节俭,选择科学、合理和适度的消费方式,虽然城乡居民的生活水平和消费水平同现在比将有很大提高,但黎族村民生活方式的基调仍然是勤劳节俭型的,消费必须以满足人的需求为界,不能消费过度,必须以大自然的承受力为限,不能竭泽而渔。

合作,即要求黎族村民人与人、人与自然以及人与社会相互依存,合作共生,而不是冷漠的竞争和无度的索取。随着全球化、信息化的发展,人们之间将更加紧密地相互依存,相互合作。合作才能解决众多关系到人类前途和命运的问题,给人类带来更多的社会财富和更好的生活质量,支撑人际关系的平衡,保证和谐社会生活方式的实现。

民族,即黎族村民生活方式不能简单模仿别人的模式,必须以民族

---

① 王雅林:《人类生活方式的前景》,中国社会科学出版社 1997 年版,第 240 页。

文化精神的主体性为根基，从容地面对各种文化的冲突与交融。无民族个性的生活方式是缺少魅力的。我国各民族传统的民族文化和生活方式不仅可以为建构和谐社会生活方式提供充足的养分，还有助于避免西方文化在现代化生活方式形成中的一些消极影响。

黎族村民新型城镇化生活方式的构建应该保持黎族特色，有机整合生活方式的世界性和民族性，并在实践中处理好开放和保持民族特色的关系。但应当指出的是，并不是所有城镇化进程中黎族村民新型生活方式都是向好的方面发展，有的变迁可能阻碍社会的发展。既然变迁并非都是符合社会发展规律的，那我们研究这种变迁，除了适时记录习俗整个的变迁图像之外，更多的是想通过对这种变迁规律的认识，来进行适当的干预或调适，以便使其更加符合客观规律。这里就涉及一个必须面对的问题，即生活方式的变迁究竟是要促进其民族特点更加发展、更加显著呢？这实际是要解决生活方式的变迁要不要讲求民族形式的问题。有学者主张后者，理由是，自然同化是进步的现象，引导一个民族的习俗向先进的民族同化是进步的，可以增进民族融合因素；有意的"培养"民族特点，"突出"民族区别是没有必要的。[1]

笔者认为，随着经济的发展，民族之间的交流更加密切，自然同化的机会也相应增多。但这并不是说，民族习俗的特色就不要了。因为即便是民族之间的同化，也是一个互相渗透与影响的过程，而且一般情况下是渐进的过程。[2] 笔者认为，生活方式除了要向文明、健康、有利生产等方向发展外，在形式上还要尽可能保留和发展其民族特色。

第三节　黎族生活方式变迁的对策建议

一　发挥政府主导力量，增强黎族村民生活方式主动变迁的能力

在城镇化进程中生活方式变迁中发生的一些社会问题是社会发展过程中难以避免的。传统和习俗影响力逐渐减弱，工业文明对黎族村民影

---

[1] 刘戈：《关于民族同化、民族融合问题的几点思考》，《民族研究》1997年第1期。
[2] 何叔涛：《民族过程中的同化与认同》，《云南民族大学学报》（哲学社会科学版）2005年第1期。

响等社会问题，一旦黎族村民的文化内核遭到破坏，黎族村民的生存就会受到威胁。这都是当地政府和各级领导应当重视的问题，应该及时采取有效的措施和方法，不规避问题，在吸收、消化的同时，主动彰显个性化的民族文化精髓内涵，保护独特的黎族文化，使这种文化能继续传承延续。传统的黎族村民生活方式培育积淀出来的黎族敬仰天地、热爱自然万物、宽容和平、坦荡无私等珍贵的精神品质，仍深深根植于这个民族心灵深处，也成为民族互相认同的基础。确切地说，这种适应性变迁，是在民族自我意识的主导下进行的，是适应性变迁与主动变迁的统一。[①]

首先，政府在重视、关心黎族村民的生产、生活方面的建设与发展的基础上，加强对农业的扶持力度，加大在农村信息基础建设上的投入，并从政策法规上切实保护农民的话语权。多年以来，正是因为黎族村民基础设施的不断完善，使得黎族村民环境得到不断的改善，带给黎族村民生活方式的深层变革，让黎族村民的生活观念不断走向开放、自主与独立。这些转变使得黎族村民的日常生活丰富多彩，从而打破了封闭单一的传统生活方式，培养他们现代生活的因素，促使他们的生产和生活拥有现代社会的精神内涵。

其次，由于黎族村民的经济收入水平依旧处于较低的状态，大部分村民还不富裕，政府还应适当减轻黎族村民负担，除了在政策方面对农民做适当倾斜之外，更要在公共财政分配中更多向黎族村民倾斜，促进黎族村民家庭收入的提高，增强黎族村民在生活上的消费支出。

菲利普·科特勒（Philip Kotler）等人的权力策略认为，指导变迁需要借助制度内外的某些权力来实现。邢村黎族村民普遍对政府部门有较强的信任感，无论是新作物品种的推广，还是新型技术的应用，只要有政府部门的参与，便会加快原有习俗的变迁。但这种指导只是具有方向性，而且在具体的实施过程中也会产生偏差。因此，除了政府的主导外，还需要政府部门努力在一定区域内培养典型，特别是作为精英的知识分子，他们在客观需要、价值取向的很大程度上决定了生活方式发展变化的方向。比如，鼓励邢村黎族广泛种植冬季蔬菜时，可以在邢村依

[①] 徐杰舜：《民族自我意识是社会文化变迁的内在动力》，《中央民族大学学报》（社会科学版）1997年第4期。

靠一个或多个致富能人，由他们牵头种植，其影响力也会大大增强。

二 发展农村教育，提高黎族村民生活方式变迁的竞争力

发展农村教育，是实现民族生活方式现代化的关键。生活方式的主体是人，生活方式现代化的实质是人的现代化。因此，在推进民族生活方式城镇化的过程中，我们必须充分重视黎族村民的整体文化素质。因此必须大力发展农村教育，以提高黎族村民的整体文化水平。农村教育的发展主要还是要依托政府对农村教育的资金投入，加快农村教育的改革，加快改善黎族村民的办学条件，普及高中义务教育，提高黎族村民整体文化水平。在此基础上，应整合农村各种教育资源，大力普及农村职业教育和成人教育，加快对黎族村民科技、文化知识的传播，提高黎族村民文化素养和文化知识水平。

针对目前黎族村民外出务工人员面临的问题，政府要大力加强人力资源建设，并结合劳动力市场需求，对外出务工人员进行职业技能培训，提高他们的技术水平和整体素质，增强其市场介入能力，提高其竞争力，最好能做到先联系好输出地，再进行定向培训。此外，还要加强职业道德教育，增强其法律意识。其次健全常规培训体制，有计划、有步骤、有重点地面向社会、学校举办各类专题培训班，形成"一师授多徒，一徒学多师，一徒承多艺"的培训格局，避免传承遗漏或传承谱系单一的被动局面，以保证传承主体队伍的不断壮大和文化传承意识的可持续性延伸；最后是采取对文化艺人发放生活补贴、评定技艺等级、表彰先进集体和个人等方法对其进行鼓励，以提高黎族文化艺人的工作积极性。一般情况下，人们对待新生事物，总有一个观望及徘徊期。这段时期，每个人都在对新旧事物做比较或取舍。加强相互之间的信息交流，使被指导方深入了解到新事物的积极作用，将会使指导变迁的效果大大增强。比如邢村黎族开始对于国家实行农村医疗合作制度是持怀疑态度的，但在乡镇及村干部的积极入户宣传工作的推动下，邢村人对这一制度的优越性有了更深入的了解，其推广的难度会大大降低。

黎族村民要想适应国家现代化的发展，就必须转变传统的教育观念，大力发展民族教育，只有教育发展才能为其生活方式的变迁提供智力支撑。首先，人们要在思想中摒弃"读书无用"的观念，积极配合

学校教育。其次，国家要继续加大对教育的投入，解决现行教育中存在的问题，提高教学质量，并对进入高等学校的学生予以奖励。再次，要积极发展职业教育，因地制宜，为本民族培养各种技术人才。精英人物由于其权威、视野与经验经常可以对民族群体起到行为引导作用。传统社会中，邢村黎族"奥雅"对于维护正常的生产、生活秩序起到过重要作用。一直到现在，其影响力虽然在逐步减弱，但在精神层面上，邢村人仍然非常尊重他们。因此，在指导习俗变迁，特别是精神层面习俗变迁时，要充分利用传统权威的力量。比如，邢村的"圣"术实际上就是一种迷信，但在人们心目中的影响力是巨大的，要彻底废除这些迷信行为，靠国家强制力推进很难实现，如果能够对村里的传统权威"奥雅"进行专门的教育及引导，并通过他们的行为来影响其他人，就会收到事半功倍的效果。

三 坚持黎族文化为本，丰富黎族村民生活方式变迁的承载力

随着城镇化建设步伐的加快，海南黎族传统将面临前所未有的现代文化及异域文化的全面冲击。如何处理好黎族习俗保护、开发与利用就成为了现阶段迫切需要解决的问题。黎族人趋于现代化的生活方式，是社会发展的大趋势，并非是人为能改变的。在这样的背景下，一个民族的文化适应，更多的表现为对人文环境及外来文化传播的适应。民族文化进一步更新发展，外来文化的压力变成了动力。对外来文化的积极吸收、引进、消化带来了文化的进步，改变了过去主要依靠本民族内部文化的发明创造、积累继承的方式和途径，从而推动着人类文明的发展。

坚持黎族固有的民族文化为本，重点保护黎族生活方式传承的核心力量。城镇化与习俗保护的有机结合，关键要落实到人本身，因为任何习俗文化都是以人为载体来传承的，它本身就是活态的，而在其中关键核心的是习俗文化的传承人。保护好传承人包括以下两个方面：一是健全代表性传承人的保障机制，解决传承主体的后顾之忧，以实现传承人主动而毫无保留地传授技艺的自觉性；二是积极引导传承人拓展文化旅游市场，以凸显文化特有的现实生产价值，吸引中青年一代传承人自觉自愿地投身到传承活动中。

营造文化氛围，增强黎族习俗文化保护与传承的自觉性。民族文化

资源的开发和保护不只是政府和专家学者的事,更重要的是广大群众的认同和参与。因此,要在整个黎族社会营造开发和保护民族文化的良好氛围。一是合理利用民族文化元素及非物质文化遗产。二是开展校园民族活动,通过招募海南大学、琼州大学等本地高校或者民族院校的青年志愿者以给当地中小学生上课的方式参与社会实践,宣传黎族习俗文化,使当地黎族学生充分认识及体悟到本民族的文化。如海南琼中黎族苗族自治县"民歌民舞民服"三进校园活动,对传承和弘扬黎族民族文化,激发学生学习、热爱和保护本民族优秀文化意识,提高黎族中小学生对本民族文化认同和身份认同都有积极的推动作用。三是开展形式丰富的民族文化活动,宣传黎族优秀文化传统和习俗。每年"三月三",海南各黎族聚集地区都会举行内容丰富、规模盛大的节日庆祝活动,如民族歌舞表演、民族传统体育竞技、黎族服饰文化展、黎锦技艺展和民族文化论坛等。四是以海南民族博物馆为依托,设立"流动博物馆",定期走入黎乡村寨,将宣传教育触角向更深层次、更广方面延伸,从而激发他们热爱民族传统文化的兴趣,使他们自觉投身于传统习俗和传统文化的保护与开发中去。

创新传承载体,不断发掘黎族生活方式保护与开发的新途径。黎族传统生活方式要顺应时代的发展,创新传承载体。一是创新传承的活动形式。可以组织借助文化旅游节,在全国范围内开展有关黎族的征文、摄影、绘画等大赛,并以开发的黎族习俗文化相关的服饰、徽标等相关旅游产品作为奖品等。二是创新传承的技术手段。利用现代先进科技,拍摄关于黎族习俗的电影、电视剧、专题片,创建研究网站,开发与黎族习俗有关的动画、益智网络游戏等适合年轻人特点的娱乐项目。任何民族文化的适应,都是在传统文化上的选择、吸收和包容。各民族文化在彼此影响和相互交融的过程中,必然出现文化趋同现象。文化上的相互接近,社会交往的日益密切,会逐渐形成更大范围的文化认同。

四 坚持精神共同体建设,打造黎族生活方式变迁的核心力

精神共同体指出"人类一种特殊的社会现象和组织形态","具备一定的内部结构和生成方式","精神共同体的内在结构主要是指精神

共同体内在具体的组成要素及其相互联系的方式"。①中国农民精神共同体是具有共同志趣、共同价值追求的人们为了满足主体心理、情感、意志等精神方面的需要所结合起来的共同体。也就是说，中国农民精神共同体是一个以共同的志趣和共同的价值追求作为其内核，由主观认同这一志趣和价值追求的农民个体为成员所形成的一种精神场域。只有当农民个体认同并自觉捍卫共同的精神价值的时候，共同的精神价值便内化为农民的精神共同体的核心要素；当精神共同体对个体的凝聚和辐射作用越大也意味着生活共同体更加稳定，生活共同体自然也更加和谐。

黎族农村生活方式的变革是个系统工程，如果说"生产发展是建设社会主义新农村的物质基础，生活宽裕是建设社会主义新农村的重要表征，村容整洁是建设社会主义新农村的生态状况，管理民主是建设社会主义新农村的政治保证"，那么，乡风文明便是"建设社会主义新农村的灵魂"②。黎族的乡风文明，指的是农村文化的一种状态，是一种有别于城市文化，也有别于以往农村传统文化的一种新型乡村文化，表现为农民在思想观念、道德规范、知识水平、素质修养、行为操守，从而"形成积极、健康、向上的文化内涵、社会风气和精神风貌"。一种优良的村风，反映的是农村一种共同的内在精神。不言而喻，一种高尚文明的乡村社区精神共同体是乡村文明建设的内在要求和逻辑归宿，也是引领黎族农村生活共同体走向的风向标。黎族作为一个少数民族，其生活方式的变迁必须坚持一种民族性的一致性的价值认同，即倡导主流的社会理想、价值取向、精神风貌和行为准则，这是黎族未来乡村生活共同体的精神基础和辐射源，也是其生活方式健康化变迁的主要方向和核心力。

总之，随着黎族农民收入的大幅提高和多元化，其农民生活水平和质量已实现了本质性飞跃，其生活方式的变迁呈现多维性，特别是在当前整个中国社会发生深刻变革的大背景下，黎族农村的社会结构和政治、经济利益诉求日益多元化，各种矛盾和问题也日益显性化，其生活方式的转型面临困局。要正确认知和引导黎族生活方式的良性转化，就必须有效化解各种潜在的问题因素，构筑有序的黎族农村社会发展局面。

---

① 丁越华：《中国农民精神共同体历史演进及形成路径》，《人民论坛》2012年第5期。
② 张斌：《乡风文明：新农村建设的灵魂》，《长三角》2007年第5期。

结　　语

　　安东尼·吉登斯在论及社会结构的稳定性和转换性时指出：社会结构并不是不变的框架，僵死的制约，而是一个反复卷入到社会再生产过程中的规则和资源，因此，它既是人的行动得以进行的前提与中介，同时又具有转换性，可以随行动者需要转换为许多不同的模式和外观，也可能随行动者在具体情景中使用而改变。[①]

　　自新中国成立以来，海南逐步改变了经济封闭落后、人民生活困难、社会事业基础薄弱的局面，社会经济发展日益改善。改革开放以来，特别是1988年海南成为中国最大的经济特区以来，海南经济社会发展取得显著成就，进入新的快速发展阶段。2009年12月，《国务院关于推进海南国际旅游岛建设发展的若干意见》正式印发，标志着海南国际旅游岛建设上升为国家战略。2010年6月，《海南国际旅游岛建设发展规划纲要（2010—2020）》发布，对海南国际旅游岛的建设提出了具体工作安排。海南发展面临新的历史机遇，海南城乡经济社会发展和变迁被推上新的轨道。在加速转型的现代化过程中，黎族村寨进一步打破封闭传统，社会变迁呈现许多新旧交融的时代特征。城镇化是推动区域协调发展的有力支撑，是扩大内需和促进产业升级的重要抓手，对全面建成小康社会、加快推进社会主义现代化具有重大现实意义和深远历史意义。

一　研究发现

　　哈黎村民生活方式变迁是黎族村寨变迁和中国农村社会变迁的一个

[①] ［英］安东尼·吉登斯：《社会的构成》，李猛、李康译，三联书店1998年版，第2页。

小窗口，这场影响深远的社会变迁是一个渐变的过程，也将随着中国现代化、城镇化进程的不断推进持续发生变化。这种变迁都是在传统与现代两种思潮不断碰撞、相互让步和此消彼长的过程中逐步向前的。

20世纪50年代中南民族学院教师参与了海南岛22个黎族村寨的社会调查，用丰富而珍贵的调查资料记录了新中国成立初期五个不同支系黎族的地方文化和社会发展全貌。此后的70年中，邢村黎族被卷入轰轰烈烈的现代化浪潮中，经历着深刻的社会变迁。在从传统走向现代的转型时期，黎族社会发展呈现从传统走向现代的过渡特征，这种过渡性在黎族经济社会发展、文化传承及家庭变迁等诸多领域都有体现。

随着我国全面建成小康社会宏伟目标的提出和社会主义新农村建设事业的不断推进，构建民族地区少数民族新型生活方式已经成为社会主义新农村建设的重要内容。在城镇化的过程中，海南黎族村民的生活方式发生着深刻的变迁，城镇化对黎族村寨的经济、消费、婚姻、闲暇、政治和宗教生活方式等各个方面的影响与日俱增。论文选取哈黎村村民生活方式变迁这个视角来透视黎族社会变迁的脉络，生动呈现城镇化背景下黎族社会变迁的鲜活画面。本书以一个哈黎村寨为田野调查点，采用深入访谈、参与观察、居住体验等调查方法开展了深入细致的田野调查，运用丰富的调查资料和文献材料的对比，分析城镇化进程中黎族村民生活方式变迁的过程、原因、特点及规律，透视生活方式变迁过程中存在的老问题新情况、新情况新问题，有助于我们把握少数民族生活方式变迁的内涵，进一步推进对民族关系和民族问题的研究，为其他民族地区民族生活方式的研究以及民族关系的处理提供借鉴和参照。

城镇化进程中黎族村民生活方式变迁的突出问题包括了老龄少子化与发展空洞化、贫富分化与变迁程度不平衡、产业结构单一与农村合作削弱化、传统文化传承面临挑战。在此基础上，本书构建了黎族村民新型城镇化生活方式，目标模式应该是"科学、文明、健康、节约、合作、民族"的现代生活方式。尽管这些还不足以将现代化的目标尽数包含在内，但应当说这是在现阶段黎族村民生活方式的更为现实的选择，易言之，这正是生活方式现代化的当前目标。基于此，本书提出了黎族村民生活方式变迁的对策建议，即发挥政府主导力量，增强黎族村民生活方式主动变迁的能力；发展农村教育，提高黎族村民生活方式变迁的竞争力；坚持黎族文化为本，丰富黎族村民生活方式变迁的承载力；坚持精神共同体建设，打造黎族生活方式变迁的核心力。

黎族村民生活方式变迁具有普遍性和特殊性。新中国成立以来，全国各地各民族农村村民生活方式都发生了深刻变迁，黎族村民生活方式变迁与全国其他农村地区村民生活方式变迁的轨迹和特点有相似之处，也有其特殊性；变迁的历程具有共同的时代背景和相同的目标，同时也具有不同步性，具有南方少数民族地区的特殊性。

衡量一个民族生活方式变迁的轨迹，既要放在历史长河中进行定位，也要结合该民族地区在全国的发展地位做横向比较。作为全国相对落后的少数民族农村地区，海南黎族村寨的发展仍相对落后，城镇化的水平还处于较低阶段。黎族村民生活方式变迁的进程和速度也与内陆更发达农村地区有明显差距。

二 黎族村民生活方式变迁的发展趋势

生活方式的现代化不仅是人类生活必不可缺的一部分，也是社会经济发展和各民族生活方式内部矛盾的必然结果。本书尝试从黎族村民现在生活方式的现实角度来看，从而正确认识生活方式现代化的重要性和其本质、目标，同时为黎族村民寻找有关构建新型生活方式的有用方法，这也正是此文的意义所在。

（一）现代化：生活方式变迁的基本目标

生活方式的现代化与全社会的现代化进程是息息相关的。生活方式现代化要求融入整个社会中，从社会现代化的大背景中总结自身的规律。"假如要划分人类的基本社会活动运动生产以及生活两大部分的话，生活在新世纪的我们就可以这样给现代化定义：现代化就是获得现代文明的生产方式以及生活方式的过程。"[1]

埃斯皮纳斯在《动物社会》中曾这样说过："蚂蚁群的劳动工作以及搬移是怎样出现的？是否是以一群蚂蚁中的各个蚂蚁共有的、本能的、自觉的冲动为开端呢？是否是以所有的蚂蚁在外部环境的压力下一起感觉到的冲动为开端呢？有差异的是，所有事情都是在一个蚂蚁远离

---

[1] 沙莲香主编：《社会学家的沉思：中国社会文化心理》，中国社会出版社1998年版，第64页。

集体后才发生的；然后，它通过触碰旁边的蚂蚁来求助，剩下的事情就根据模仿的传染性来实现……在种属较高的蚂蚁中，个体蚂蚁的首创性让人惊诧不已。"[1] 人之所以有首创的精神以及动力取决于人与生俱来的自然本性，这点和动物社会没有差别。

从另一个方面来看，生活方式现代化的本质所在就是要对传统生活方式进行革新，不过，对生活方式现代化进行革新要注意以下几个问题。

第一，生活方式现代化并不是指全面享用现代工业能够生产的物质精神产品。在欧美发达国家，现代主义、大众文化以及市场体系三者密不可分，共同构成资本主义的文化体系并且为人们的生活方式提供着便利，但是，这并没有提高人们的幸福感，相反的却是给社会和人民带来了许多麻烦。所以，我们不能把生活方式现代化的一切希望都建立在现代工业上。不管是外在压力，还是内在动机，在个体有创新观念时，任何人都会有一个选择的过程。在一般情况下来讲，要想创新可以更好地融入群体，就必须让创新和整体的内部价值、目标以及需要达成统一，即便如此也不能确信创新可以被人们接受。

第二，生活方式现代化，不能说是普遍意义上的生活水平的提高，也不能简单地看作对现代化产品的使用。绝大部分的人更喜欢坚持他们经常去做的事情，而不是接受某些需要他们对自己本身作一些改变才能习惯的新事物。例如，在选择农作物品种问题上，邢村村民更倾向于选择他们经常使用的品种，如果一新品种被引进，还会有很多人对其不信任，有的还会出现免疫反应。而这种现象的出现主要是因为长期在人们思想中占据主导地位的传统观念不易改变，他们更喜欢墨守成规，不想变革，不想创新和突破，而这种偏向长期存在就变成了"有机体生命中所固有难以改变的一种惰性力量"[2]。当人们在惰性力量的作用之下时，就成为了一切依照习惯办事的人，哪怕是显而易见地与事实不符的某些风俗或是改进习俗有益于他们，他们也不会轻易改变而是选择任劳任怨地接受或是压下心中疑惑而默默承受，而这就是惰性力量。

---

[1] Alfred Espinas, Des Sociedtes animals, p. 223, Paris, 1877.
[2] ［美］E. 博登海默：《法理学：法律哲学与法律方法》，邓正来译，中国政法大学出版社2004年版，第238页。

精神分析学派的创始人弗洛伊德对于这种文化模式进行了深入地研究。在他看来，处于特定的文化环境中的人就会受到其文化模式的作用，主要体现在以下三个方面：首先，感染性。每个人的行为都有其暗示作用，这种暗示行为就会对影响其他人的感情和行为，甚至有可能会使得所暗示的观念直接被转化为行为，也会从思想上诱导一个人以放弃自己的个人利益，而以集体利益为重。就某方面而言，他已不是一个完全的自由人了。其次，外在的压力。群居是人生而具有的选择倾向，当一个人与群体不一致时就意味着与群体的剥离，而为了融入群体之中，每个人都必不可少的会受到诸如种族特征、风俗习惯、阶级偏见、公众舆论等群体心理因素的影响与作用。最后，弗洛伊德认为是教育的作用。每一个生命体由婴儿成长为独立的个体过程中，老师或是其他有权威的人会逐渐的替代父母对于个人的角色。于是，在一个集体中，群体所规定的法律和法令就会得到强化，并且不断得以完善，最终形成了社会期待的道德规范。[①]虽说如此，但是在思想观念、文化修养、认知水平多方面的作用影响下，仍然会有村民从固有的认知环境中脱离出来，进行一番尝试。

作为当今世界发展主题的现代化，同样也是我国人民为之努力前进的方向。就当今世界而言，现代化的发展既是关于一个国家的经济发展问题，也是一个社会群体的文明发展的问题，现代化发展的程度标志着一个民族文明的程度，是一个民族屹立于世界民族之林的关键。一个民族想要发展，成为高度文明的民族，就要在现代化的过程中牢牢把握建构现代文明生活方式的任务，始终牢记发展的最终方向是提高居民生活质量，为人民生活提供良好保障。

因此，所有的变迁过程都是综合性的，包含着个人之前的经验、对总体现状的了解，以及个人对将来成果的希望。因为人们的记忆的选择有一定的欺骗性，所以过去的经验并不能完全地反映真实发生的事件。此外，人们对于当前状况的了解也并不会精确到位，注意力的集中通常是受到利益相关关系的影响。而成果是综合所有因素考虑的，是存在于个人期望与实际努力之外的，因而其不会总是尽如人意。为保证我国社

[①] [美] 露丝·本尼迪克特：《文化模式》，何锡章译，浙江人民出版社1987年版，第238页。

会主义现代化事业的健康发展，我们要全面发展各民族的经济，尤其是对于少数民族的经济要有所偏重，充实人民群众的生活，为人民生活提供扎实的物质基础，建立平等、团结、互助、和谐的新型民族关系。从现代人本主义的观点出发，当代社会的发展离不开文化观念、社会关系、社会结构对群体中的个体的作用，更离不开社会实践者对于文化观念、社会关系、社会结构的创新实践。

1978年改革开放以来，我国各项事业蓬勃发展，经济实力与日俱增，由此可看出，改革开放是我国各项事业前进的客观要求，也是必经之路。我国是一个由多民族组成的发展中国家，不同的民族在漫长的岁月生产劳动中构成了互有差异的生产生活方式，黎族村民在生活方式上与现代社会差距较大，主要是因为客观存在的自然条件和长期存在的社会本源。改革开放是解决这些问题的根本途径，加大吸引外资和技术、人才的力度，推动少数民族地区经济的快速发展，为推广先进的生活方式提供坚实的物质基础。在当今社会，不断学习和借鉴各个民族的优秀文化传统是一大潮流，也是创建生活方式必不可少的部分，就当今世界环境而言，是相对开放的，保守封闭的民族不仅没有前进的可能，还会使得整体落后于现代社会。

（二）和而不同：生活方式变迁的共生之道

中国的传统文化强调"和而不同"，世界上不同的民族之间因相对协调一致而又存在差异，既和谐又有区别；和谐强调共同成长发展，差异使得相互之间互相辅助。"和而不同"讲究求同存异，在地球上的各种文明、制度和发展模式之间要相互借鉴和交流，扬长避短。同时"和而不同"的思想我们在全球化时代处理不同民族生活方式之间的共生和生活方式现代化指明了方向。"和而不同"是中国古代人民的智慧的结晶，生动形象的阐述了中国人的共生观念，有助于全球化大背景下的文化继承与发展，同时对于重树现代生活方式具有重要的借鉴意义。

人类对共生现象的认识，最早来自生物界，它是生物之间赖以生存的方式之一，通过相互之间供给对方补给，以维持生命的延续，如果其中之一缺失，将会导致对方的死亡。"和而不同"生活方式变迁的基本途径首先通过模仿来给予呈现的。现实生活中所有事物都是有一定联系的，都存在着影响的因素。塔尔德以心理学的视角针对给出的解释是，

"当两个头脑相距一定间距时,其中之一会让另一个对外界感应较为敏感的大脑皮层内生成仿佛于相机拍照一样的效果,而模仿便是类同于心灵之间的对于这种效果的体现,这其中无所谓是主观体现还是客观存在。假设现实生活中真实存在的两个人是有着一定关系的,他们便会也同样有着这种形式的模仿,它是无法主观控制的,现实社会上的所有事物抑或者类同事物的相似性都源于此,就好比生物抑或者类同生物的相似性都源于遗传一样"[1]。塔尔德以心理学的视角给予了人的内心世界较为全面的概括,为我们用来解答诸多社会活动现状提供了较为充分的理论基础。此外他还认为,模仿是与生俱来的一种先天性行为,依靠个人魅力等显著特点让人人都竞相模仿的人少之又少。在很大程度上成为他人模仿对象的同时,被模仿人也有着自己的参考标准。这样就不难看出,在普及的过程中模仿变成了相互的模仿,形成了特化的倾向。所以,就其模仿而言,这也属于一种创新,同样适应于创新及不断改进的程序,符合螺旋式循环系统的特征。因人而异,模仿在被竞相模仿后呈现的各种各样的结果,一类是对正向的模仿,一类是逆向的模仿,不论是哪种形式的类型都可以使得新的生活方式的形成。这不仅仅是个体发生转变的体现,更是在群体生活方式转变进程中占据了相当重要的位置。个体模仿的影响范围有一定的局限性,但当足够多的数量的人都竞相模仿时,所遵循的方式才会有转变,这是建立在最大范围的认同之上的,才是最终意义上的改变。正好验证了涂尔干的观点,习惯的最初出现单位是以个体的形式,然后才能渐变为群体共有的。

在邢村,模仿行为已成为常态化,这其中并不需要考虑主观意愿和客观意愿的局限性。如果拿新的生活方式的形成来讲,很大程度上还是离不开黎族村民自我思想所产生的行为。历经调适时期之后,想要体验深层次模仿的人数逐渐增多,扩大了体验人员数量的范围。这个现象中,同样存在着模仿行为,从一个点便可以有效地对塔尔德针对模仿所提出典型观点的证明,即其本人对于模仿规律的观点。他将模仿以"逻辑模仿"与"超逻辑模仿"进行了区分。前者是指定标准被列为模仿对象的内在逻辑规律,主要涵盖的层面有:一是愈发贴近传承下来的事

---

[1] [法]加布里埃尔·塔尔德:《模仿律》,[美]埃尔希·克鲁斯·帕森斯英译,何道宽汉译,中国人民大学出版社2008年版,第7页。

物和科技含量较高的发明愈发易被认同为是模仿对象；二是能够被广大群体认同的身边人易被认同为是模仿对象；而后者是指定标准被列为模仿对象的外在逻辑规律，主要涵盖的内容是指由内及外，由上及下形式的模仿。但它并不适用于存在骤变情形的生活方式。诸如新中国成立之后形成的"浮夸风""文化大革命"等，政治因素及其影响力对群体的生活更多的限制，生活发生的改变并非是按部就班、循序渐进的形成，而是存在这种骤变情形下形成的，针对这种形式的模仿不易被实现。贯穿于生活方式变迁进程中，被模仿者和模仿者是两个主角。但两个主角之间的位置并非是一成不变的，经常性的来回转换。如在观察到被模仿对象产生更突出于自身情况时，会进行吸收，并加以利用，从而诞生另一个新的方式，其实质是基于现状的一种提升和完善。

"共生"是当前世界进程中最能体现人类心理层面和社会现状的最直观、最基础的现象，是人类适应现代环境下所对于生活方式的追求，同时也从侧面反映人类在针对相关关系之间和生活方式的需求。它的大致主旨是针对新环境下个体或群体出现的或继承，或借鉴，或自创的一些有别于传统形式或者事物的主观态度改变的一个过程。例如在培育新的植物上，第一个进行采用的会同时吸引多方的注意，假设试验结果不成功，便会遭受人们幸灾乐祸的情形，但如果是以成功的结果示人，另外的一些人便会共生出与之前可能失败时所产生的心理变化，这便是最显而易见的共生例子。

针对共生有着三个方面因素的制约：一是传统的事物被更改后能否对个体或是群体带来一定的实效，可以认为是为子孙后代所谋取到的任何利益，主要涵盖在经济上和精神上两个主要项目上。经济上主要是指某个事物的所有者能否凭借该事物获取一些比较直观的利益，如增加生活收入等；精神上主要是指可以满足内心世界的需求或者增加思想层面的满足，如构建出较为和谐的人际关系等；二是群体对待发生变化的事物所给予的反应，如积极响应，如坚决抵制，如听之任之，放任不管；三是是否有另外的持有相同想法的人也在付诸于行动。如何对因素的影响进行判别，针对于因素一时，通过对所呈现的结果直观判别。例如，当众多汉族人款式的衣服进入到黎族所在地，且价格合理的话，便会引起人们的关注，并产生挑选的行为。针对于因素二判别时，就有些相对烦琐了，这是由于虽然它与因素在直观上对价值判别有着十分密切的联系，但是最大的不同在于个人之间的差异，如文化程度、个人喜好、年龄大小等方面，这样便会出现多种不同的结果，难以立即显现效果而产生结论。例如在看待婚姻是否正式符合的事情上，邢村人各有各的观点，文化程度和水平较高的青年一代人是以构建和谐家庭、确立夫妻关系的层面上，再到民政部门办理结婚证以确定婚姻的有效性；而其他较为传统的人，所持有的仍旧是传统观念，以操办过结婚宴席后才予以肯定，对于结婚证的重视程度无法与之相比。鉴于因素二需要考虑到方方面面的条件，因此因素三的位置就尤为关键了，假使当新鲜事物的出现无法对其价值进行评判时，可以采取关注的方式给予对待。如果没有相同行为，则表明群体的态度是不足以信服，就算是新鲜事物的价值是客观存在的，也左右不了其自身的判别。反之，相同行为大有人在的话，很容易便会让人信服，使得怀疑态度自然消失。

共生行为深层次的分析其实就是人类精神和意识上的效仿。从实际出发人类无论任何行为都是存在一定的目的性，这就取决于大脑的思考与判断。而"求同存异"的思想理念同样适用于此种现状，在世界一体化的发展中人类现有的生活方式也将呈现多元化，但伴随着时间的推移各民族、各国家将逐渐出现同化。面对城镇化的巨大挑战，"和而不同"强调：一方面全世界各民族在融合的过程中，仍需保留属于本民族独有的传承与特色，民族遗留下来的宝贵财富在一定程度上也会回馈于整个社会；另一方面，在全球一体化的背景下，生活方式的多元化和逐渐的同化性亦是相当重要。

(三) 自在自觉：生活方式变迁的理性选择

每一个民族、每一个国家都有属于自身的文化传承和理念。文化作为一个国家、一个民族的代名词，具有无法估量的价值。其自成的价值体系，包含了理念、规范以及实用价值。而继续传承本民族文化自在性，首先必须清晰的认识到何为文化自觉。从侧面也反映出属于本民族的文化底蕴和尊严等。笔者通过相关资料的分析和文献的参考，对文化自在性和自觉性有了新的认识。其中前者现在泛指：人类现有的生活方式和思想活动是通过众多条件组成，诸如：民族的传承、生活的阅历、最基本的生活尝试等；后者表示的是：人类通过自知自觉的思想，影响到的范围主要包括科技、艺术、文化等。

在世界大同的宏观条件下，文化自觉的意义相当重大。其巧妙的缓和了各种族、各肤色、各国家间的文化冲突，同时加速了我国民族的融合与统一。自在自觉，现在泛指文化工作研究者通过借鉴、吸收百家之长，在此基础改造出最新的具有差异性的文化属性。但此研究成果不一定被全盘认可。一般来说，自在的文化与自觉的文化两者的属性有一定的相互抵制性，但恰恰是其特性促使整个文化具有不断更新和发展的原动力，同时逐渐推进在特定时代不断转变。举个例子：在科技高速发展的当下，农业技术的不断引进和提升，使得广大农民掌握了部分的技术和信息，在发现"冬季黄瓜"这一项目可以获取高额利润后便一一效仿，最终导致市场饱和、资金链入不敷出。在看到市场低迷后，便又回到老本行，导致整合创新失效。其实整个改革的发展中，就像爆炸一样在必须达到爆炸极限后，才会形成。然而此标准，因为面对的各种外在原因或者内部条件等多个层面上并不固定和唯一，所以必须针对不同情况进行详细划分。

一是物质方面。经济价值是人类最容易认可和区分的，基于其整体的转变的临界点综合比较最低，所以其资源的整合效率更高。然而从实际出发，其整合过程不是一蹴而就的，必须从一次又一次的实验中总结经验和教训，最终完成目标。举个例子：某市周边的个别农户发现种植大棚蔬菜后，大大地提高了其家庭收入。一些农户看见此种效益后纷纷效仿，引进技术后改种植大棚蔬菜。这股跟风潮流直接破坏整个市场供需关系，给农户带来严重的经济损失。面对残酷的现实，部分农户直接转投新的项目，然而还有极个别农户选择继续种植大棚蔬菜，并最终也获益。实例证明每一项新的工程或研发，都需要不断的实验，以达到整合的目的。

二是制度方面。严苛的条例和规定，在一定程度上对人类日常生活起到了约束和规范的作用，但是也深深地影响了整个人类社会的前进。因为一旦人类的日常行为或者习惯被制度化、条例化后，其还会在很长的时间内一直维持下去，对整个变迁或者转变的进程带来了一定的阻碍。基于此条件，为了突破原有的束缚，有时需要借助别的力量实现整合。

三是思想方面。人类生活中的"习俗"是其整个历史演变所形成的产物,是文化的传承。它是人类共同拥有的意识形态和思想观点。自觉的文化和自在的文化发挥作用及途径和方式各不相同。经验、习俗、习惯等自在的文化因素往往透过家庭、学校、社会示范等方式而潜移默化的溶进每个人的生活血脉中,作为人的文化基因,知识往往是自在自发地左右着人的行为;而自觉的文化精神则往往通过教育、理论、系统化的道德规范、有意树立的社会典范等等而自觉地、有意识、有目的地引导和左右人类的行动和意识。从实际情况出发,因为每一个人对待这一层面都有自己的认知和判断,所以相对而言其变迁的困难程度也大大的提升。

通常而言,众多的模仿行为是引起生活方式变迁的重要因素,然而,由于个体行为的差异性,并不是所有的模仿行为都会造成变迁的发生。前者所属行为具有较强的对象性,即只针对某些人群范畴之内,之外的则不一定会奏效。基于此种情形,人的行为活动可能仅仅是只具备尝试性质,其并不会引起习俗的变化。自在文化和传统社会融洽度较高,它在一定程度上和传统文化表现形式保持一致。社会历史越久远,自在文化对人的生存影响越深刻。而基于当代社会发展形态,自觉文化逐步替代自在文化成为影响人生存的主流意识形态。其不仅表现在对人行为活动规范方面,更为显著的是其通过契约精神来实现对经济发展的干预和作用。

(四) 城镇化:生活方式变迁的整体趋势

生活方式变迁的过程和途径是多种多样的,如进化、发明、传播、发现、整合和分化、隔离或孤立、选择和适应等。在不同的自然环境和社会文化环境下,生活方式变迁的实现路径是不一样的。历史唯物主义认为,生活方式有其产生、发展和消亡的渐进过程,有其自身的发展规律,文化的融合、同化、重组和再生,是人类社会发展的必然。"文明的所有手段或工具,都必须在人们追求当下目标的过程中证明其自身的效度,无效者将被否弃,有效者将被保留……随着旧的需求的满足以及新的机会的出现,新的目标也会不断出现。"[1]

---

[1] [英] 哈耶克:《自由秩序原理》,邓正来译,生活·读书·新知三联书店1997年版,第37页。

城镇化是社会发展的必然趋势,就大国的经济成长历史看,中国的城镇化速度创造了新纪录。尤其是近十年来,中国城镇化率每年大约提高1个百分点。这个速度远远超过了美国的城镇化速度。2016年中央经济工作会议再次确定国家的一系列政策将围绕城镇化逐步展开。可见,城镇化将是包括各少数民族地区在内的必然趋势。城镇化是世界各国经济社会发展的必然产物和共同现象,是衡量一个国家和地区社会发展程度的重要标志。它是一个由生产力的发展所引起的,包括人类的生产方式、生活方式、思维方式和人口分布方式演变等在内的、复杂的经济社会生活方式变迁的过程。城镇化是一个社会或地区的文明进步最集中的表现,也是其变迁与发展的直接动力和必然道路。但是,中国国土辽阔,不同地区之间自然条件、经济发展水平、社会文化差异较大,不但存在发达地区、中等发达地区、欠发达地区的巨大差异,而且各类地区内部、各民族之间也存在很大差异。因此,各个地方、各个民族"城镇化"的发展道路不能千篇一律,必须因地制宜,探索符合本地区、本民族特点的"城镇化"的发展道路和模式。

2009年12月,《国务院关于推进海南国际旅游岛建设发展的若干意见》正式发布,由此,海南建设国际旅游岛的目标上升为国家战略。2010年6月,《海南国际旅游岛建设发展规划纲要(2010—2020)》发布,对海南国际旅游岛的建设提出了具体工作安排。邢村处于合亩制地区,拥有丰富的民族文化及生态资源,是海南国际旅游岛建设的重要组成部分。因此,邢村以及周边地区应该会在这种背景下走一种独特的城镇化发展道路,而城镇化则是受旅游业发展引发或驱动的城镇化现象和过程,属城镇化多元发展和旅游业成熟发展的共同作用结果和综合表现,一般发生于城镇旅游热点区域或旅游景区。作为城镇化的一种重要类型,旅游城镇化表现为旅游经济和相关人流、物流、信息流向旅游业相对发达区域的地理集中。而这种集中过程必然对在我国城乡二元格局中的乡村文化尤其是民族村寨文化的保护与传承带来新的影响。在这种城镇化发展的背景下,黎族村民生活方式在宏观上会有如下变迁趋势:

一方面,邢村黎族村民生活方式必然会加速变迁。马克思和恩格斯指出:"人们的观念、观点和概念,一句话,人们的意识,随着人们的生活条件、人们的社会关系、人们的社会存在而改变。"①城镇化将会使邢村成为各种文化的汇合地，各种文化之间的采借转换、涵化整合不可避免。邢村想脱离这种联系以求本民族独有生活方式的保存是不可能的。同时，在这种背景下，他们无论是在思想上还是文化上都必然会选择适应现代社会的新环境，从而主动的对原有生活方式进行变革和改造。

另一方面，邢村黎族村民部分生活方式将经历一个逐步被消解的过程。邢村黎族地处合亩制地区，长期以来与外界接触比较少，在城镇化进程中，其自我保护能力非常弱，自我调适也很困难，全盘接受的可能性比较大。这与海南东方的美孚黎是不同的，美孚黎居住在沿海地区，经常与外界，尤其是汉族进行交流，自身适应性很强，不容易摧毁其文化的优越感。如果把现在邢村黎族的本土文化比作一块水泥地，那些东方的美孚黎就是一块海绵。当外来文化强势进入的时候，邢村黎族的结果只有两种，要么击穿水泥地，强势进入，要么外来文化根本就无法进入。而美孚黎在外来文化进入时，他留给外来文化一个缓冲的时间，在这个缓冲时间内实现相互的借鉴及吸收，缓冲完后，一部分外来文化被加以采借，一部分则又被反弹出去，予以拒绝。

黎族村民生活方式变迁是黎族社会适应周围环境及社会发展的后果。随着城镇化进程及各民族交流的加强，黎族村民的生活方式将会与时俱进，发生新的变化，这是生活方式发展的规律。但是黎族又是一个富有民族个性的共同体，其文化在适应环境而变迁的同时，也不会完全丧失自己的个性，这在邢村的个案中被反复证明，正是黎族的这种求同存异、积极进取的民族个性，成就了黎族作为一个独特的个体而存在发展的结果。

---

① 马克思恩格斯：《马克思恩格斯选集（第1卷）》，人民出版社1972年版，第270页。

附录

调查问卷（节选）

尊敬的朋友：

您好！欢迎参加黎族村民社会生活方式变迁研究问卷调查。此次调查是学术课题，只求如实回答，调研结果保密。请根据问题，选择满意的选项（可多选）或按实际情况填写，若选项中没有您认可的答案，请在"其他"栏的下划线上填写。占用了您的宝贵时间，非常感谢您的支持与合作。

1. 家庭成员基本情况

_____队

家庭成员	与户主关系	年龄	受教育年限（年）	婚姻状况	职业（务农/打工/读书/经商）

2. 您家庭年收入（元）：□1000以下　□1000—3000　□3000—5000　□5000—8000　□8000—10000　□10000—20000　□20000—30000　□30000以上

3. 您家庭主要收入来源是：

①种植业_____元；②养殖业_____元；③运输业_____元；

④商饮业_____元；⑤在外打工_____元；⑥其他_____元

3. 您家种了哪些经济作物，分别种植了多少亩？一年收入有多少？

①橡胶_____亩，收入_____元；

②香蕉_____亩，收入_____元；

③其他经济作物：

名称：_____面积：_____亩，收入_____元；

名称：_____面积：_____亩，收入_____元；

名称：_____面积：_____亩，收入_____元。

4. 养殖业情况：

①猪_____头；②鸡_____只；③鸭_____只；④羊_____只；

⑤牛_____头；⑥其他：名称：_____数量_____；名称：____数量_____。

5. 家里有_____人在外打工

①_____人在_____地方从事_____行业，年收入_____元；

②____人在_____地方从事_____行业，年收入_____元；

③____人在_____地方从事_____行业，年收入_____元。

6. 您认为村里农户之间贫富差距大吗？

① 很大　② 比较大　③ 没感觉到贫富差距　④ 比较小　⑤ 很小

7. 您家庭主要开支是哪些，一年分别花费多少？

烟酒____ 电费____ 化肥____ 就医____ 教育____ 人情____ 其他____

8. 您去年一年送出的数额最大的礼金是_____元，送礼理由是（　　）

①结婚　②生子　③升学　④生日　⑤建房　⑥其他

9. 您家房屋居住情况：

楼房____套，面积_____平米，建房时间_____；

平房____间，面积_____平米，建房时间_____；

茅草房____套，面积_____平米，建房时间____；其他_____。

10. 您家有以下这些东西吗？（可多选）（　　）

①电视机　②手机/电话　③影碟机　④洗衣机　⑤电饭煲　⑥电脑　⑦照相机　⑧摩托车　⑨拖拉机　⑩卡车　⑪书报（主要指报纸、杂志、小说等非教材类书籍）

11. 您家有哪些生产工具？购买或者制作年代？

12. 您家中事情一般由谁做主？（　　）

①丈夫　②妻子　③共同商议　④男主外女主内　⑤其他

13. 您认为生活中的最大困难是？（　　）

①医疗　②养老　③教育　④工作　⑤房屋　⑥处理人际关系　⑦其他

14. 遇到困难，您首要救助对象是？（　　）

①亲戚　②族人　③朋友　④熟人　⑤村委会　⑥政府　⑦其他

15. 当您生病时，一般会怎么办？（　　）

①去医院治疗　②找偏方　③请"道公"作法　④先到医院治疗，若不能治愈，则请"道公"作法　⑤先请"道公"作法，若不见好，则到医院治疗　⑥其他

16. 您和爱人结婚时是否领取了结婚证？（　　）（未婚者直接跳到第21题继续作答）

①没有领结婚证　②结婚前领了结婚证　③结婚后补办了结婚证

17. 您和您的对象是如何认识的？（　　）

①从小订的娃娃亲　②媒人（包括父母）介绍　③自由恋爱　④朋友介绍　⑤其他

18. 您更加看重对象的什么条件？（可多选）（　　）

①长相好　②家庭条件优越　③贤惠大方　④聪明能干　⑤忠厚老实　⑥文化水平高　⑦孝顺父母　⑧能力强　⑨其他

19. 您和爱人谈恋爱时是否有父母为您/您妻子单独修建的小屋（隆闺）？（　　）

①有　②没有

20. 从结婚到孩子出生前这段时间，您/您妻子的主要居住地是（　　）

①娘家　②婆家　③两边轮流住，难以分清主要住哪边

21. 您认为一对夫妻生几个孩子最好？（　　）

①1个　②2个　③3个　④4个　⑤越多越好

22. 如果最多可以生两个孩子，你希望最好是几个儿子几个女儿？（　　）

①都是儿子　②都是女儿　③1儿1女　④无所谓几男几女

23. 您的第一个孩子是在哪里出生的？（没有孩子的跳到第26题）（　　）

①家里　②乡（镇）医院　③县城医院　④县级以上医院

24. 您怀孕（第一个孩子）时是否到医院做过产科检查？（　　）

①从没有　②到乡镇医院检查过　③到县城医院检查过　④到县级以上医院检查过

25. 您家有_____个孩子在读书？其中成绩最好的孩子成绩如何？（未婚育者不答此题）

①很好　②比较好　③中等　④比较差　⑤很差

26. 您认为黎族与其他民族通婚少的主要原因是？（　　）

①语言不通，生活习惯也不一样　②不愿意
③接触机会太少　④其他

27. 您希望自己或自己的子女和哪个民族的人通婚？（　　）

①黎族　②汉族　③苗族　④无所谓　⑤其他

28. 您认为分家的原因是：（　　）

①传统观念和习惯　②长辈去世　③结婚　④人际关系
⑤经济独立　⑥获得更好的发展　⑦其他

29. 您家以下事情主要由女性承担的有_____，主要由男性承担的有_____；由男女轮流或共同承担的有_____。

①做饭　②酿酒　③洗衣服　④喂猪养猪　⑤犁田　⑥插秧　⑦割胶　⑧收胶　⑨卖胶片、香蕉等农作物　⑩买种子化肥等生产资料

⑪接送子女上学　⑫招待客人

30. 您家有_____套（件）黎族传统服装，其中女装有_____套（件）。

31. 近三年您家人的黎族服装穿过几次？（　　）
①一次没有穿过　②不超过3次　③4—10次　④10次以上

32. 您觉得家族的力量主要体现在？（　　）
①互相帮扶　②政治选举　③祭奠仪式　④平息争端
⑤文化娱乐　⑥其他

33. 村里"奥雅"的作用主要体现在？（　　）
①解调纠纷　②仪式主持　③组织生产　④其他

34. 村民的矛盾一般如何解决？（　　）
①相互协商　②邻里调解　③村委会调解　④法律解决
⑤"奥雅"裁决　⑥其他

35. 您相信人去世后有灵魂吗？（　　）
①完全相信　②比较相信　③说不清　④不太相信　⑤完全不相信

36. 您相信世上有鬼吗？（　　）（选④和⑤者跳过37题）
①完全相信　②比较相信　③说不清　④不太相信　⑤完全不相信

37. 如果相信，您认为最大的鬼是什么鬼？（　　）
①　祖先鬼　②山鬼　③风鬼　④雷公鬼　⑤树鬼　⑥水鬼
⑦天鬼　⑧地鬼　⑨火鬼　⑩其他_____　⑪不知道

38. 您家去年几次请道公到家做法？（　　）
①一次也没有　②1次　③2次　④3次　⑤4次
⑥5次以上（含）

39. 您家最近一次请道公是什么时候？____年____月，事由是_____。

40. 您家是否有人会占卜（如用道具算命)？（　　）
①有　　②没有（跳过下一题）

41. 他/她占卜的道具是_____（可多选）（　　）
①鸡蛋　②石头　③筊杯　④鸡　⑤泥包　⑥其他

42. 您认为道公是什么样的人？（可多选）（　　）
①能与鬼对话的人　②可以驱鬼赶鬼的人　③有超出常人的法术

④普通人当不了道公　⑤和普通人一样，没什么特殊本领
⑥做道公可以赚钱　⑦是值得尊敬的人

43．您是否信教：口是口否；若选择"是"，您信哪种教？（　　）
①基督教　②佛教　③伊斯兰教　④道教　⑤其他

44．您会以下哪些特长（可多选）（　　）
①唱黎语歌曲　②跳黎族舞蹈　③会黎族乐器　④黎族织锦
⑤讲黎族民间故事　⑥雕刻　⑦作画　⑧民间医术　⑨编织器具
⑩捕猎　⑪文身　⑫占卜　⑬其他特长_____　⑭没有什么特长

45．您对国家关于农村的各项政策、法规的了解程度？（　　）
①精通　　②了解　　③不清楚

46．黎族传统习俗正在发生变化，您怎么看？（　　）
①应该进行保护、提倡继承与发扬
②不关我的事
③随它自然发展，不进行干扰影响
④希望有人去做保护工作，自己无能为力

47．您认为新中国成立以来邢村变化最大的有哪些方面？（您口述，我们填写）

48．您认为制约本村经济发展的主要因素是什么？（您口述，我们填写）

49．您认为邢村经济和社会发展方面，政府应从哪些方面进行努力？

参考文献

一 著作

［英］艾伦·巴纳德：《人类学历史与理论》，王建民、刘源、许丹译，华夏出版社2008年版。

［美］本尼迪克特：《文化模式》，张燕、傅铿译，浙江人民出版社1987年版。

编写组：《黎族简史》，广东人民出版社1982年版。

编写组：《黎族田野调查》，海南省民族学会编印2006年版。

C. A. 托卡列夫：《外国民族学史》，汤正方译，中国社会科学出版社1983年版。

陈立浩、陈兰、陈小蓓：《从原始时代走向现代文明——黎族"合亩制"地区的变迁历程》，南方出版社、海南出版社2008年版。

陈立浩、于苏光：《中国黎学大观》，海南出版社2012年版。

陈立浩等：《海南民族文学作品选析》，南海出版公司1992年版。

陈秋云：《黎族传统社会习惯法研究》，法律出版社2011年版。

陈娆等：《城郊农村如何搞好小城镇化建设——城郊新农村建设丛书》，金盾出版社2006年版。

陈宗胜：《经济发展中的收入分配》，上海人民出版社1993年版。

恩格斯：《家庭、私有制和国家的起源》，《马克思恩格斯选集》第4卷，人民出版社1972年版。

费孝通：《江村农民生活及其变迁》，商务印书馆2001年版。

费孝通：《民族研究文集》，民族出版社1988年版。

费孝通：《乡土中国 生育制度》，北京大学出版社1998年版。

费孝通主编：《中华民族多元一体格局》，中央民族大学出版社

1999 年版。

冯海发：《农村城镇化发展探索》，新华出版社 2004 年版。

［日］富永健一：《社会结构与社会变迁》，董兴华译，云南人民出版社 1988 年版。

［日］冈田谦、尾高邦雄：《黎族三峒调查》，金山等译，民族出版社 2009 年版。

高丙中：《现代化与民族生活方式的变迁》，天津人民出版社 1997 年版。

高其才：《中国少数民族习惯法研究》，清华大学出版社 2003 年版。

高泽强、文珍：《海南黎族研究》，海南出版社、南方出版社 2008 年版。

广东省编辑组：《黎族社会历史调查》，民族出版社 1986 年版。

广东省编辑组《中国少数民族社会历史调查资料丛刊》修订编辑委员会：《黎族社会历史调查》，民族出版社 2009 年版。

郭小东等：《失落的文明：史图博〈海南岛民族志〉研究》，武汉大学出版社 2013 年版。

国家人口和计划生育委员会流动人口服务司编：《中国流动人口发展报告 2012》，中国人口出版社 2012 年版。

海南省民族研究所编：《越过山顶的铜锣声》，云南民族出版社 2006 年版。

何雪松：《社会问题导论：以转型为视角》，华东理工大学出版社 2007 年版。

［美］怀特：《文化的科学》，沈原等译，山东人民出版社 1988 年版。

黄光学、施联朱主编：《中国的民族识别——56 个民族的来历》，民族出版社 2005 年版。

黄淑娉：《人类学民族学文集》，民族出版社 2003 年版。

黄淑娉、龚佩华：《文化人类学理论方法研究》，广东高等教育出版社 1998 年版。

黄树民：《林村的故事：一九四九年后的中国农村变革》，三联书店出版社 2002 年版。

［美］柯克·约翰逊：《电视与乡村社会变迁》，展明辉、张金玺译，展江校，中国人民大学出版社2005年版。

［美］克莱德·M. 伍兹：《文化变迁》，施惟达、胡华生译，云南教育出版社1989年版。

［美］克利福德·戈尔茨：《文化的解释》，韩莉译，译林出版社1999年版。

［英］拉德克利夫-布朗：《社会人类学方法》，夏建中译，山东人民出版社1988年版。

黎雄峰：《海南社会简史》，海南出版社2003年版。

黎族简史编写组：《黎族简史》，民族出版社2009年版。

李露露：《热带雨林的开拓者：海南黎族调查纪实》，云南人民出版社2003年版。

李迎生等：《当代中国社会政策》，复旦大学出版社2012年版。

林耀华主编：《民族学通论》，中央民族大学出版社1997年版。

［美］罗伯特·F. 墨菲：《文化与社会人类学引论》，王卓君译，商务印书馆2009年版。

［美］罗吉斯：《乡土社会变迁》，王晓毅、王地宁译，浙江人民出版社1988年版。

罗明忠：《农村劳动力转移：决策、约束与突破——"三重约束的理论范式及其实证分析"》，中国劳动社会保障出版社2008年版。

骆玲、唐永进、张红宇：《城市化与农民》，西南交通大学出版社2006年版。

麻国庆：《走进他者的世界》，学苑出版社2002年版。

《马克思恩格斯选集》（第1卷），人民出版社1972、1995年版。

［英］马林诺夫斯基：《文化论》，费孝通译，中国民间文艺出版社1987年版。

［美］曼纽尔·卜斯特：《认同的力量（第二版）》，社会科学文献出版社2006年版。

［美］乔森纳·特纳：《社会学理论的结构》，吴曲辉等译，浙江人民出版社1987年版。

秦润新主编：《农村城市化的理论与实践》，中国经济出版社2000

年版。

卿志军：《电视与黎族生活方式的变迁》，中国传媒大学出版社2013年版。

任骋：《中国民间禁忌》，中国社会科学出版社1999年版。

[美]史蒂文·瓦格：《社会变迁》（第5版），北京大学出版社2005年版。

[德]史图博：《海南岛民族志》，中国科学院广东民族研究所编印，1964年版。

宋蜀华、白振生主编：《民族学理论与方法》，中央民族大学出版社1998年版。

宋蜀华、陈克进主编：《中国民族概论》，中央民族大学出版社2001年版。

孙绍先、欧阳洁：《黎族女性文化专题研究》，南方出版社、海南出版社2008年版。

[英]泰勒：《人类学：人及其文化研究》，连树声译，广西师范大学出版社2004年版。

[美]托马斯·哈定：《文化与进化》，韩建军、商戈令译，浙江人民出版社1987年版。

王建成主编：《首届黎族文化论坛文集》，民族出版社2008年版。

王献军、蓝达居、史振卿：《黎族的历史与文化》，暨南大学出版社2012年版。

王学萍：《黎族传统文化》，新华出版社2001年版。

王学萍：《五指山五十年》，海南出版社1999年版。

王学萍主编：《中国黎族》，民族出版社2004年版。

王养民、马姿燕：《黎族文化初探》，广西民族出版社1993年版。

威廉·阿瑟·刘易斯、施炜：《二元经济论》，北京经济学院出版社1989年版。

吴永章：《黎族史》，广东人民出版社1997年版。

[美]伍兹：《文化变迁》，何瑞福译，河北人民出版社1989年版。

谢立中：《当代中国社会变迁导论》，河北大学出版社2000年版。

邢植朝：《黎族文化溯源》，中山大学出版社1993年版。

徐勇：《大变革中的中国社会的生活方式》，华夏出版社1987年版。

许娘光：《祖荫下——中国乡村的亲属·人格与社会流动》，南天书局2001年版。

杨堃：《民族学调查方法》，中国社会科学出版社1992年版。

杨堃：《民族学概论》，中国社会科学出版社1984年版。

杨善华、沈崇麟、李东山：《城乡家庭——市场经济与非农经济化背景下的变迁》，浙江人民出版社2012年版。

叶南客：《中国人的现代化》，南京出版社1998年版。

叶英萍：《黎族习惯法：从自治秩序到统一法律秩序》，社会科学文献出版社2012年版。

尹水甘：《现代企业管理方法》，电子工业出版社2008年版。

喻金玉：《中国城乡居民收入差距分析》，吉林大学出版社2004年版。

［美］约瑟夫·拉彼德、弗里德里希·克拉托赫维尔主编：《文化和认同》，金烨译，浙江人民大学出版社2003年版。

曾昭璇、张永钊、曾宪珊：《海南黎族人类学考察》，华南师范大学出版社2004年版。

詹长智：《海南当代社会问题研究（海南历史文化大系）》，海南出版社、南方出版社2008年版。

张海洋、良警宇主编：《散杂居民族调查：现状与需求》，中央民族学出版社2006年版。

张明龙：《经济学基本理论研究》，中国文史出版社2002年版。

张跃、周大鸣主编：《黎族——海南五指山福关村调查》，云南大学出版社2004年版。

赵全鹏：《海南社会结构问题研究》，海南出版社、南方出版社2008年版。

赵伟：《中国居民收入分配再研究》，中国财政经济出版社1999年版。

折晓叶：《村庄的再造——一个"超级村庄"的社会变迁》，中国社会科学出版社2014年版。

中国社科院民族研究所、广东少数民族社会历史调查组等编：《黎族古代历史资料》，广东新华印刷厂，1964年。

中南民族学院编辑组：《海南社会历史调查》（上、下卷），广西民族出版社1992年版。

中南民族学院少数民族文物陈列馆编印：《海南黎族情况调查："侾"黎地区》（第二分册），中南民族学院印，1957年。

中山大学主编：《中国黎族大辞典》，中山大学出版社1994年版。

钟业昌：《海南特区改革开放与发展》，中国社会科学出版社1995年版。

周一星：《城市地理学》，商务印书馆1995年版。

庄孔韶：《银翅——中国的地方社会与文化变迁》，三联书店1999年版。

庄孔韶等：《时空穿行——中国乡村人类学世纪回访》，中国人民学出版社2004年版。

二 期刊论文

白兴发：《论少数民族禁忌文化与自然生态保护的关系》，《青海民族学院学报》（社会科学版）2002年第4期。

包智明、孟琳琳：《生态移民对牧民生产生活方式的影响》，《西北民族研究》2005年第2期。

曹端波：《旅游发展中民族文化的保护与开发》，《贵州社会科学》2008年第1期。

常宝：《论现代化与牧区传统社会变迁》，《内蒙古大学学报》（人文社会科学版）2006年第2期。

陈凤贤：《从文化遗存试探黎族母系氏族制及其向父系氏族制过渡》，《中央民族学院学报》1987年第2期。

陈江：《"岛夷卉服"和古代海南黎族的纺织文化》，《广西民族研究》1991年第3期。

陈佩：《黎族的酿酒技术及酒器》，《南方文物》2004年第4期。

陈兴贵：《少数民族文化的创新与传承》，《云南民族大学学报》2004年第4期。

陈运兴、曾德立：《海南五十年沧桑巨变》，《特区展望》1999年第

5 期。

董晓波：《裕固族乡村家庭变迁调查——以肃南县红石窝村巴音乡为例》，《民族研究》2006 年第 3 期。

杜方、周葆生、张文锦：《试论城市化进程中失地农民社会保障问题》，《信阳师范学院学报》（哲学社会科学版）2005 年第 4 期。

段超：《关于民族传统文化创新问题的调查与思考——湖北民族地区民族传统文化创新调研报告》，《江汉论坛》2015 年第 11 期。

范会俊：《海南黎族历史上的原始文化遗迹》，《中央民族大学学报》1996 年第 6 期。

范士陈、陈扬乐：《区域开发与社会变迁互馈演进的多元共轭本源解析》，《生产力研究》2009 年第 12 期。

费孝通：《我对中国农民生活的认识过程》，《中国农业大学学报》（社会科学版）2007 年第 1 期。

高强、田蕊：《中国户籍制度弊端及创新研究》，《开发研究》2016 年第 2 期。

龚雪、王丙川：《农村城镇化道路探析》，《内蒙古农业大学学报》（社会科学版）2010 年第 6 期。

黄鈜：《从黎语词汇看黎族社会的发展》，《中央民族大学学报》1995 年第 5 期。

黄学魁：《浅议黎族传统文化的几个特点》，《琼州大学学报》2005 年第 1 期。

金山：《20 世纪初日本学者对海南的研究及其目的》，《华中科技大学学报》（社会科学版）2007 年第 6 期。

瞿明安：《社会转型中的民族文化适应机制》，《贵州民族研究》2000 年第 4 期。

兰天、马良宇：《传媒权力的滥用——媒介介入》，《新闻爱好者》2008 年第 24 期。

雷明光、元帅：《少数民族婚姻家庭的现状与思考》，《贵州民族大学学报》（哲学社会科学版）2013 年第 4 期。

李春霞：《地方性知识的建构与变迁——电视对彝族乡村传统的影响研究》，《西南民族大学学报》2015 年第 7 期。

李晓霞：《试论中国族际通婚圈的构成》，《广西民族研究》2004年第3期。

练铭志：《关于海南黎族族源的研究》，《广东技术师范学院学报》2003年第5期。

刘俊：《旅游开发背景下世居少数民族社区边缘化——海南三亚六盘黎族安置区案例》，《旅游学刊》2010年第9期。

刘晓庆：《城市化进程中失地农民的社会保障制度构建》，《西北农林科技大学学报》（社会科学版）2007年第01期。

刘勇：《中国城镇化发展的历程、问题和趋势》，《经济与管理研究》2011年第3期。

柳斌杰：《加强研究当前我国传媒业重大理论问题》，《现代出版》2010年第69期。

龙运荣：《全球网络时代的大众传媒与民族认同》，《广西民族研究》2011年第1期。

龙运荣：《网络时代的民族文化发展路径》，《新闻爱好者》2011年第1期。

卢家鑫：《原生态民族文化旅游开发及民族文化传承与发展》，《贵州师范大学学报》（自然科学版）2008年第1期。

吕炎：《农村集体土地征收引发社会冲突的主要原因及对策》，《调研世界》2010年第1期。

罗文雄：《黎族妇女服饰艺术及其文化蕴涵》，《民族艺术》2001年第4期。

马翀炜：《社会发展与民族文化的保护》，《广西民族研究》2002年第1期。

马尚林：《少数民族生态移民中的文化变迁》，《西南民族大学学报》2005年第4期。

马姿燕：《试析黎族的逻辑思维与普通逻辑的异同》，《中央民族大学学报》1999年第2期。

满都尔图：《白沙黎族自治县经济社会发展现状与前景的探索》，《云南社会科学》2002年第6期。

毛淳、陈凤鸾：《我国农村城镇化现状研究》，《辽宁医学院学报》

2011 年第 3 期。

毛颖:《当代民族文化变迁中文化选择的外部动因》,《昆明冶金高等专科学校学报》2004 年第 1 期。

[日]梅崎昌裕:《与环境保全并存的生业的可能性:水满村的事例》,《广西民族学院学报》2005 年第 1 期。

孟祥林:《农村城镇化:国外实践与我国新型城乡形态发展设想》,《广州大学学报》2011 年第 10 期。

潘雄:《古欧人后裔考——黎族祖源研究之一》,《广东民族学院学报》1983 年第 1 期。

琼扶:《重在提高"造血"机能—海南开发性扶贫结硕果》,《特区展望》1994 年第 5 期。

石奕龙:《浅谈民族传统文化保护的若干问题》,《中央民族大学学报》2005 年第 1 期。

史卫民:《土地承包经营权抵押制度探析》,《经济体制改革》2013 年第 5 期。

舒长根、王飞军、吕建星:《户籍政策与人口城镇化》,《城市问题》2008 年第 2 期。

宋涛:《促进少数民族生活方式现代化是西部大开发的一项重要任务》,《宁夏社会科学》2001 年第 2 期。

宋小飞:《蒙古族克什克腾部生产及生活方式的变迁》,《内蒙古民族大学学报》2006 年第 2 期。

孙绍先:《"现代化"辐射下的民族文化抉择——以海南黎族为例》,《文艺争鸣》2016 年第 3 期。

覃敏笑:《新时期贵州少数民族生活方式的变迁》,《贵州民族研究》2000 年第 4 期。

唐兰冬:《狩猎文化看黎族》,《中国民族》2008 年第 10 期。

童星:《论马克思的社会发展理论》,《江苏大学学报》(社会科学版)2015 年第 6 期。

王海:《黎族文化研究著述概评》,《西南民族大学学报》(人文社科版)2005 年第 7 期。

王海:《碰撞中的交融与传承——试论黎族文化的特点及成因》,

《华南师范大学学报》（社会科学版）2005年第3期。

王家忠：《论海南历史文化》，《海南师范学院学报》（人文社会科学版）2000年第3期。

王雅林：《我过近几年生活方式研究评述》，《社会学研究》1995年第4期。

王颖：《城市发展研究的回顾与前瞻》，《社会学研究》2001年第1期。

王昭君、杨文娴：《社会变迁中的少数民族女性发展研究综述》，《时代教育》2013年第23期。

王真慧、龙运荣：《全球化传播时代的媒介生态与非物质文化遗产保护》，《探索》2015年第2期。

吴名辉：《黎族舞蹈的地域因素、特点及其与时俱进》，《琼州大学学报》2004年第3期。

吴义、曾亮：《八年来海南黎族大学生体质的动态分析》，《琼州大学学报》1996年第1期。

吴永章：《黎族史散论》，《民族研究》2000年第6期。

向德平、王志丹：《城市社区管理中的公众参与研究》，《学习与探索》2012年第2期。

向德平、王志丹：《社会化视角下失地农民的社会适应》，《河北学刊》2012年第2期。

向丽：《百年来国内外黎族研究评述》，《广西民族师范学院学报》2013年第4期。

谢东莉：《海南黎族国内研究综述》，《湖北民族学院学报》（哲学社会科学版）2012年第3期。

刑植朝：《浅论黎族洪水神话中的人文特点》，《民族文学研究》1991年第1期。

徐宝贵、张兴海：《农村城镇化建设中存在的问题和对策》，《科技论坛》2012年第19期。

徐效坡：《区域经济地理学理论方法建设简论》，《云南地理环境研究》1990年第6期。

许爱花：《城市化进程中失地农民的利益保护》，《宁夏大学学报》

（人文社会科学版）2007 年第 1 期。

杨昌儒：《民族文化重构试论——以贵州布依族为例》，《贵州民族研究》2008 年第 1 期。

杨德春：《历代治黎政策述评》，《海南大学学报》1987 年第 1 期。

杨鹤书：《论海南岛黎族合亩制的起源、发展及其性质》，《中山大学学报》1983 年第 3 期。

杨立维、李超、何洪静：《对新弱势群体社会保障改革之路的探索——从失地农民和农民工谈起》，《中共长春市委党校学报》2015 年第 1 期。

杨秋凤：《论法学视角下的农民社会保障权》，《鄂州大学学报》2008 年第 4 期。

姚丽娟：《黎族独特的民间手工艺术》，《中央民族大学学报》2004 年第 6 期。

伊力奇：《社会文化变迁：海南黎族山地农村社区现代化研究》，《中央民族学院学报》1990 年第 5 期。

于兰华：《可持续生计视域中的老年失地农民养老资源供给问题研究》，《生产力研究》2011 年第 9 期。

于幼军：《马克思的社会发展理论及其当代价值》，《中国社会科学》1998 年第 4 期。

俞燕山：《我国小城镇改革与发展歧策研究》，《改革》2000 年第 1 期。

臧俊梅、余沪荣、杨俊孝：《土地征用中失地农民保障问题分析及其对策研究》，《广东土地科学》2015 年第 12 期。

张宏东：《论我国农地抵押制度的创新》，《金融理论与实践》2014 年第 7 期。

张建勤：《农民现代化是农村经济现代化的关键》，《湖北大学成人教育学院学报》2000 年第 12 期。

张晓东：《十年来国内裕固族研究综述》，《社科纵横》2006 年第 3 期。

张新光：《建国 60 年农民生活方式变迁的不协调性及成因》，《经济社会体制比较》2009 年第 5 期。

赵延东、王奋宇：《城乡流动人口的经济地位获得及决定因素》，《中国人口科学》2002年第4期。

郑杭生、李路路：《社会结构》，《人民大学学报》2015年第2期。

郑晓云：《论全球化与民族文化》，《民族研究》2013年第1期。

钟少颖、宋迎昌：《中国区域城镇化发展特征和发展对策》，《区域经济与城市经济》2012年第5期。

周菁葆：《古代黎族的音乐舞蹈》，《中国音乐》2005年第1期。

周晓虹：《文化反哺：变迁中的亲子传承》，《社会学研究》2016年第2期。

周逸先、宋恩荣：《中国乡村建设运动及其历史启示》，《河北师范大学学报》2006年第2期。

朱竑、曹小曙、司徒尚纪：《海南文化特质研究》，《中山大学学报》2001年第4期。

朱克良：《关于黎族家庭的教育期望调查》，《海南师范大学学报》2014年第1期。

朱琳：《海南黎族习惯法价值的法理学分析》，《海南大学学报》2010年第1期。

朱文明：《中国城镇化进程与发展道路、模式选择》，《云南财经学院学报》2003年第2期。

庄孔韶等：《中国乡村研究三十年》，《开放时代》2008年第6期。

宗雪飞：《黎族图腾崇拜与黎族传统体育》，《中央民族大学学报》2015年第3期。

三 学位论文

安定敏：《西宁东关回族的社会变迁研究》，博士学位论文，中央民族大学，2009年。

冯晓平：《城市化进程中失地农民风险与分化研究》，华中师范大学，2012年。

郭斌：《城镇化建设对农业现代化发展的作用机制研究》，西南财经大学，2014年。

黄雪梅：《生产生活方式变迁与少数民族传统体育传承研究》，西南大学，2016年。

蒋彬：《四川藏区城镇化进程与社会文化变迁研究——以德格县更庆镇为个案》，四川大学，2003年。

李彩霞：《城镇化对农民生计方式变迁的影响》，石河子大学，2014年。

李克周：《论失地农民的政策支持与制度保障》，华中师范大学，2007年。

梁海燕：《黎族婚姻制度的变迁》，海南师范大学，2010年。

刘芳：《枧曹苗乡——川滇黔交界民族散杂居社会文化变迁个案研究》，中央民族大学，2005年。

刘晓庆：《城市化的理性分析与陕西省失地农民问题的研究》，西北农林科技大学，2006年。

刘永红：《我国城镇化中的制度变迁研究》，华中农业大学，2002年。

罗蓉：《中国城市化进程中失地农民可持续生计问题研究》，西南财经大学，2010年。

麦麦提明·赛麦提：《新疆农村城镇化进程与社会文化变迁研究》，新疆大学，2012年。

孟祥瑞：《城镇化进程中的乡村政治文化变迁研究》，苏州大学，2016年。

沈再新：《散杂居少数民族生活方式变迁研究》，中央民族大学，2009年。

时春丽：《俄罗斯族生产与生活方式的变迁》，中央民族大学，2005年。

谭亮：《乡土社会变迁视野下贵州省黔北地区城镇化发展研究》，贵州大学，2016年。

童玉英：《哈黎妇女家庭地位变迁研究——基于海南省邢村的田野调查》，中南民族大学，2016年。

王启凤：《城市化进程中失地农民生活方式研究》，西南大学，2010年。

王媛媛：《城镇化进程中的村落变迁与发展》，浙江海洋大学，

2016年。

张广鹏：《论新型城镇化背景下的土地承包经营权流转》，华东政法大学，2016年。

四 外文文献

Abdiweli M. Ali, Political instability, policy uncertainty, and economic growth: An empirical investigation, Atlantic Economic Journal. Issue: Volume 29, Number 1, Date: March 2001, Pages: 87-106.

Bruce Yandle, Public Choice at the Intersection of Environmental Law and Economics, European Journal of Law and Economics. Issue: Volume 8, Number 1, Date: July 1999, Pages: 5-27.

Bruno S. Frey, State and prospect of public choice: A European view, Public Choice. Issue: Volume 46, Number 2, Date: January 1985, Pages: 141-161.

Chistpher J. C001. Rural—urban Migration Rates and Development: A Quantitative Notes. Review of Urban and Regional Development Studies, 1999（11）.

Gerald W. Scully, Optimal Taxation, Economic Growth and Income Inequality, Public Choice. Issue: Volume 115, Numbers 3-4, Date: June 2003, Pages: 299-312.

J. H. Von Thunen. The Relationship ofAgriculture and National Economy in Isolater Counties. New YORK: Oxford University Press, 1826.

Kattak, Conrad Phillip: Anthropology: The Exploration of HumanDiversity, Donnelley & Sons Company, 2000.

Stanley J. Baran, Dennis K. Davis: Mass Communication Theory（影印本），清华大学出版社2003.

William F. Shughart II and Robert D. Tollison, Public choice in the new century, Public Choice. Issue: Volume 124, Numbers 1-2, Date: July 2005, Pages: 1-18.

W. A. Lewis, Economic Development with Unlimited Supplies of Labor. Manchester School of Economic and Social Studies, 1948（5）.

后　记

　　2011年8月，在导师李吉和教授安排下，我和博士同学一起奔赴美丽的海南岛进行调研，从此拉开了我对于海南黎族进行研究的序幕。我们到达海南省乐东黎族自治县，住进了一个陌生又神秘的黎族村寨。接待我们的村干部一边嚼着红红的槟榔，一边用不太标准的普通话，热情地给我们介绍这里的风土人情。路边的村民们好奇地打量着我们，我心里有些不安，但心里那种强烈的求知欲和好奇心打消了疑虑。邢村无疑是美丽、祥和、神秘的，一切都深深吸引了我。高大的椰子树，随处可见的槟榔树，独特而实用的船屋，醇香甘甜的糯米酒，还有美味的昆虫美食……那个夏天，我整整待了一个月，和黎族村民同吃同住，建立了深厚的个人情谊。

　　在对本书稿修改完的那一刹，我既没有预想中的激动人心，也没有大功告成的如释重负、更没有尘埃落定的闲情逸致，反而觉得本书还有许多不完善的地方，自己要努力的地方还有很多。回顾调研及写作过程，心中备感充实，感慨良多。田野调查及资料整理过程，的确是一项非常琐碎、枯燥、平淡和辛苦的工作，写作的时候，对于每一份访谈记录，每一个数据、每一幅照片，每一处都要字斟句酌，过程比较艰辛，学术的浪漫情怀在现实面前的折扣让我不由自主的对学术研究充满敬畏。

　　20世纪50年代，中南民族学院严学宭教授带领工作组，以海南黎族22个自然村为调查对象，对其进行了深入而细致的田野调查，形成了120万字的《海南岛黎族社会调查》。在导师李吉和教授的建议下，我从22个自然村里选择"邢村"作为我的调研村寨，开始了博士学习生活和学术研究生涯。诚挚的感谢李老师，从课题设计、田野调查及论文的定稿过程，自始至终都倾注着老师的心血。李老师以严谨细致的治学之道、自然宽和的胸怀、积极乐观的生活态度，为我树立了学习的典范，他的教诲与鞭策将激励我在学习和工作的道路上脚踏实地、戒骄戒躁、开拓创新。

在整个过程中，我还得到了很多老师、同学以及同事的关心和支持，在这里向他们表示诚挚的谢意！特别感谢下列老师的教导和帮助：段超教授、雷振扬教授、柏贵喜教授、田敏教授、许宪隆教授、孟立军教授、李俊杰教授和康翠萍教授。他们渊博的知识，儒雅的谈吐，严谨的治学态度，深深感染和影响着我，让我重新找回学生时代求知的渴望和前进的动力，也让我受益匪浅，这都将是我一生中宝贵的财富。特别要感谢童玉英老师在两次海南调研同行中给予的大量帮助，以及后期提供的相关文献及调研资料。

我还要向为我调研提供大量帮助的众多人士表达谢意，他们是海南省民族学会王建成、海南省民族博物馆罗文雄副馆长、乐东县民宗局和乐东县抱由镇镇政府工作人员、乐东邢村全体村干部。还要感谢协助我完成问卷调查和翻译工作的黎族大学生刘亚飞、邢阿晶、邢亚会、林延武等，特别感谢邢村全体村民对我的支持、帮助和配合，谢谢你们的热情接待。

"不忘初心，继续前进。"人生的道路有许多的坎坷，不是一条通往光明之路，有痛苦，有伤心，有无助，也有面对一切所不能忍受的，这就是生活。学术之路漫漫，人生之路漫漫，需要我不断努力求索，不断努力奋斗。

本书在写作过程中参阅和引用了一些专家学者的研究成果和资料，在此谨向这些学界前辈和同仁们表示诚挚的谢意。因本人水平有限，书中失当及错误之处在所难免，恳请读者批评指正。

王　敏

2019 年 9 月 1 日于武汉